호러 사피엔스

호러사피엔스

공포 영화로 인간을 읽다

도다야마 가즈히사 지음
이소담 옮김

단추

일러두기

· 이 책은 국립국어원의 표준어 규정 및 외래어 표기법을 따르되, 일부 인명과 영화 제목은 실제 발음을 따른 경우가 있습니다.
· 단행본은《 》로, 잡지와 영화 제목 등은〈 〉로 표기했습니다.

들어가는 글

공포 영화로 철학을 한다는 것은

사실 나는 굉장히 겁이 많다. 아마 어린 시절의 경험 때문일 텐데 그렇다고 끔찍한 일이 있었던 것은 아니다. 그때만 해도 잠자리 독립을 일찍 시키는 것이 자립심을 기르는 훌륭한 육아법으로 대접받던 시대였다. 덕분에 나는 유치원에 다닐 무렵부터 혼자 자야 했다. 내 방은 3층 건물의 꼭대기였고, 바로 아래에 아버지 작업실이 있었다. 자려고 불을 끄고 누우면 부모님이 1층 문을 제대로 닫았을지 걱정이 되었다. 뭔가 무서운 게 들어오면 어쩌지 하는 생각을 하다보면 건물 계단을 올라오는 정체불명의 발소리가 들리는 것 같아서 잠을 이루지 못했다. 실제로 삐걱삐걱 소리가 들리기도 했다. 결국 침대를 빠져나와 부모님 방으로 뛰어들어가곤 했다.

지금도 그때의 공포가 꿈에 나온다. 꿈에서는 상황이 더 심각하다. 1층 현관문이 망가져서 열쇠가 제대로 잠기지 않는가 하면, '무언가' 계단을 올라오는 소리를 들으며 침대에서 떨기도 한다. 꿈이 반복될수록 공포 게이지는 점점 더 올라간다. 아직까지 그 '무언가'의 정체는 밝혀지지 않았다. 도둑이나 유령일 수도 있겠지만, 꿈속에서는 여전히 그냥 '무언가'로 남아 있다. 분명한 것은 정체를 모르면서도 그 '무언가'가 두렵고 꺼림칙하다는 사실이다. 아아, 이런 이야기를 쓰고 있으면 그 '무언가'가 또 꿈에 나올지도 모른다! 그만둬야겠다.

이렇게 겁쟁이인 내가 알고 보니 호러물을 좋아한다는 사실을 최근 들어 깨달았다. 《초보자를 위한 논문 쓰기 교실》, 《과학으로 풀어낸 철학입문》을 함께 작업했던 편집자와 이야기를 나눌 때면 마지막은 항상 호러 영화나 호러 소설을 주제로 끝나곤 했다. 그러다가 문득 이상하다는 생각이 들었다. 소설이라면 제임스 조이스나 귀스타브 플로베르, 영화라면 오즈 야스지로, 구로사와 아키라, 루키노 비스콘티 같은 고품격 작품들을 즐겨왔다고 스스로 자부했는데 그게 아니었다. 지금껏 호러를 이렇게나 많이 보고 읽고 있었다니! 내가 호러를 좋아했구나! 비로소 나의 숨은 취향을 깨닫게 되었다. 물론 본격적인 마니아 여러분에 비하면 부끄러운 수준이므로 '호러 팬'이라고 선언하지는 않겠다. 집 지하실에 영사실과 호러 컬렉션을 마련해서 매일 밤 영화를 보다가 이혼당한 일도 없고(이런 연예인이 있었다), 영화 잡지 〈판고리아〉나 호러 만화 잡지 〈네무키〉 등을 창간호부터 모으지도 않으니까.

호러 영화에 눈뜬 시기는 고등학교 시절로 거슬러 올라간다. 지극히 성실한 학생이었던 나는 그날따라 학교에 가기 싫어서 영화를 보러 갔다. 영화를 보고 싶은 마음은 없었다. 단지 갈 마음이 없는데 학교에 가는 불성실한 행동을 도저히 용납할 수 없었을 뿐. 그날 두 편의 영화가 동시상영 중이었는데, 그중 하나가 〈텍사스 전기톱 학살〉이었고, 나머지 하나가 앤디 워홀의 괴작 〈프랑켄슈타인〉이었다. 모두 호러 영화의 금자탑으로 불리는 작품들이다. 둘 중에서 〈텍사스 전기톱 학살〉이 문제였다. 어휴! 지금도 공포가 엄습한다. 공포에 난도질당한 신경계가 엉망진창이 된 채로 영화관에서 나왔을 때는 아직 환한 대낮이었다. 충격에 휩싸여 휘청거리던 나는 뜨거운 태양을 견디지 못하고, 아침에 먹은 것을 전부 가로수 아래에 토하고 말았다. 신기하게도 그 체험이 묘하게 감미로웠다. 그래서 그 이후로도 종종 벌벌 떨면서 호러 영화를 보곤 했다. 겁쟁이 주제에!

어른이 된 후에는 조금 더 객관적으로 호러물을 볼 수 있게 되었다. 영화 〈울트라 Q〉의 '거미 남작'이 무서워서 화장실도 못 가던 내가 이제 농담을 하며 호러 영화를 본다. 이 책은 그런 내가 호러를 소재로 공포란 대체 무엇인지 철학해보고자 하는 무모한 시도의 결과물이다.

뜻밖에도 공포는 지금까지 철학의 주제가 되지 못했다. 앙리 베르그송이나 쇠렌 키르케고르의 철학을 끌어올 것도 없이 웃음, 사랑, 절망과 같은 정동 혹은 정서(심리학에서 '정동(情動)'은 '정서'나 '감정'과 혼용된다. 이 책에서는 '정동' 대신에 좀 더 익숙한 용어인 '정서'를 사용할 것이다.—옮긴이)는 지금까지 철학의 주제로 왕성하게 논의되어 왔고 인간의 정서 전반을 다루는 '정서 철학'도 이미 심리 철학의 한 분야로 정착했다. 그러나 공포는 아직까지도 인간적인 뉘앙스가 다소 부족한 동물적이고 심리적인 반응에 지나지 않는다고 여겨지는 모양이다.

하지만 공포는 몇 가지 점에서 꽤 흥미로운 철학적 주제다. 철학은 전통적으로 정서를 이성적 판단과 합리적 추론을 방해하는 요소로 취급해왔다. 과연 정서는 제거되어야 할 이성과 합리의 적일까? 그렇다면 왜 이성과 합리를 추구하는 인간은 아직까지 정서를 제거하지 못하고 있는 걸까? 혹시 정서도 우리의 행동에 합리성을 가져다주는 작용을 하는 것은 아닐까?

정글에서 맹수와 갑자기 맞닥뜨렸을 때를 상상해보자. '어라, 이건 뭐지? 맹수처럼 보이기는 하지만 어쩌면 아닐지도 몰라. 좀 더 정확한 증거를 모아야 해..커다란 송곳니가 보인다! 저 놈이 맹수일 가능성이 점점 높아지는군! 어마어마하게 커다란 입이 바로 옆까지 다가왔잖아! 맹수가 확실해! 이제 도망치는 편이 좋을까? 아, 살아남을 가능성이 얼마나 되려나? 기대치를 계산해야 하는데…….'와 '으악, 뭔지 모르겠지만 무서워. 꺄악, 도망쳐!' 중에 어느 쪽이 더 생존 확률이 높을까? 당연히 후자다. 이처럼 긴박한 상황에서는 감정이 합리적인 행동을 불러오기도 한다.

그렇다면 공포는 왜 반드시 '무서운 느낌'을 동반하는 걸까? 어째서 그 무서운 느낌, 오싹오싹하고 두근두근하고 '피까지 얼어붙는' 독특한 느낌을 동반하는 걸까? 공포라는 감정이 합리적이라면 공포는 '으악, 꺄악, 일단 도망쳐!' 대신 좀 더 냉정한 시스템을 거쳐 작동할 수는 없는 걸까? 대체 공포란 무엇일까? 그 무시무시한 느낌은 애초에 어떤 '느낌'이었을까? 그것은 불쾌감과 어떻게 비슷하고 또 어떻게 다를까? 질문이 꼬리를 문다.

공포에는 특유의 '무서운 느낌'이 있다. 이 무서운 느낌이 있기에 공포는 오락이 된다. 그것이 바로 호러라는 장르다. 공포를 느끼는 생명체는 많겠지만, 오로지 인간만이 공포를 오락으로 즐긴다. 왜, 어떻게 인간은 공포를 즐기게 되었을까? 그 '즐거움'의 정체는 도대체 무엇일까? 우리 안의 무엇이 공포를 즐길 수 있도록 해주는 걸까?

무엇보다 호러는 픽션이다. 모든 일들은 어디까지나 화면 안에서만 벌어진다. 그런데 픽션인 줄 알면서도 왜 구토감을 느낄 정도로 무서워할까? 나아가 우리가 공포를 느끼는 대상은 왜 이토록 다채로운 걸까? 인간은 참 많은 것들을 무서워한다. 지금 이 자리에 없는 것을 무서워하고, 있을 수조차 없는 것을 무서워한다. 실제로는 전혀 무섭지 않은 것을 무서워하기도 한다. 공포의 이런 다양성이 호러라는 장르의 성공을 가능케 한다.

이처럼 공포라는 정서에는 아직 생각해볼만한 수수께끼가 많다. 그리고 호러라는 장르의 존재가 공포의 수수께끼를 더욱 다양하고 심오하게 해준다. 의문이 존재하는 이상 생각해보는 것이 철학이다. 이제 본격적으로 공포에 대해 생각해보자.

1부에서는 감정 심리학과 정서 철학의 성과를 통해 공포와 정서 일반의 포괄적인 모델을 제시한다. 2부에서는 그 모델을 근거로 호러라는 장르의 세 가지 수수께끼에 도전한다. 3부에서는 마지막까지 남은 난해한 의문, 공포의 무서운 '느낌'의 정체는 대체 무엇일까, 그 정체를 과연 밝혀낼 수 있을까, 만약 그렇다면 어떻게 밝혀낼 것인가를 생각해본다.

갑자기 의문들이 잔뜩 등장했다. 의문에 제대로 대답하려면 이 책의 분량이 하염없이 늘어날 것만 같다. 이것이 내가 지금 느끼는 최고의 공포다.

차례

1부

진정한 공포란 무엇인가?

1부의 목표는 공포가 무엇인지 밝히는 것이다. 공포는 정서의 일종이다. 그러므로 감정 심리학이나 정서 철학의 지표들을 바탕으로 공포가 무엇인지 살펴보자. 호러 영화와 호러를 소재로 한 작품들도 소개할 것이다. 이처럼 공포의 정체를 철학할 수 있는 방법은 매우 다양하다.

1장에서는 단순하고 원시적인 공포의 원형을 분석하고 공포를 구성하는 몇 가지 요소를 추려낸다. 2장에서는 앞에서 추려낸 요소의 상호 관련성을 생각해본다. 3장에서는 신경학자 안토니오 다마지오의 소마틱 마커(somatic marker) 가설을 소개하고, "단순하고 원시적인 공포는 불합리하다"는 말의 사실 여부를 검토해본다. 마지막으로는 공포의 구성 요소들을 모두 연결하여 '공포 모델'을 제안할 것이다.

1장

공포의 원형

1. 공포의 세 가지 요소

어린 시절, 나는 텔레비전 애니메이션 〈오바케의 Q타로〉를 좋아했다. 만화가 후지코 후지오가 그린 이 걸작은 몇 번이나 애니메이션으로 만들어졌는데, 나는 제일 처음 만들어진 것을 봤다. 이 만화의 주인공 요괴 Q 타로는 개를 무서워한다. 성우인 이시카와 스스무가 태평한 목소리로 부른 주제가에는 이런 가사가 나온다. '멍, 멍! 어라? 무서워! 꺄~! 나는 개가 무서워.' 나도 개를 많이 무서워해서 이 가사가 마음에 남았다.

이제는 개를 그다지 무서워하지 않게 된 어른이자 철학자로서 말하자면, 이 노래는 공포의 원형을 잘 표현했다. 개념 분석을 제일로 여기는 철학자에게 그야말로 본보기가 되는 노래라고 해도 좋다. 자신의 생존을 위협할 수도 있는 무언가가 갑자기 출현하면 그것을 보는 순간 심장이 콩닥콩닥 뛰고 머릿속이 새하얘지면서 시간이 느리게 흘러가는 것처럼 느껴지는, 이른바 '공포감'이 생긴다. 그러다 개가 짖으면 잽싸게 도망친다.

때로는 공포가 너무 커서 꼼짝달싹하지 못하고 상대의 먹잇감이 되기도 하지만, 대부분의 경우 공포는 예상되는 위해를 줄이기 위해서 어떤 행동을 유발한다. 예를 들어 공갈 협박을 받고 지갑을 상납하는 일 같은. 어릴 때 지하철역에서 머리를 보글보글 볶은 고등학생에게 이런 일을 두 번이나 당한 적이 있다. 두 번 다 갑자기 박치기를 당하는 바람에 코피가 터졌다. 아무튼 공포를 느끼면 도망치든, 협박에 순종하든, 비명을 질러 주변에 도움을 청하든, 일어날 것 같은 위해를 피하기 위해 어떤 행동을 하게 된다.

공포는 보통 세 가지 요소로 이루어진다. 자신에게 해를 끼칠 가능성이 있는 대상 '인지'('멍멍' 인지), 공포감이나 무서움의 '느낌'('어라? 무서워!'라는 감각), 위해를 줄이려는 '행동'('꺄!'라는 행동). 이 세 가지 요소로 이루어지는 공포의 원형을 '어라 무서워 꺄' 체험이라고 부르자.

'어라 무서워 꺄' 체험의 변주

호러라는 장르의 등장은 인간이 '어라 무서워 꺄' 체험을 지니고 있다는 자연적 사실에 기인한다. 물론 이 체험은 어디까지나 공포의 원형일 뿐이다. 뛰어난 호러물은 사람들을 공포에 빠뜨릴 다양한 방법을 심도 있게 연구한다. 사람들은 무서운 대상이 나타날 것 같은 가능성만으로 공포를 느끼기도 하고, 나타나야 할 무서운 대상이 나타나지 않는 것만으로도 극도의 공포감에 빠진다. 영화는 그 심리를 십분 활용하여 다양한 장치를 만들어낸다.

영화 〈싸이코〉에서 살인마가 샤워 커튼 뒤에서 나타난 이래로 샤워 커튼 같은 장치는 공포 영화의 상투적인 방법이 되었다. 커튼 뒤에 뭔가 있지 않을까? 주인공이 침을 꿀꺽 삼키며 커튼 쪽으로 다가간다. 잠깐 망설이다가 과감하게 커튼을 열어젖힌다. 이때 다양한 상황이 발생한다. 커튼을 젖히고 아무도 없어 안심할 때 뒤에서 살인마가 다가온다거나(〈13일의 금요일〉), 커튼을 젖혔더니 안에 선혈이 낭자한데 괴물도 피해자도 없다거나(〈괴물〉).

우리는 '대상의 유해 가능성'은 물론이고 상황에 따라 '유해 대상의 부재'에도 무서움을 느낄 수 있다. 이것은 인간의 감정 특유의 흥미로운 현상이다. 우리는 다양한 것을 무서워할 수 있는데, 그것은 전부 '어라 무서워 꺄' 체험 자체이거나 그 변주이다. 다시 말해 우리는 '어라 무서워 꺄' 체험을 가상으로 경험할 수 있으며, 그런 까닭에 호러라는 오락 장르가 탄생할 수 있었다.

영화 속 '어라 무서워 꺄' 체험

실제로 대부분 호러 영화는 가능성에 대한 무서움(대상의 유해 가능성), 부재의 두려움(유해 대상의 부재)을 능숙하게 조합해서 '어라 무서워 꺄' 체험 구조의 단조로움을 극복한다. 공포의 원형인 '어라 무서워 꺄' 체험을 아예 배제한 호러가 성립할 가능성은 거의 없다.

웨스 크레이븐 감독과 케빈 윌리엄슨의 각본이 낳은 걸작 〈스크림〉은 초반에 펼쳐지는 드류 베리모어의 일인극이 대단히 인상적이다. 영화는 교외의 넓은 마당과 테라스가 있는 하얗고 산뜻한 집, 제법 부유하게 보이는 고급 주택의 실내에서 시작된다. 혼자 집을 보고 있던 고등학생 케이시(드류 베리모어 분)에게 전화가 걸려온다. 전화를 받지만 아무 대답이 없다. 케이시는 잘못 걸려온 전화로 여기고 수화기를 내려놓는다. 그러나 곧 다시 전화벨이 신경질적으로 울린다. 전화 목소리의 주인공은 케이시에게 대화 상대가 되어줄 것을 요구한다. 케이시는 그때 막 빌려온 호러 영화를 보기 위해 팝콘을 불에 올린 참이었다. 전화 상대와 호러 영화를 주제로 이런저런 시시콜콜한 대화를 나누던 중 상대가 그녀에게 이름을 묻는다. 자신의 이름을 왜 알고 싶은지 되묻는 케이시. 전화 목소리는 자신이 지금 지켜보고 있는 사람이 누구인지 알고 싶기 때문이라고 대답한다. 누군가 집 밖에서 나를 지켜보고 있다! 그 순간, 화면 분위기가 완벽하게 달라진다.

전화는 케이시를 노린 살인 예고였다. "호러 영화로 퀴즈 놀이를 하자." "틀리면 죽이겠다." 이제 보이지 않는 살인마에 의해 심리적으로 궁지에 몰린 케이시의 모습이 묘사된다. 뜨겁게 달궈진 은박지 위에서 타닥타닥 부풀어오르는 팝콘은 공포로 터져버릴 것 같은 케이시의 심리를 상징하는 장치다. 이 또한 절묘하다.

영화는 초반에 부재 즉, 목소리뿐인 적에게 쫓기는 상당히 복잡한 무서움을 선보인다. 익숙한 공간에 침입한 이 불길한 존재는 케이시가 살해당하는 장면에서 마침내 화면에 등장한다. 하얀 가면에 까만 망토를 쓴 채 칼을 든, 그 유명한 모습으로 말이다. 범인이 모습을 드러냄과 동시에 케이시는 소리뿐인 존재가 된다.

케이시의 부모가 집으로 돌아와 사태를 파악하고 경찰에 신고하려고 전화를 드는 순간, 수화기 너머에서 빈사 상태인 케이시의 신음소리가 애처롭게 들린다. 케이시는 처음부터 끝까지, 범인과 숨바꼭질을 하는 동안에도 줄곧 무선 전화기를 손에 들고 있었다. 케이시의 영혼은 소리뿐인 존재(사신)가 온 곳, 바로 죽음의 세계로 여행을 떠나려 한다. 그녀는 내장이 파헤쳐진 채 시체가 되어 현실 세계로 돌아와 부모와 재회한다.

초반 에피소드가 끝나고 범인이 모습을 최초로 드러낸 뒤 〈스크림〉은 전혀 다른 영화가 된다. 이제 범인은 나타나고 또 나타난다. 후반부 주인공인 시드니(니브 캠벨 분)에게도 범인은 전화를 거는데, 시드니는 별로 겁을 먹지 않을 뿐더러 전화를 건 직후에 냉큼 모습을 드러낸 범인과 맞붙어 싸우기까지 한다.

영화는 시드니에게 '어라 무서워 꺄' 체험을 반복시킨다. 칼을 휘두르는 살인마를 보란듯이 등장시켜, 화장실에 숨어 있다가 시드니를 덮치는가 하면 교장실에서 교장을 찔러 죽이기도 한다(감독은 이 장면에서 〈싸이코〉의 샤워 커튼을 패러디했다. 교장이 문을 활짝 열어 보니 아무도 없다! 안심하고 방문을 닫자마자 문 뒤에 숨어 있던 범인이 교장을 덮친다). 살인마는 시드니의 친구를 차고문에 끼워 죽이고, 뜬금없이 수풀에 숨어 있다가 등장하고, 심지어 방범 카메라 앞을 아무렇지 않게 지나가기도 한다.

무기를 딱 한 가지만 소지한 연쇄 살인범 이야기의 어려운 점이 바로 이것이다. 그러나 크레이븐 감독과 윌리엄슨 작가의 콤비는 역시나 실력이 걸출해서, 있는 대로 살인마를 등장시키면서도 도무지 정체를 알 수 없게 만드는 방식으로 이야기를 이끌어간다. 덕분에 후반부까지도 영화는 흥미진진하다.

2. 공포의 인지적 측면

공포는 지향성을 지닌다

호러는 '어라 무서워 꺄' 체험이 지닌 원초적인 무서움에 어떻게든 기댈 수밖에 없다. 상어에게 먹히는 것(〈죠스〉)부터 시작해서 텍사스의 정신 나간 촌뜨기가 전기톱을 들고 쫓아오거나(〈텍사스 전기톱 학살〉), 인간의 몸 안에서 에이리언의 알이 부화한다거나(〈에이리언〉), 소설을 쓰지 못해 정신이 이상해진 아버지가 도끼를 들고 쫓아오거나(〈샤이닝〉), 레이저 광선에 몸이 주사위 모양으로 썰린다거나(〈레지던트 이블〉) 모두 다 아플 것 같고 죽을 것만 같은 상황이다. 또 다른 공통점은 자신에게 중대한 위해(최악의 경우, 죽음)를 가져올 대상이 명확하고, 그것이 눈앞으로 닥쳐오는 것을 인지하고 있다는 점이다. 이것을 앞에서 '멍멍' 인지라고 불렀다.

멍멍 인지에는 대상과 평가라는 두 가지 측면이 있다. 먼저 대상이라는 측면을 살펴보자. 대상은 무서워하는 어떤 것이다. 상어나 전기톱을 든 살인마, 에이리언 새끼 등 다양하다. 보통 사람들은 무서워하지 않는 것에 병적인 공포를 느끼는 사람도 있는데, 그 역시 '무슨 무슨 공포증' 처럼 공포의 대상이 무엇인지에 따라 분류된다. 광장 공포증, 고소 공포증, 선단 공포증, 약간 독특한 것으로 거미 공포증도 있다. 철학 용어를 무리해서 사용하면 공포는 지향성을 지닌다고 표현할 수 있다. 공포에는 향하는 목적지가 있어서 두려움을 느끼는 무언가 대상이 존재한다.

지향성이 없는 공포, 다시 말해 대상이 없는 공포가 가능할까? 대답하기 어렵다. 조현병이나 혹은 알코올 의존증으로 생기는 금단 현상처럼 특정 대상에 무서움을 느낀다기보다는 무조건적인 공포도 있다. 그러나 이 또한 그 대상이 불특정할 뿐 결국 무언가를 대상으로 삼아 공포를 느낀다고 할 수 있다.

공포는 정서 혹은 감정의 일종이다. 정서에는 이 밖에도 기쁨, 슬픔 등이 포함된다. 기쁨이나 슬픔과 비교해 볼 때, 공포가 지니는 지향성은 매우 뚜렷하다. 기쁨과 슬픔은 향하는 방향이 조금 모호하다. 밸런타인데이에 초콜릿을 처음 받았던 때를 떠올려보자. 물론 초콜릿을 받으면 기쁘지만(기쁨의 원인은 명확하다), 기쁨이 정확히 초콜릿을 향하는 것은 아니다. 초콜릿을 손에 들고 하늘에라도 오를듯한 기분이 되었다면 기쁜 대상이 초콜릿이라기보다는 세계 전체를 향해 있다. 반대로 공포는 무서워하는 대상이 아주 명확하게, 다른 배경들 사이에서 두드러지게 등장한다. 눈앞에 있는 개가 무섭다면, 개 외에 다른 것은 무섭지 않다. 공포는 오로지 한 마리 개를 향하며, 그 순간 개는 주변과는 완전하게 분리된다.

우리는 '잘못된 공포'를 품을 수 있다

지향성을 지녔다는 것은 오류가 발생할 수 있다는 뜻이기도 하다. 유령인 줄 알았는데 자세히 보니 마른 참억새라거나 혹은 새끼줄을 보고 뱀인 줄 알고 무서워할 수 있다. 그렇다면 이 경우에는 무엇을 무서워하는 것일까? 일단 새끼줄을 무서워한다고 할 수도 있고, 뱀을 무서워한다고 할 수도 있다. 나는 '어느 쪽이든 상관없다'고 대답하겠다. 둘 중에 무엇이 '공포의 대상'인지 억지로 정할 필요는 없다. 뱀을 보고 뱀을 무서워하는 것과 새끼줄을 보고 뱀을 무서워하는 것 사이에는 전자를 정상, 후자를 비정상 혹은 잘못(착각·환상)으로 여기는 중대한 차이가 있다는 점이 중요하다. 그런 차이는 공포가 향하는 방향 즉, 공포의 지향성이라는 구조 때문에 생긴다.

이처럼 잘못된 공포 때문에 인간은 무서워하지 않아도 될 대상을 무서워하게 된다. 뛰어난 호러물은 이 잘못된 공포를 아주 적절하게 사용한다. 원래 호러라는 장르는 잘못된 공포를 품을 수 있는 우리의 능력 덕분에 비로소 가능해진다. 〈13일의 금요일〉에서 제이슨이 호수에서 갑자기 나타나면 우리는 놀라고 무서워한다. 〈엑소시스트〉에서 소녀의 머리가 빙그르르 한 바퀴 돌면 무섭다. 그러나 이것은 잘못된 공포다. 우리가 본 것은 스크린에 투영된 빛의 패턴일 뿐이지 정말로 제이슨이 출현하거나 소녀의 머리가 회전하지는 않았으니까. 호러가 이 세계에 존재한다는 사실 자체가 공포에 지향성이 있다는 증거이다.

대상의 평가는 언제 이루어지는가

지금까지 '공포에는 무서워하는 대상의 인지가 포함된다'고 설명했다. 단순하게 대상이 무엇인지를 인지하는 것뿐만 아니라 그것이 '무서운 것이다' 혹은 '무서워해야 할 대상이다'라는 일종의 가치 평가도 함께 이루어진다는 뜻이다. 요컨대 멍멍 인지에는 대상에 대한 평가가 포함되어 있다. 이것이 멍멍 인지의 두 번째 측면이다.

대상이 무엇인지 인지한 뒤, 무서워해야 할 대상이라는 평가에 이르기까지 아주 복잡한 추론이 끼어드는 경우도 있다. 예를 들어 영화 〈오멘〉의 주인공 주변에서는 자꾸 기이한 일이 벌어진다. 주인공은 아들(사실은 양자) 데미안이 재앙의 원인일지 모른다고 강하게 의심하지만 확신하지 못한다. 데미안의 머리카락 아래에 악마의 표시 '666'을 발견한 뒤에 비로소 아들이 악마의 자식임을 깨닫는다. 이 순간에 이르러서야 데미안은 공포의 대상이 된다.

그러나 지금 문제로 삼고자 하는 '어라 무서워 꺄' 체험처럼 원초적이고 단순한 공포, 이른바 공포의 원형에서는 이러한 모델이 반드시 들어맞지 않는다. 오히려 대상이 무엇인지 그 인지와 평가가 동시에 일어난다. '개'라는 인지에 '무서워해야 한다'는 평가가 더해지는 것이 아니라 처음부터 '무서운 개'로 인지한다. 그 대상이 무엇인지 인지하고 나서 생긴 무서운 정서가 대상에 투영되는 것은 아니다. 우리가 무언가를 무서워할 때, 그때 인지한 대상은 처음부터 무서운 대상이다.

우리는 대상이 무엇인지 충분히 인지하지 못했을 때도 그 정체불명의 무언가를 일단 무서워한다. 소설가 스즈키 코지의《링 2: 나선》에서 내가 정말 무서워했던 장면이 있다. 주인공이 실종된 지인을 찾을 단서를 얻으려고 방을 뒤진다. 네발로 기며 정신없이 뒤지는 그때, 주인공의 발 근처에 무엇인가가 지나간다. 정체 모를 '무언가'! 주인공은 너무 무서워서 돌아보지도 못한다. 그저 무작정 무서운 무언가가 그곳에 있다는 것만이 확실하다. 이 장면이 얼마나 무서웠는지 모른다. 이불을 덮고 그 책을 읽고 있었는데 내 발 쪽에도 뭔지 모를 무서운 것이 있을까 봐 불을 켠 채로 잠든 기억이 있다. 원초적인 공포에서 무서움의 평가는 반드시 그것이 무엇인지 인지한 뒤에 이루어지는 것은 아니다.

머리로 알아도 무서운 것은 무섭다

우리는 무섭다는 평가가 공포에 어떤 식으로 포함되는지

알아보는 중이다. 이제 '포함되는 방식'의 또 다른 논점을 살펴보자. '가치 평가'라고 하면 우리는 보통 가치 판단이라고 생각하고, 그 평가 내용을 '개는 무섭다'거나 '무서운 무언가가 거기에 있다'는 명제 형태로 나타내려고 한다. 그러면 여기에서 말하는 '평가'가 명제 형태를 한 가치 판단 내용을 지닌 심적 상태라고 여기기 쉽다.

이 경우를 보자. 버섯 도감에 독우산광대버섯은 '죽음의 천사라고도 불린다', '맹독 버섯 삼총사다', '먹으면 간이나 신장이 스펀지 상태로 파괴되어 대략 일주일 정도 괴로워하다가 죽음에 이른다'라고 설명되어 있다. 이 내용을 읽고 독우산광대버섯은 무섭다는 신념을 품을 수 있다. 이때 꼭 주의할 것이 있다. 우리는 타인이나 동물에 지식이나 욕구를 투영할 때, 그 내용을 명제 형식으로 표현한다는 것이다. 예를 들어 실험 장치에서 훈련 받은 쥐를 보고 이 쥐는 '이 버튼을 누르면 먹이가 나온다'는 사실을 알고 있다고 말한다. 우리가 자연 언어를 사용해 연구하는 이상 이와 같은 표현을 피할 수 없다(혹시 다른 방법이 있다면 제발 알려줬으면 한다). 그렇지만 이것은 쥐가 '이 버튼을 누르면 먹이가 나온다'라는 명제(철학에서는 신념이라고 부른다)를 지식으로 마음에 품고 있음을 의미하지는 않는다.

마찬가지로 공포에 포함되는 가치 부여가 '○○는 무섭다'라는 명제적 내용을 지닌 신념의 형태로만 포함된다고는 볼 수 없다. 오히려 반대로 무언가를 무서워할 때, 그 대상을 무서운 것이라고 평가하지만 그것이 꼭 신념의 형태를 띠지는 않는다. 다시 말해 이러이러한 대상은 무섭다는 가치 판단을 이 세상을 바라보는 다른 신념(태양은 동쪽에서 뜬다, 돈으로 물건을 살 수 있다)과 동일시하지는 않는다.

왜냐하면 이러한 공포에 포함되는 가치 부여가 만약 신념과 비슷한 형태를 한 가치 판단이라면, 신념 체계가 달라지면 무서운지 아닌지의 가치 부여도 달라질 것이기 때문이다. 철학자 노부하라 유키히로가 비행기를 무서워하는 사람을 예로 든 적이 있는데, 그걸 이용해서 설명해 보자. 비행기 타는 것을 무서워하는 사람이 출장 때문에 어쩔 수 없이 비행기를 자주 타야 했다. 기내에 발을 들이려고 하면 늘 움츠러들었다. 비행기가 활주로를 달리기 시작하면 가슴이 쿵쿵 뛰고 식은땀이 흘렀다. 공중에 붕 떠오르는 순간에 비명을 지를 것만 같았다.

그런데 알고 보면 비행기는 통계적으로 매우 안전한 교통수단이다. 교통수단의 안전성을 산출하는 다양한 방법 중에 표준은 총 이동 거리 대비 사망자 비율을 측정하는 것이다. 자동차의 총 이동 거리 대비 사망률은 0.42명/억 킬로미터, 비행기의 총 이동 거리 대비 사망률은 0.01명/억 킬로미터다. 자동차가 비행기보다 40배쯤 위험하다(다른 기준으로 측정하면 달라질 수도 있다). 어쨌든 비행기가 그렇게 위험한 교통수단은 아니라는 통계 결과를 보고 나서 위험을 인식하는 그의 신념 체계가 대폭 수정되었다고 가

정해보자. "비행기는 그렇게 무서운 교통수단이 아니었어. 자동차가 훨씬 더 무섭네"라는 결론에 도달했다. 하지만 막상 비행기를 타려고 하면, 여전히 다리가 움츠러들고 식은땀이 흐르고 심장이 격렬하게 뛴다. 그는 이렇게 중얼거린다. "머리로는 알아도 무서운 건 무서워."

공포는 신체적 반응에서 시작된다

그림 1의 도형 두 개를 보자. 둘 다 길쭉한 가로선 양쪽에 수염처럼 비스듬하게 짧은 선이 있다. 각 도형의 가로선 길이를 비교해보면, 위 도형의 가로선이 아래 도형의 가로선보다 길어 보인다. 그런데 자로 재거나 평행 이동해서 겹쳐 보면 두 가로선의 길이는 같다. 이것은 착시 세계에서 아주 유명하고 오래된 예시로 '뮐러-라이어 착시'라고 불린다(왜 이런 착시가 생기는지는 본론에서 벗어나니 여기에서는 다루지 않겠다).

중요한 것은 제대로 측정하고 비교해서 똑같은 길이인 줄 알았고, 뮐러-라이어 착시가 왜 생기는지 이해한 뒤에도 여전히 저 두 가로선의 길이가 달라 보인다는 것이다.

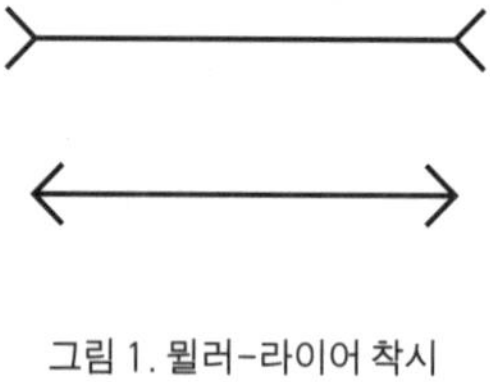

그림 1. 뮐러-라이어 착시

착시인 줄 알고 신념 체계에 변경이 일어난 뒤에도 보는 방식은 달라지지 않았다. 착시는 여전히 남아 있다.

이처럼 공포에는 그 대상이 무섭다는 평가가 분명 포함되지만, 그 평가가 이른바 가치 판단이나 가치에 관한 신념은 아니다. 최소한 '어라 무서워 꺄' 체험처럼 원초적인 공포에서는 무서워해야 하는 대상이라는 판단·신념이 형성된 후 공포의 느낌 혹은 오금 저림, 심장 떨림, 식은 땀, 비명 같은 신체적 반응이 일어나지 않는다. 오히려 공포는 공포의 느낌이나 공포의 신체적 반응 그 안에 있다. 어떤 것은 위험하다는 가치 판단 또는 신념 때문에 공포를 느끼는 것이 아니라, 무서운 느낌이 들거나 혹은 그에 따른 신체의 반응을 자각할 때 그 대상이 위험하다는 신념을 형성한다고 말해도 좋다.

이번에는 공포의 두 번째 측면인 '어라 무서워' 감각, 공포에 동반하는 무서운 '느낌'으로 주제를 옮겨보자.

3. 공포의 신체적 측면

정서는 복잡하게 뒤섞여 있다

공포와 분노를 구별하지 못하는 사람은 드물다. 물론 두 감정이 뒤섞일 때도 있다. 나는 지하철역에서 공갈 협박을 당했을 때, 공포와 굴욕과 분노가 뒤섞인 감정을 느꼈다. 이처럼 우리의 감정은 뒤섞여 있을 때가 많다. 또한 뒤섞이지 않아도 연속적으로 바뀌기도 한다.

'유쾌하다가도 슬픈 가마우지 고깃배로구나'라는 시인 마쓰오 바쇼의 시에서 유쾌함이 슬픔으로 바뀐 명확한 지점을 찾기는 어렵다. 이 경우에는 자기도 모르는 사이에 감정이 서서히 변해 갔다고 보는 게 설득력이 있다. 유쾌함 속에 슬픔의 그림자가 서서히 드리우다 문득 정신을 차리니 슬픔이 꽉 차올랐을 것이다. 우리의 정서는 왜 이처럼 뒤섞이거나 서서히 바뀔까? 참 인상적인 의문이다. 이를 잘 생각해보면 정서의 흥미로운 특징이 드러난다.

정서의 다양한 예

의문을 해결하기 전에 몇 가지 용어들을 정리해두자. 지금까지 정서, 감정, 느낌, 감각, 지각 등 비슷하면서도 다른 용어들을 사용했고, 앞으로도 계속 사용할 테니 이쯤에서 각각의 의미를 정리할 필요가 있다.

공포는 정서의 일종이다. 그렇다면 정서는 무엇일까? 이 질문에 지금 답할 수는 없다. 공포가 무엇인지 생각하는 것은 정서가 무엇인지 생각하는 것의 일부이며 그야말로 이 책 전체를 통해서 답하려는 질문이니까. 일단 정서가 어떤 의미인지 살펴보자. 르네 데카르트는《정념론》에서 단순하고 기초적인 정서로 여섯 종류를 들었다. 놀람, 사랑, 증오, 욕망, 기쁨, 슬픔. 공포가 포함되지 않다니 뜻밖이다. 데카르트는 이 여섯 가지 기초적 정서를 혼합하면 다른 정서를 모두 설명할 수 있다고 보았다.

현대에 들어서도 심리학자들은 정서를 분류하는 데 열

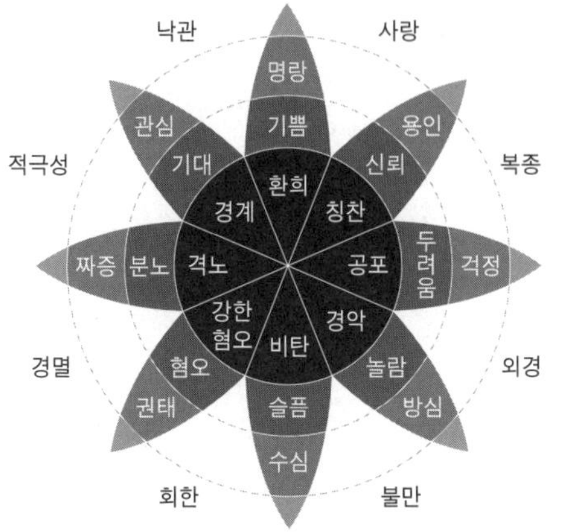

그림 2. 플루칙이 고안한 감정의 바퀴

중했다. 로버트 플루칙은 1980년에 쓴 논문에서 공포 외에 신뢰, 놀람, 슬픔, 혐오, 분노, 기대, 기쁨 등을 기본 정서로 삼아 감정의 바퀴를 제시했다. 그런데 이 모델에는 정서라고 부르기 어려운 것도 포함되어 있다(그림 2).

같은 해, 미국 심리학자 제임스 러셀도 감정을 원형으로 배열해서 분류했다. x축을 유쾌와 불쾌, y축을 흥분과 이완으로 두고 원점을 중심으로 한 원주선 형태로 나열했다(그림 3). 원점으로부터 거리가 감정의 강도를 나타낸다. 원주선 위에 배치하고 분류한 것은 형용사와 명사다. 그림 3에서 제시한 단어가 정서를 표현한다.

여기에도 정서라고 부르기 모호한 것이 있다. 기분으로 보이는 것도 잔뜩 들어 있다. 졸림이 과연 정서일까?

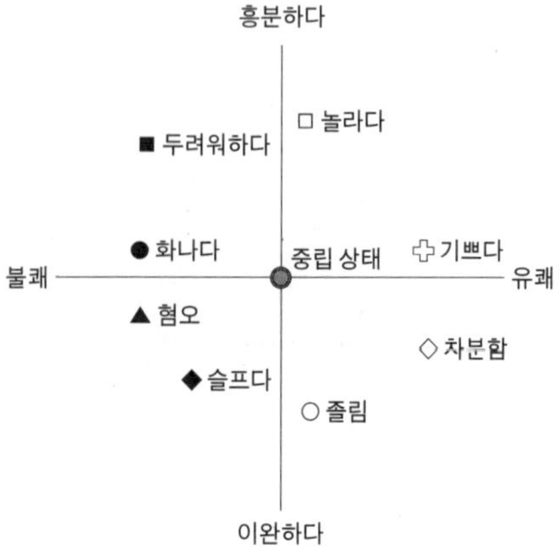

그림 3. 러셀의 감정 원형 모델

이처럼 심리학자 사이에서도 정서의 범주에 대해 의견이 다양하다. 철학자 폴 그리피스처럼 정서는 한 가지 카테고리가 아니므로 하나로 뭉뚱그려 말하면 안 된다고 주장하는 사람도 있다.

정서와 비슷한 단어들

어쨌든 공포, 놀람, 분노, 슬픔, 기쁨을 정서의 전형적인 예로 볼 수 있다. 이번에는 정서와 비슷한 단어를 살펴보자. 이 책에서는 '감정'과 '정서'를 같은 의미로 사용한다. 이성과 대비해서 사용할 때는 정서보다 감정과 이성이라고 표현하는 편이 이해하기 쉽다. 일본에서는 정서와 감정 모두 영어 emotion의 번역어로 사용한다(우리나라에서는 정서를 emotion, 감정을 feelings, 정동을 affects의 번역어로 쓰기도 한다.—옮긴이).

감각은 sense, 지각은 perception에 대응한다. 각 단어의 쓰임은 심리학자들의 일반적인 용법에 따르기로 한다. 심리학에서는 이렇게 정의한다. 감각이란 외부의 물리적 자극이나 생체 내부의 정보를 감각 기관을 통해 받아들이는 작용이다. 시각, 청각, 후각, 미각, 피부 감각(촉각, 압각, 온각, 냉각, 통각), 운동 감각, 평행 감각, 내장 감각 등이 있다. 지각은 감각한 재료를 바탕으로 외부나 자기 내부의 상태를 이해하는 작용을 말한다. 그러므로 지각은 내용을 지닌다. '눈앞에 사과가 있습니다'나 '모기가 장딴지를 물어서 가렵습니다'와 같은 식으로.

이제 이 단락의 주제인 느낌만 남았다. 이 책에서 느낌은 feeling의 번역어로 사용할 것이다. 느낌은 정서와 감각을 모두 지닌 무언가이며 각각의 구성 요소가 된다. 공포를 느낄 때, 우리는 뱀이라는 사실을 인지하고 도망치는 것뿐만 아니라 공포 특유의 느낌을 느낄 수 있다. 그것을 '공포감'이라고 부르거나 '오싹하다', '소름 끼친다', '비명이 나올 것 같다'고 표현한다.

감각도 외부의 정보를 단순히 받아들이기만 하지 않고 특유의 느낌을 동반한다. 통각은 아픈 느낌을 동반한다. 그 느낌은 신체의 어느 부위가 어떻게 손상되었는지에 따라 다르다. 추운 겨울날, 새끼발가락을 가구에 세게 부딪쳤을 때의 아픈 느낌(찌잉)과 주삿바늘이 팔을 찔렀을 때의 아픈 느낌(따끔), 빙수를 급하게 먹다가 관자놀이 중간쯤에서 느껴지는 아픈 느낌(욱신욱신) 들은 전부 다르다.

공포와 놀람의 관계

정서가 뒤섞인다는 표현을 통해서 내가 문제로 삼고 싶은 것은 느낌의 뒤섞임이다. 여기에는 감각이 뒤섞이는 방식과 다른 독특함이 있다. 감각도 여러 느낌이 뒤섞일 때가 있다. 미각을 예로 들어보자. 달고 짜다, 달고 시다, 시고 맵다 등의 느낌이 있다. 그러나 단맛과 신맛을 각각 일정한 비율로 동시에 느껴도 느낌 그 자체가 뒤섞이지는 않는다. 그렇기에 맛을 보고 두 가지 느낌을 구분해서 신맛을 조금 더 강하게 할 수 있다. 소리에서 색을 느끼거나(색청), 반대로 색에서 소리를 듣는(음시) 경우처럼 공감각이라는 것도 있다. 작곡가인 올리비에 메시앙이나 알렉산드르 스크랴빈은 색청을 느낄 수 있었다고 한다. 어떤 의미에서 공감각은 감각 모드가 뒤범벅된 상태라 볼 수 있겠지만 이 경우, 두 종류의 느낌은 뒤섞이지 않는다. 동시에 발생할 뿐이다.

정서의 느낌이 뒤섞이는 방식은 이와 조금 다르다. 무섭지 않은 놀람이 있다. 마법사가 덩치 큰 호랑이를 공중에서 반짝 사라지게 하면 놀란다. 그러나 무섭진 않다. 한편 놀람 없는 무서움도 있다. 은근하게 무서운 것이다. 호러 범주에 들어가지 않는 조금 오래된 프랑스 영화로 아녜스 바르다 감독의 〈행복〉이 있다. 프랑스의 어느 지방

도시에서 행복하게 살던 부부. 남편이 젊은 여자와 바람이 났고 아내도 그 사실을 알고 있지만 둘의 생활은 변함없어 보였는데, 일가족이 소풍을 나갔을 때 아내가 갑자기 호수에 몸을 던져 자살한다. 남편은 비통해 하지만 어느새 젊은 애인이 집에 들어와 아이를 돌보기 시작하고 이전과 마찬가지로 행복한 생활을 이어 간다. 어찌 보면 평범한 줄거리인데 자살한 아내의 심리를 비롯해 행복해 보이는 모습의 이면을 생각하면 은근히 무섭다.

그래도 대부분 놀람과 공포는 뒤섞인다. 할리우드 버전 〈링〉에서 사마라가 텔레비전에서 빠져나오는 장면은 완급 조절이 대단하다. 화면에 낡은 우물 하나가 등장한다. 한 남자가 화면을 보고 있는데 우물 안에서 손이 나타난다. 서서히, 서서히 사마라가 모습을 드러낸다. 우물에서 내려와 서더니 천천히 이쪽을 향해 걸어온다. 그러더니 흠뻑 젖은 사마라가 모니터에서 느릿느릿 빠져나와 현실 세계로 기어 나온다. 남자는 화면에서 시선을 떼지 못한 채로 주춤주춤 뒤로 물러난다. 사마라의 전신이 화면 밖으로 나오자 느릿느릿 천천히 몸을 일으켜 세운다. 그녀의 얼굴이 긴 머리카락에 가려져 보이지 않는다. 그 순간, 사마라는 갑자기 번쩍 남자의 눈앞까지 순간 이동하고 남자는 기겁하여 뒤로 쓰러진다. 사마라가 다시 천천히 고개를 들자, 증오로 가득한 무시무시한 눈동자가 클로즈업된다.

순간 이동하는 장면에서 나는 무심코 "히익!" 하고 소리를 질렀다(다시 말하지만 나는 겁쟁이다). 이형(異形)인 사마라가 서서히 이쪽으로 다가오는 장면은 관객들에게 극심한 공포를 부추긴다. 그러나 순간 이동으로 관객들이 화들짝 놀랐다고 해서 '아, 지금은 무섭네. 아, 지금은 놀랐어. 아, 다시 무서워졌다!'라고 생각하며 영화를 보지는 않는다. 일인칭 시점에서는, 혹은 현상적으로는 자신이 느끼는 무서움과 놀람의 느낌을 거의 구별할 수 없다. 어디까지 무서움이고 어디부터 놀람인지, 느낌만으로는 확실하게 판별하지 못한다. 이런 식으로 공포와 놀람은 분간하기 어렵게 뒤섞여 있다. 구별할 수 있게 보이는 이유는 사후에 문맥을 가져오기 때문이다.

공포의 현상학적 기술

감각의 느낌과 정서의 느낌이 뒤섞이는 방식은 이렇게 다르다. 그 이유는 무엇일까? 감각의 느낌은 요소적인 반면에 정서의 느낌은 복합적이기 때문이다. 이 말의 의미를 파악하기 위해서 우리가 공포를 느낄 때 무엇을 느끼는지 생각해보자.

선입견 없이 머릿속에 떠오르는 것을 기술해보자. 이것을 현상학적 환원이라고 부른다. 철학을 전공한 나도 현상학적 환원이 무엇인지는 배웠지만 정작 현상학적 환원을 어떻게 하는지는 배우지 않았다. "지금부터 제대로 보여드리지요."라고 하는 현상학자를 주변에서 본 적도 없다. 어쩔 수 없으니 그냥 내 식으로 해보겠다.

먼저 손가락 끝을 바늘로 찔러 보자. 처음 찌를 때는 바늘이 닿는 피부 표면보다 약간 안쪽 반경 1밀리미터 정도의 경계가 모호한 곳에서 묵직하고 둔하게 아픈 느낌이 난다. 그러나 바늘에 힘을 더 주면 바늘 끝이 피부를 뚫고 들어가면서 느낌이 달라진다. 아픈 부위가 조금 더 표면에 가까워진다. 피부 표면부터 약간 바깥쪽으로 걸쳐서 좀 더 날카로운 느낌의, 마치 선분 같은 형태를 한 예리한 아픔으로 바뀐다. 바늘을 빼면 피가 나오고, 이제는 둔한 아픔이 손가락 전체로 퍼지면서 (아마도 심장 박동에 맞춰) 주기적으로 느껴진다. 이 경우 실제로 그렇든, 아니든 우리는 어디가 얼마나 아픈지 느낄 수 있고 말할 수 있다.

이번에는 개가 앞에서 으르렁대는 상황을 상상해보자. 그때 공포의 느낌은 바늘로 손가락을 찔렀을 때 통증의 느낌과는 양상이 상당히 다르다. 일단 공포의 느낌이 어디에 있는지 특정하기 어렵다. 온몸 구석구석에서 전해져 온다. 얼굴은 불타는 듯 뜨겁고 심장이 심하게 요동치다가 입에서 튀어나올 것만 같다. 심장이 두근두근 뛰는 소리만 기묘하게 크게 들리고 다른 소리는 아무것도 들리지 않는다. 소리가 사라진 세계 안에서 심장 소리만 들리는 것 같다. 경계 대상인 개 소리마저도 희미하게 들린다. 손바닥이 축축하다. 손발이 부들부들 떨린다. 그런데 몸을 제대로 움직일 수 없다. 소름이 돋고 오한이 든다. 짧은 순간에 다양한 생각이 단편적으로 떠올랐다가 사라진다. 시야가 좁아진 것 같다. 개가 실제보다 가까이 보이고 다른 것들은 멀찌감치 떨어진 것처럼 보인다. 시간의 흐름이 느려진 듯하다. 입이 바싹 마른다……. 즉 공포의 느낌은 아픔의 느낌과 달리 확산적이고 복합적이다.

여기서 주목해야 할 것은 공포에 사로잡혔을 때 나타나는 심장 고동, 동공 수축, 얼굴 혈관 확장, 손발 떨림, 갈증 같은 신체적 반응이다. 즉 공포를 느낄 때 전신에서 일어나는 일들을 스스로 모니터링한 총체가 공포의 느낌이다. 이러한 신체적 반응을 제외한 공포 특유의 느낌이 있을까? 있다면 설명할 수 있을까? 이 의문은 자기 관찰만으로는 도저히 결론을 내릴 수 없다. 손가락을 바늘로 찌르며 그 때의 느낌을 '마음의 눈'으로 관찰하고 냉정하게 해부하면서 기술할 수는 있다. 그러나 눈앞에서 으르렁대는 개에게 공포를 느끼며 그 공포를 냉정하게 기술하는 것은 최소한 나는 할 수 없다. 지각이 어긋나고 머리가 제대로 돌아가지 않는 반응이 공포의 일부를 이루고 있는 한은 아마도 누구에게나 어려운 일일 것이다.

이런 잡다한 신체 반응을 모니터링한 총체가 공포의 느낌이라고 부르는 현상의 핵심을 이루는 것만은 분명하다. 자, 이제 재미있어진다. 공포와 놀람은 몇 가지 신체적 반응을 공유한다. 피부 혈관이 수축하고 심장 박동수가 늘어나고 손과 발에서 땀이 나는 반응 등이다. 공포와 놀람의 느낌을 일인칭 시점으로 관찰하면 느낌 자체가 매우 비슷한 것을 알 수 있다. 이것이 놀람 없는 공포와 공포 없는 놀람은 가능하지만 양자가 섞이면 구별이 어려운 이유다.

재미있는 점이 또 하나 있다. 공포와 놀람처럼 서로 다른 정서에 똑같은 신체적 반응이 동반된다면, 우리는 지금 느끼는 정서를 착각할 수 있다. 실제로 비슷한 연구가 있다. 캐나다의 심리학자 도널드 더튼과 아서 아론이 1974년에 한 '흔들다리 효과'라는 유명한 실험이다.

피험자는 남학생 70명이었다. 실험은 나무로 만든 보통 다리와 흔들다리를 이용했다. 먼저 남학생에게 양쪽 다리 중 하나를 혼자 건너게 한다. 다리 중앙에 도달했을 때, 그곳에 서 있던 여학생이 남학생에게 실험(거짓 실험이다)에 협조해 달라며 전화번호를 적은 쪽지를 건넨다. 다리의 종류에 따라 그 쪽지를 받은 인원수와 나중에 그 번호로 전화를 건 인원수에 차이가 있는지 알아보는 실험이었다. 그 결과, 쪽지를 받은 인원수는 다리의 종류에 영향을 받지 않았지만, 전화를 건 인원수와 다리 종류에는 관련성이 있었다. 고정된 다리일 때, 쪽지를 받은 학생 중에 전화를 건 학생의 비율은 16퍼센트였는데 비해 흔들다리일 때는 50퍼센트였다.

이 결과를 더튼과 아론은 이렇게 설명했다. 흔들다리 중간에서 여학생과 만난 남학생은 불안정한 다리를 건너면서 발생한 긴장, 공포로 인한 심장 박동수 증가 같은 신체 반응을 여학생에 대한 연애 감정으로 잘못 해석했다는 것이다.

이 실험을 알고, 나는 영화 〈스피드〉를 떠올렸다. 키아

누 리브스와 샌드라 불럭은 폭탄을 싣고 폭주하는 버스에서 간신히 탈출한 후, 부둥켜안은 채로 꽤 로맨틱한 분위기가 되는데, 샌드라 불럭은 마치 다짐하듯이 "긴박한 상황에서 시작하는 연애는 오래가지 못한다"라고 말한다. 친절하게도 "이걸 증명하는 연구도 많아"라고 덧붙인다. 아마 더튼과 아론의 실험도 이 '많은 연구' 중 하나이리라.

정서의 2요인 이론

앞선 실험은 사회심리학자인 스탠리 샥터와 제롬 싱어가 1962년에 이미 제창한 바 있는 '정서의 2요인 이론'을 배경으로 한다. 2요인 이론의 직접적인 뿌리는 철학자 버트런드 러셀까지 거슬러 올라간다.

러셀은 치과에 갔다가 아드레날린 주사를 맞았다. 그때 러셀은 정서적 경험을 할 때와 비슷한 신체적 반응을 느꼈지만 정서 자체를 경험하진 않았다. 즉 두근두근 가슴이 뛰고 얼굴이 뜨거워졌지만 무섭지도 않고 분노를 느끼지도 않았던 것이다. 러셀은 이 경험을 통해 정서에는 생리적·신체적 변화뿐만 아니라 그 원인의 인지 혹은 이유 부여라는 두 가지 요인이 필요하다고 생각했다.

샥터와 싱어는 여기에서 힌트를 얻어 똑같은 신체적 반응을 경험하더라도 다른 정서로 인지될 수 있는 이유는 신체적 반응의 원인을 무엇으로 볼 것인가, 즉 원인 귀속이 개입하기 때문이라고 주장했다. 그들은 이 가설을 실증하기 위해서 다음 실험을 했다.

피험자를 두 그룹으로 나눴다. 양쪽 모두에게 시력을 높이는 비타민을 주사하고 효과를 알아보고 싶다고 말했다. 사실 이것은 거짓말이었다. 한쪽 그룹에는 아드레날린을 주사하고, 또 다른 그룹에는 생리식염수를 주사했다. 다음으로 아드레날린을 주사한 그룹을 두 그룹으로 나누어 한쪽에만 비타민의 부작용이라고 속여 아드레날린의 효과(심장 박동수 상승, 호흡수 증가 등)를 설명했다.

피험자들은 주사를 맞은 후, 비타민 효과가 나타날 때까지 대기실에서 기다리라는 지시를 받았다. 대기실은 두 개였고, 방 안에는 바람잡이 역할을 하는 실험 도우미가 각각 한 명씩 있었다. 한쪽 대기실에서는 그 방에 있는 피험자들을 대상으로 설문조사를 실시했다. 설문조사의 문항은 점차 불쾌감을 자극하는 공격적인 내용으로 구성되어 있었다. 이 대기실에 있던 실험 도우미는 설문조사에 대답하면서 서서히 화를 내다가 나중에는 종이를 벅벅 찢어 버리는 연기를 했다. 이쪽을 분노 대기실이라고 부르자. 다른 대기실에서는 설문조사 자체가 없었다. 그 대기실의 실험 도우미는 들떠서 종이비행기를 접어 날리고 탁자에 올라가 소란을 떠는 등 쾌활하게 행동했다. 이쪽을 행복 대기실이라고 부르자.

아드레날린을 맞은 피험자들이 생리적으로 흥분한 상태에 있을 때 부작용에 대한 설명을 듣지 못한 피험자들은 같이 있던 실험 도우미가 연기한 것과 똑같은 정서를 경험했다는 보고가 다수 들어왔다. 즉 분노 대기실에 있던 피험자들은 자신들도 분노를 느꼈다고 대답했고 행복 대기실에 있던 피험자들은 행복한 기분을 느꼈다고 했다. 그런데 부작용에 대한 설명을 들은 피험자들은 그다지 강렬한 정서를 느끼지 않았다.

느낌만으로는 정서를 특정할 수 없다

이 결과를 샥터와 싱어는 다음과 같이 해석했다. 부작용 설명을 듣지 못한 피험자들은 생리적으로 각성된 상태였지만 자신이 왜 그런 상태가 되었는지 원인을 모른다. 그래서 피험자는 자신들이 생리적으로 각성하게 된 원인을 근처에 있는 타인의 정서에 순응하는 방식으로 찾아냈다. 그 결과, 실험 도우미와 동일한 정서를 경험했다고 인지했다.

흔들다리 실험은 샥터와 싱어의 2요인 이론을 실험실 실험이 아닌 현장 실험으로 검증하려고 한 시도라고 할 수 있다. 만약 이 이론이 옳다면 공포 등의 정서와 아픔 등의 감각은 비슷한 느낌을 동반하지만 매우 다르다. 감각은 자신이 아픔을 느끼는가, 가려움을 느끼는가, 달콤함을 느끼는가, 시큼함을 느끼는가 등 오로지 어떤 느낌을 느끼는지에 따라서 분류되고 웬만해서는 잘 틀리지 않는다.

그러나 정서는 그때의 느낌만으로 정확히 인지하기 어렵다. 때로는 본인의 정서를 착각하기도 한다. 긴장과 공포를 연애로 착각할 수 있다. 자신이 지금 어떤 정서를 느끼는지 알기 위해서는 무엇을 원인으로 그 정서가 생겼는지 파악하는 과정이 필요하다. 이제 지금까지 동물적이고 단순하다고 여겼던 정서가 사실은 일반적인 방법으로 쉽게 파악하기 힘든 대상임을 깨달았을 것이다.

공포의 신체적 반응

그렇다면 그 공포에 동반되는 신체적·생리적 반응은 구체적으로 무엇일까? 투쟁-도피 반응이라고 불리는 일련의 변화다. 이는 눈앞에 나타난 위험으로부터 도망칠 것인지, 맞설 것인지 행동을 결정하는 데 공포가 동기 부여를 해준다는 사실과 관련이 있다.

투쟁-도피 반응은 다음과 같은 신체적 반응을 포함하는 데, 싸우든 도망치든, 에너지를 많이 소비해야 하기 때문이다. 우선 간장에 축적된 글리코겐이나 지방 조직에 축적된 지방이 포도당으로 분해되어 혈당치가 상승하고 신체의 신진대사가 왕성해진다. 심장 박동수, 혈압, 호흡수가 높아진다. 심장은 두근두근 뛰고 숨을 헐떡헐떡 몰아쉰다. 다쳤을 경우 출혈을 줄여주기 위해 말초 혈관이 수축하면서 얼굴이 홍조를 띤다. 반대로 굵은 혈관은 팽창해서 피를 저장한다. 비장은 적혈구를 방출하고 감염에 대비해서 백혈구(특히 호중구)가 증가한다. 눈이 받아들이는 정보를 늘리기 위해 동공은 확대된다.

근육도 잔뜩 긴장하기 때문에 몸이 부들부들 떨린다. 모낭에 붙은 근육(입모근)이 수축할 경우에는 소름이 돋는다. 공포를 느끼는 동물의 털이 빳빳하게 서는 이유가 바로 이 때문이다. 한편 투쟁-도피 행동에 불필요한 소화

활동은 억제된다. 폐로 들어가는 공기를 늘리려고 기관이 두터워져 기관지가 확장되고 침이나 점액 분비가 억제된다. 그래서 입이 바싹 마르게 된다.

이런 투쟁-도피 반응은 자율신경계와 스트레스 호르몬이라고 불리는 아드레날린, 노르아드레날린, 코르티솔 등의 내분비계 작용의 결과다. 자율신경은 교감신경과 부교감신경으로 이루어지고 심장, 폐, 식도, 위, 소장, 대장, 간장, 쓸개, 생식기 등 효과기를 지배한다. 보통 양쪽이 하나의 기관을 지배해서 '이중지배'라고 부른다.

한 가지 장기에 미치는 교감신경과 부교감신경의 작용은 길항적이다. 한쪽이 어떤 장기를 촉진하면 다른 한쪽은 같은 장기를 억제하는 식으로 작용한다. 예를 들어 교감신경은 심장 고동을 촉진하는데 부교감신경은 심장 고동을 억제한다. 투쟁-도피 반응에서는 교감신경계가 긴장하고 부교감신경이 차분해진다. 혈관 수축, 심장 박동수 증가, 간의 글리코겐 분해, 지방 조직의 지방 분해, 기관지 확장 등은 교감신경의 작용이다.

4. 공포의 동기 부여적 측면

공포가 촉진하는 행동들

지금까지 공포에는 어떤 대상의 인지(지각), 그 대상의 평가, 공포의 느낌, 투쟁-도피 반응이라고 불리는 신체적·생리적 반응이 포함되어 있음을 알아보았다. 그렇다면 공포가 촉진하는 행동은 무엇일까? 남아프리카 심리학자 이삭 마크스와 하와이대학 정신과 의사이자 신경과학자인 스테판 브라차는 공포 특유의 행동을 몇 가지로 구분했다. 먼저 마크스의 분류부터 알아보자.

(1) 동결 : 움직임을 멈추고 상황을 주의 깊게 관찰한다. 관찰을 통해 좀 더 정확하게 상황을 판단할 수 있고 적에게 쉽게 발견되지 않으며 적의 매서운 공격을 피할 수 있다. 상대가 어디에 있는지 잘 모를 때라면 이 행동이 도망보다 유효하다.
(2) 도피 : 위협에서 도망침으로써 거리를 두려고 한다.
(3) 공격 : 적을 무력화시키거나 도망치도록 몰아간다. 부엌에서 바퀴벌레를 봤을 때, 사람들은 보통 즉각적으로 이런 행동을 한다. 그러나 숲에서 곰을 만났을 때 이런 행동을 하는 것은 매우 무모하다.
(4) 복종 혹은 달래기 : 같은 종의 구성원이 위협적일 때는 복종을 표현해 상대의 공격을 막는다. 침팬지도 무리 중에서 제일 강한 수컷에게 복종을 표함으로써 공격을 피한다.

브라차는 여기에 다음 두 가지를 추가했다.

(5) 겁 : 말하자면 죽은 척하는 것이다. 적이 너무 강해서 도피도 싸움도 어려울 때 종종 유효한 전략이 될 수

있다. 포식자는 보통 먹이의 움직임에 반응한다. 먹잇감이 일정 시간 움직이지 않으면 포식자는 흥미를 잃거나, 죽었다고 생각해서 방심한다. 그러면 도망칠 기회가 생긴다.

(6) 기절 : 이것이 포함되다니 의아하게 여길 수도 있겠다. 그러나 브리치는 피나 무기를 보고 정신을 잃는 것은 자신은 무력해서 위협이 되지 않으니 무시해 달라는 비언어적 메시지를 전달함으로써 살아남을 가능성을 높이는 기능을 한다고 보았다.

당연하게도 이러한 행동들은 상호배타적이지 않다. 오히려 일련의 계열을 이룬다. 일단 멈춰 서서 적이 그냥 지나가게 한다, 들키면 도망친다, 도망치지 못하면 싸운다, 이기지 못한다면 죽은 척한다, 이런 식으로. 공포에는 어떤 특징적인 행동이 연결된다. 그리고 이런 행동은 인간에게서만 발견되는 것이 아니다. 많은 포유류에게 공통적으로 나타난다.

공포와 행동의 순환적 관계

공포는 도피나 공격 같은 행동들의 방아쇠를 당기는 작용을 한다. 이 작용을 여기에서는 공포의 동기 부여적 측면이라고 부르겠다. 동기 부여의 포함 여부에 따라 공포에 대한 평가와 명제적 가치 판단으로서의 평가가 달라진다. 물론 우리는 대상의 가치를 다각적으로 검토하고 숙려한 끝에 판단한다. 그러나 이런 판단은 동기 부여를 동반하지 않을 수도 있다. 고민한 끝에 과도한 당분 섭취는 건강에 해롭다고 판단하더라도 변함없이 도넛을 먹어치우는 상황을 생각해보자. 이것을 의지박약이라고 부르는데, 왜 이런 상황이 생기는지는 철학의 중요한 문제 중 하나였다. 공포는 다르다. 만약 내가 도넛을 무서워한다면 아무 행동도 하지 않을 리가 없다(정말로 무서워한다면 말이다). 눈앞에 갑자기 도넛이 출현하면 나는 도망치거나 도넛을 짓밟거나(공격), 아니면 기절할 것이다.

이처럼 공포에는 어떤 특징적인 행동이 연결된다. 이 행동들은 관객들이 호러 영화를 이해할 수 있도록 도움을 준다. 등장인물이 공포에 떨고 있다는 것을 관객에게 전달하는 제일 쉬운 방법은 그 등장인물에게 공포 특유의 여섯 가지 행동 중 무언가, 혹은 전부를 하도록 시키는 것이다. 관객들은 등장인물의 행동으로 심리 상태를 추측할 수도 있고, '아아, 무서우니까 저런 행동을 하는구나.' 하면서 심리 상태로 그들의 행동을 이해하기도 한다. 양자의 관계는 순환적이다.

왜 〈스크림〉의 범인은 '표정이 있는 가면'을 썼을까?

등장인물이 무서워한다는 것을 관객에게 알려주는 방법이 하나 더 있다. 이 방법은 공포의 마지막 특징과 관계가 있다. 등장인물이 공포의 표정을 짓는 것이다. 사실 이 방법이 제일 효과적이다. 공포에 대한 반응 행동을 하기 전이라도, 혹은 다른 행동을 하다가도 공포의 표정을 떠올리기만 하면 그 사람이 무서워하고 있다는 것을 순식간에 전달할 수 있다. 애초에 표정이 타인에게 정서를 전달하는 도구로 진화해왔기 때문이다. 표정은 자신이 어떤 정서를 품고 있는지를 타인에게 알리고 그 사람에게서 적절한 행동을 끌어내는 수단 중 하나이다.

공포에는 공포 특유의 표정이 있다. 다른 정서는 어떨까? 기쁨, 분노, 슬픔, 혐오 같은 기본적 정서는 각각 현저하게 다른 특유의 표정을 동반한다. 공포의 경우는 그 특징이 더욱 두드러진다. 눈썹은 올라가고 눈이 크게 떠지는 동시에 미간은 찌푸려지고, 입은 옆으로 벌어져 떨리거나 혹은 일그러진다. 한마디로 화가 뭉크의 〈비명〉에 그려진 얼굴과 비슷하다. 이 표정만 있으면 된다. 그래서 호러 영화에는 유명한 배우가 출연하는 경우가 드물다. 저예산이기도 하지만 애초에 그럴 필요가 없다.

호러에는 가면을 쓴 살인마가 자주 등장한다. 〈텍사스 전기톱 학살〉의 레더페이스는 사람 가죽으로 만든 가면을 쓴다. 제이슨은 〈13일의 금요일〉 3탄부터 하키 가면을 쓰고 나온다. 〈할로윈〉의 연쇄 살인마 마이클 마이어스도 하얀 가면을 쓴다. 이 가면들의 공통점은 하얀색이다. 다들 하얀 가면을 쓴다. 게다가 다 무표정이다. 그런데 〈스크림〉의 범인만은 표정이 풍부한 가면을 쓴다. 이유가 뭘까?

〈스크림〉의 범인과 레더페이스 등은 근본적으로 다르다. 담담하게, 마치 작업이라도 하듯이 사람을 죽이는 데

열중하는 레더페이스와 마이클 마이어스는 어딘가 모자란 인간처럼 보인다. 물론 그 모자란 것에는 표정도 포함된다. 그들이 살인을 즐기는지 아닌지 분명하지 않다. 그래서 얼굴은 하얗고 무표정하다. 그런데 〈스크림〉의 범인은 모자라 보이지도 않고 무엇보다 연쇄 살인을 진심으로 즐기고 있다.

〈스크림〉의 범인이 살인을 즐기는 이유는 그가 호러 팬이기 때문이고 〈스크림〉이 메타적 영화이기 때문이다. 이 영화는 호러 영화지만 호러 영화를 말하는 영화이기도 하다. 등장인물들은 툭하면 호러 이야기를 하면서 자신들이 호러의 등장인물인 것을 아는 것처럼 행동한다. 범인도 자신이 호러 영화의 범인 역할을 맡고 있다는 사실을 알고 있다. 그래서 관객에게도 희생자에게도 '어때, 내 영화는 즐거운가?'라는 메시지를 보낸다. 그러기 위해서는 호러 팬인 범인이 자신의 영화를 즐겨야 한다. 호러를 즐기는 것은 호러를 마음껏 무서워하는 것이다. 그래서 〈스크림〉의 범인은 스스로 공포에 질린 표정의 가면을 쓰고 등장한다.

슬픈 표정을 지으면 슬퍼질까?

〈스크림〉의 가면이 공포의 표정이라는 것은 국적과 인종에 상관없이 누가 봐도 바로 알 수 있다. 이렇듯 정서의 종류에 따라 그것을 표현하는 전형적인 표정이 있다. 심리학자 실반 톰킨스와 제자 폴 에크만의 안면 피드백 가설은 정서와 표정의 연결을 아주 중요하게 다루고 있다. 표정은 얼굴 표면에 분포하는 서른 종류 이상의 표정근이 수축하거나 이완하면서 만들어진다. 따라서 표정은 정서에 따른 신체적 반응의 일종이라고 해도 좋다.

신체적 반응 중에 앞에서 설명한 호르몬을 매개로 한 내장 반응이 나타나기까지는 약간 시간이 걸린다. 그런데 표정근과 같은 골격근은 매우 빠르게 반응한다. '금방 얼굴에 드러난다'는 말이 그냥 생긴 게 아니다. 톰킨슨과 에크만은 정서란 표정근의 반응 패턴이 뇌로 피드백 된 결과로 나타난다는 가설을 제시했다. 입가에 미소를 지으면 정말로 즐거워지고, 미간을 찌푸리면 정말로 슬퍼진다는 가설이다. 과연 그럴까?

독일 심리학자 프리츠 스트랙은 1988년에 이런 실험을 했다. 피험자에게 미소를 짓게 한다. 단, 재미있는 이야기를 하거나 떠올리면 안 된다. 그러면 정말 즐거워지니까. 그들은 펜 테크닉이라는 방법을 고안했다. 피험자들에게 볼펜을 입술에 닿지 않게 앞니로 가볍게 물라고 지시했다. 그렇게 하면 미소 짓는 것과 비슷한 표정이 된다. 그 상태에서 어떤 정서가 일어났는지 말하도록 했다.

한편 랜디 라센은 1992년에 슬픈 표정을 만들어내는 기술을 개발했다. 좌우 눈썹 위에 골프티를 올리고 두 개의 티를 붙여 보라고 지시했다. 그러면 미간을 찡그리게 되어 슬픈 표정에 가까워진다.

그 결과 미소를 인공적으로 만들면 즐거워지고 슬픈

표정을 만들면 슬퍼지는 경향을 보였다. 흐음, 정말로 그럴까? 지금 결론을 내릴 수 있는 것은 고작해야 '표정에는 정서를 강하게 하는 피드백 효과가 있어 보인다' 정도이다. 표정근을 인위적으로 조작하면 특정한 정서를 얻을 수 있다고 주장하기도 어렵고, 정서가 표정근의 피드백에 지나지 않는다고 말하기는 더더욱 어렵다.

게다가 즐거움과 슬픔은 앞에서 살펴봤듯이 그 대상이 분명치 않은 기분에 가까운 정서다. 대상이 명확하고, 동기 부여하는 행동도 비교적 명확한 공포 같은 정서일 때도 같은 결과가 성립할까? 비명을 지르는 흉내를 내다보면 점점 무서움을 느낄까? 의문이 남는다. 물론 실험을 통해 확인하지 않는 한 뭐라고 단정 지을 수는 없다.

지금까지 공포의 원형인 '어라 무서워 꺄' 체험을 분석하면서 공포가 다양한 요소로 이루어진다는 것을 알아보았다. 대상의 인지, 평가, 공포의 느낌, 신체 반응, 행동의 동기 부여, 특유의 표정 등 다양한 요소들이 포함되어 있다.

이제 다음 질문을 던지고 싶다. 이 요소들 중에 무엇이 공포의 본체이고 무엇이 덤일까? 우리는 과연 무엇을 공포라고 부를까? 공포란 신체적 반응을 말할까, 행동에 동기 부여하는 것을 말할까, 아니면 특유의 느낌을 말할까? 좀 더 철학적으로 이 질문을 표현하자면, 무엇이 공포의 본질일까? 이어지는 2장과 3장에서 이것에 대해 생각해보자.

2장

공포의 본질

'본질'이란 보통 이런 것을 말한다. X의 본질은 그것을 잃으면 더는 X가 아니게 되는 X의 성질·측면·요소다. 그렇다면 1장에서 알아본 공포의 다양한 요소 중에서 없어지면 더 이상 공포라고 할 수 없는 것은 무엇인가? 철학자 제시 프린츠는 정서 일반을 겨냥한 이런 의문을 '부분의 문제'라고 불렀다.

1. 정서의 본질은 무엇일까?

정서 철학이나 정서 심리학의 역사를 보면, 1장에서 알아본 정서의 다양한 요소 중에서 어느 한 가지를 선택하든 "이것이 정서의 불가결한 부분이다, 이것이야말로 정서의 본질이다!"라고 주장하는 사람이 계속 나타나서 놀랍다. 프린츠가 진행한 조사와 감정 심리학의 교과서를 따라가면서 정서의 본질을 한번 살펴보자.

정서란 신체적 반응의 '느낌'이다 — 제임스-랑게 이론

미국의 심리학자이자 철학자인 윌리엄 제임스는 심리학

의 아버지 중 한 사람으로 여겨진다. 그는 외부에서 온 자극이 대뇌피질에서 지각되면 신체(내장이나 골격근 등)에 변화가 생기는데, 그 신체적 변화가 뇌로 전달되고 지각되는 것을 정서 체험이라고 보았다. 제임스는 이 주장을 '슬프니까 우는 것이 아니다. 우니까 슬픈 것이다'라는 명언으로 표현했다. 그런데 이 말은 다소 오해를 부른다. 제임스가 하려던 말은 울어서 생기는 신체 변화에서 주관적으로 포착된 '느낌'이야말로 슬픔이라는 정서의 정체라는 뜻이다. 신체 변화가 없으면 외부에서 온 자극을 지각해도 정서를 포함하지 않는다는 것이다. '어라, 개가 있네?'로 끝이지 '앗, 개다! 꺄!'가 아니라는 소리다.

제임스의 이 주장은 다음의 사고 실험을 통해 밑받침된다. 공포에서 느낌이 서서히 사라진다면 어떻게 될지 상상해보자. 쿵쿵 뛰는 고동이 사라지고 목덜미의 오싹함과 닭살 돋은 피부의 섬뜩함이 사라진다. 이렇게 느낌을 잃으면 공포 그 자체도 사라진 것처럼 여겨지지 않을까?

덴마크의 생리학자 칼 랑게 역시 제임스와 별개로 그 역시 신체적 변화의 느낌이 정서라는 이론을 주장했다. 단, 랑게는 제임스처럼 호흡계, 순환기계, 소화기계, 근골격계, 내분비계에 미치는 전체적인 신체 변화를 고려하지 않고 오직 혈관과 혈액순환 변화에 주목했다. 혈관을 확장시키거나 수축시키는 혈관 운동신경의 반응 패턴과 지각에 따라 다양한 정서가 생긴다고 보았다.

1장에서 소개한 톰킨스와 에크만의 안면 피드백 가설

도 이런 이론의 일종이다. 신체적 반응 혹은 신체적 반응의 느낌과 정서를 동일시하는 점에서 유사하다. 프린츠는 이러한 견해를 '신체적 느낌 이론'이라고 불렀다. 나는 정서를 신체적 반응의 느낌과 동일시하는 것에 찬성하지 않지만, 정서의 느낌은 신체적 반응의 느낌이라는 점에서는 제임스와 랑게, 그리고 그 후계자로 볼 수 있는 다마지오에 찬성한다.

정서는 머릿속에서 발생한다 — 캐넌의 중추기원설

제임스 이론의 특징을 한 가지 더 들어보자. 신체적 반응의 느낌은 중추인 뇌에서 생길지도 모르나 그 원인인 신체적 반응은 중추가 아니라 말초, 다시 말해 뇌와 구별된 신체에서 생긴다고 본다. 제임스는 뇌 안에 감정을 일으키는 중추를 두는 것을 비판하며 말초의 반응을 정서의 원천으로 보았다. 제임스의 이론을 '말초기원설'이라고 한다.

이를 비판한 사람이 월터 B. 캐넌이다. 캐넌은 미국의 생리학자로, 동물은 자율신경계나 내분비계의 작용을 통해 신체 상태를 일정하게 유지한다는 '호메오스타시스'라는 개념을 주장한 인물이다. 그는 제임스와는 반대로 중추를 정서의 기원이라고 보았다. 말초기원설을 비판한 캐넌의 논거는 다음과 같다.

(1) 개의 내장과 근육을 절단해도(아이고, 참 잔혹한 실험을 한다) 개가 보이는 정서 행동에 변화가 없었다.

(2) 약물로 교감신경을 차단하더라도 정서 반응은 일어난다.
(3) 말초기원설이 옳다면 정서마다 신체 반응이 달라야 하는데, 교감신경계는 두려움, 분노, 약물 투여, 발열, 더위와 추위에 노출 등 다양한 원인으로 비슷하게 활성화한다. 요컨대 내분비계와 자율신경계에 지배된 신체적 반응은 제임스가 생각한 것처럼 분화되지 않았다. 따라서 정서의 다양성과 맞지 않는다.
(4) 애초에 내장에는 감각신경이 거의 없다. 내장에서 일어나는 변화를 자세히 의식할 수 없을 뿐더러 그 변화가 비교적 느려 감정 발생을 따라가지 못한다.
(5) 아드레날린을 주사해서 교감신경을 자극하면 분노나 공포를 느낄 때와 비슷한 신체적 반응을 인공적으로 만들 수 있는데, 이런 실험을 통해서 정서가 생겼다고 보고한 피험자는 30퍼센트 정도에 지나지 않았다.

요약하면 정서는 신체 반응과 독립해서 일어나므로 정서를 신체 반응의 느낌과 동일시할 수 없다는 이론이다.

참고로 안면 피드백 가설은 캐넌의 비판 (2)와 (3)에 신체적 느낌 이론 입장으로 응답을 시도한 것으로 볼 수 있다. 내장은 반응이 분화되지 않았고 아주 느리다. 그러나 운동 신경계에 지배되는 골격근은 반응이 빠르다. 특히 안면 표정근은 반응이 빠른 데다가 감정 종류에 따라 다양하게 분화했다. 신체적 반응으로 표정근 반응을 생각하면 캐넌의 반론을 어느 정도 받아칠 수 있다.

그렇다면 캐넌은 정서 발생을 어떻게 설명했을까? 외부의 자극은 대뇌피질에 도달해서 지각되기 전에 간뇌의 일부인 시상을 지난다. 시상은 자극이 정서적 성질을 띠었는지 변별하고, 성질을 띠었다면 정보를 대뇌 감각피질로 보내 그곳에서 정서 경험을 일으킨다. 그와 동시에 시상은 그보다 아래쪽에서 자율신경의 조절을 담당하는 중추인 시상하부로 명령을 내려 자율신경을 통해 말초에 신체적 반응을 일으킨다. 이처럼 뇌(시상)를 정서 발생의 핵심으로 보았기에 캐넌의 이론을 '중추기원설'이라고 부른다. 그러나 현대에 들어서 시상을 정서의 중심이라고 보는 것은 잘못되었다는 사실이 밝혀졌다.

자극과 행동의 관계만을 다뤄야 한다 — 왓슨의 행동주의 심리학

제임스의 신체적 느낌 이론은 신체의 생리적 반응이 정서의 기원이라고 했지만, 신체적 반응과 정서를 동일시하진 않았다. 정서와 동일시된 것은 신체적 반응의 느낌이라는 주관적 체험이다. 그래서 신체 이론이 아니라 느낌 이론이나 신체적 느낌 이론이라고 이름을 지었다. 그렇게 된 이유는 제임스에게 심리학이 어떤 것이었는지에 관계한다.

제임스의 심리학은 내관 심리학이라고 불린다. 그는 1890년에 심리학이라는 학문을 다음과 같이 특징지었다. '심리학은 심적 생활과 그 현상 및 조건 쌍방의 과학이다. 여기에서 현상이라고 부르는 것은 감각, 욕구, 인지, 추론,

의사결정 등을 말한다.' 심리학은 심적 생활, 다시 말해 '마음에 떠오르는 이런저런 일'을 직접 체험하는 본인이 내면을 관찰함으로써 탐구하는 학문이라는 소리다. 그렇다면 신체적 반응 자체는 본인의 내관(內觀)으로 포착할 수 없고, 내관의 대상이 되는 것은 그 반응이 심적 생활에 미치는 '느낌'이다.

20세기가 되자, '내관은 본인만 아는 주관적인 것에 불과하다. 누구나 관찰할 수 있는 객관적인 데이터에 근거를 두지 않으면 과학이라고 할 수 없다. 심리학이 과학이 되려면 심적 생활처럼 객관적으로 접근할 수 없는 대상을 상정하는 것과 내관처럼 객관적이지 못한 방법에 의지하는 것을 그만두고, 객관적으로 관찰과 측정을 할 수 있는 것으로만 그 대상을 한정해야 한다'는 흐름이 생겼다.

'객관적으로 관찰이 가능한 것'이 뭘까? 마음은 보이지 않는다. 눈에 보이는 것은 마음에 입력되는 자극과 그곳에서 출력되는 행동뿐이지 않을까? 이리하여 '마음 내부에서 일어나는 일은 블랙박스에 넣어두고 마음의 입출력 관계, 다시 말해 자극과 행동의 관계만 다루자. 그러지 않는 한 심리학은 과학이 되지 못한다'라고 주장하는 행동주의자들이 나타났다.

행동주의 심리학의 선구자 중 한 명인 존 B. 왓슨은 1913년에 심리학을 이렇게 정의했다. '심리학은 자연과학의 순수함에 객관적이고 실험적인 일부분이다. 그 이론적 목표는 행동 예측과 제어다.'

마음을 행동으로 환원하자—라일의 철학적 행동주의

행동주의 심리학에 호응해서 철학에서도 행동주의자, 철학적 행동주의자라고 불리는 사람들이 나타났다. 옥스퍼드대학 교수인 철학자 길버트 라일은 1949년에 다음과 같은 2단 구조로 논의를 주장했다. 먼저 실체로서 마음은 존재하지 않는다. 그것은 카테고리를 착오한 산물에 불과하다. 마음이 존재하지 않는다면 마음을 말하는 어휘들은 무엇을 의미할까? '시드니는 살인마를 무서워한다'는 문장이 '시드니에게는 마음이란 것이 있고 그 마음이 지금 공포라는 상태에 있다'나 '그 마음에 공포를 느끼는 무언가가 존재한다'를 의미하는 것이 아니라면, 대체 이 문장은 무슨 뜻일까?

철학적 행동주의자 라일은 이렇게 대답했다. 마음의 내용을 말하는 것처럼 보이는 단어나 문장의 의미는 행동에 따라서 정의된다. '시드니는 살인마를 무서워한다'는 시드니가 살인마를 보고 동결, 도피, 공격, 복종, 겁, 기절이라는 행동을 하고 있음을 의미한다. 즉 심적 어휘의 의미를 겉으로 드러낸, 관찰할 수 있는 행동을 소환해서 정의하려고 했다.

이 시도는 바로 반박할 수 있다. 우리는 마음속으로 살인마를 무서워하면서도 겉으로 표현하지 않을 수 있다. 그러자 라일은 이론을 이렇게 수정했다. 심적 어휘의 의미는 행동의 경향성(마땅한 조건이 충족되면 이러이러한 행동을 할 것이라는 성질)으로 정의할 수 있다. '시드니는 강한 척하지만 속으로는 살인마를 무서워한다'는 것은 만약 살인마와 맞닥뜨리면 시드니가 도망치거나 떨거나 기절할 것을 의미한다.

철학적 행동주의는 행동주의 심리학보다 더 급진적이다. 행동주의 심리학은 마음의 내용에 불가지론이라는 태도를 보인다. 마음이 있는지 없는지 모른다. 그러므로 일단 과학의 대상으로 삼지 않는다. 과학으로서 심리학은 자극과 행동만 상대하면 된다는 태도다. 반면에 철학적 행동주의는 좀 더 강력하게 주장한다. 마음은 없다. 그러므로 마음을 설명하는 말을 행동의 경향성을 설명하는 말로 정의하자. 즉 마음을 행동으로 환원하자는 환원주의적 태도다.

행동주의자는 마음속의 아이템을 꺼내서 공포나 정서와 동일시하는 선택지를 고르지 않는다. 정서란, 조건이 갖춰지면 이러이러한 행동을 하는 경향성일 뿐이다. 1953년에 행동주의 심리학자인 벌허스 스키너도 정서의 이름은 행동을 분류하기 위해 있다고 주장했다.

2. 정서를 무엇과 동일시해야 하는가?

다시 마음에 주목하다

앞에서 소개한 이론 중에서 느낌 이론과 행동주의는 정서를 무엇과 동일시해야 하는지 제안하는 것처럼 보인다. 철학적으로 표현하면 정서의 본질이 무엇인가를 논의하는 것이다. 무엇과 동일시할지의 문제는, 심리학이란 어떤 행위이며 무엇을 대상으로 삼아 어떻게 조사할 것인가라는 방법론적인 선택에 좌우된다는 점에서 중요하다. 동일시 유형 이론은 이 밖에도 더 있다. 심리학자 사이에서 행동주의의 인기가 사라진 뒤에도 이런 이론이 성행했다.

1970년대에 인지 혁명이라는 심리학상의 큰 변화가 일어났다. 행동주의자들이 봉인했던 '마음'이 어떤 메커니즘을 지녔는지 조사하자는 움직임이다. 마음은 자극을 입력하면 행동으로 변환해서 출력한다. 일종의 계산을 하는 셈이다. 어떤 메커니즘을 통해서 그 계산을 할까? 이 문제를 알아보자. 단, 아무리 마음을 다루더라도 내관 심리학 시절로 역행하면 안 된다. 마음이 지닐 법한 메커니즘, 마음이 따를 법한 알고리즘의 모형을 세우고, 거기에서 예측되는 입력과 출력의 관계가 정말로 성립하는지 실험과 컴퓨터 시뮬레이션으로 증명할 것이다. 인지 혁명 덕분에 기억, 주의, 추론, 카테고리화, 신념, 욕구, 의사 결정과 같은 마음속에서 일어나는 에피소드가 심리학에서 대대적으로 꽃을 피우게 되었다. 어떤 이론들이 있을까?

정서란 심적 능력이 움직이는 방식이다 — 처리모드 이론

행동주의자가 생각했듯이 외적인 행동과 정서를 동일시하기는 어려워 보인다. 실제로도 정서는 기억이나 주의, 추론 등 다른 심적·내적 시스템에 영향을 미친다. 예를 들어 에피소드 기억이 그렇다. 에피소드 기억이란 이른바 '추억'

을 말하는데, 그때 거기에서 어떤 일이 있었다는 구체적인 사건의 기억을 의미한다. 그래서 그 사건에 동반되는 정서를 느꼈을 때 쉽게 그 기억을 떠올리는 경향이 있다(바우어 1981). 즉 슬픈 사건은 슬플 때 쉽게 떠오른다. 또 긍정적인 정서를 품으면 개방적이고 창조적이며 낙관적인 추론을 쉽게 한다는 사실도 알려졌다(블레스 외 1996). 이처럼 감정이 기억이나 추론 등의 능력에 체계적인 변화를 가져온다는 증거는 너무 많아 일일이 열거할 수 없다.

여기에서 한 걸음 나아가, 정서란 주의, 기억, 추론 등의 심적 능력 전체에 걸친 체계적 변화가 분명하다며 이러한 심적 능력의 변화·조정하는 방법이 정서라고 주장하는 사람이 나타났다(오틀리 & 존슨 레어드 1987). 정서는 다양한 심적 능력이 어떤 식으로 처리를 진행하는지 보여주는 모드라는 주장이다. 이것을 '처리모드 이론'이라고 부른다.

철학자는 '사고'를 좋아한다 — 순수인지 이론

한편 사고(신념, 욕구 등을 통틀어 이렇게 부르기도 한다)는 정서에 많은 영향을 준다. 〈스크림〉의 시드니는 살인범의 동기를 몰랐을 때는 겁에 질려 두려워하다가 동기가 흔해 빠진 복수였음을 안 순간부터 두려워하지 않는다. 반대로 케이시는 마지막까지 살인범의 정체는 물론이고 동기를 몰랐기에 공포를 이기지 못했다. 이렇게 정체를 알면 공포가 줄어드는 설정은 호러의 상식이다. 〈13일의 금요일〉에서 유일한 생존자도 범인과 동기를 알고 있는 사람이다.

물론 반대 사례도 있다. 예를 들어 〈오멘〉에서 관객인 우리는 데미안이 악마의 자식인 줄 알고 있는데, 아버지를 연기하는 배우 그레고리 펙은 좀처럼 깨닫지 못한다. 데미안 머리에 각인된 '666'을 발견하고 데미안을 낳은 모친의 무덤을 파헤치자 암컷 짐승의 뼈가 들어 있었다. 이렇게 아들의 정체를 안 순간, 펙의 얼굴은 공포로 일그러진다. 이것은 정체를 알았는데 오히려 무서워지는 예시이다.

사고가 정서에 큰 영향을 미치는 점을 좀더 일반화하면, 정서의 본질은 인지(사고)라고 생각하는 일련의 이론이 생긴다. 이를 '순수인지 이론'이라고 한다. 특히 철학자는 사고에 편중하는 탓인지 이 이론을 아주 좋아한다.

프린츠가 흥미로운 데이터를 소개했다. 속성이 다양한 그룹의 사람들에게 감정의 구성 요소 중에서 무엇을 중요하게 생각하는지 순위를 매기게 한 결과, 거의 모든 그룹이 느낌을 제일로 꼽았다. 유일하게 철학과 학생들만 사고를 1위로 꼽았다고 한다(판크세프 2000).

순수인지 이론은 정서를 인지와 동일시하는 이론이다. 이 이론은 뿌리가 깊어서 기원전 3세기경 스토아학파까지 거슬러 올라간다. 스토아학파의 크리시포스는 정서를 신념이라고 생각했다. 현대에도 철학자 중에 《정서란 무엇인가》의 저자 로버트 솔로몬은 1976년에 정서는 평가 판단이라고 주장했다. 예를 들어 분노는 부당한 취급을 받았다는 판단이다. 그것도 강한 판단이다.

1장에서 정서에는 특정 행동을 촉진하는 동기 부여적인 측면이 있다고 설명했다. 판단이나 신념만으로는 정서의 동기 부여적인 측면을 설명하지 못한다고 생각한 사람들은 정서가 신념(판단)과 욕구로 이루어졌다고 했다. 이에 따르면 공포는 위험이 닥친다는 신념과 그것을 피하고 싶다는 욕구가 합쳐진 것이 된다.

부분의 문제를 '정서를 무엇과 동일시해야 하는가'의 문제로 살펴본 결과, 이거다 저거다 하고 논하는 이론들이 마구잡이로 난립했다. 그러나 정서는 한마디로 무엇인가, 정서에서 뺄 수 없는 요소는 무엇인가, 정서의 본질은 무엇인가. 이런 식으로 문제를 표현하고 답을 구하려는 탐구 방향은 그다지 바람직하게 보이지 않는다.

화강암에는 석영과 장석, 그리고 흑운모가 아주 조금 들어 있다. 이때 화강암에서 없어서는 안 될 요소가 무엇일까, 석영과 장석과 흑운모 중에서 무엇이 화강암을 화강암답게 하는 것일까? 이런 질문은 어리석다. 화강암은 저 요소들로 실제로 이루어져 있고, 저 요소들이 어떻게 합쳐지는가가 화강암을 화강암답게 하는 것이다. 화강암을 이루는 성분 광물은 유문암과 거의 같다. 화강암과 유문암의 차이는 만들어진 방식이다.

이를 정서에도 적용할 수 있지 않을까? 정서는 실제로 다양한 요소와 측면을 지닌다. 그중에서 특정한 구성 요소 하나를 정서와 동일시하는 것은 잘못된 탐구 방법일지도 모른다. 잘못이라고 아예 못 박지 않더라도 별안간 본질주의적인 방향으로 탐구하려는 것은 너무 성급한 생각인지도 모른다. 부분의 문제에는 조금 다른 공략법이 필요하지 않을까. 이번에는 그 다른 방법을 살펴보자.

3. 정서를 어떻게 모델화할 수 있을까

정서 하이브리드 이론 — 데카르트부터 2요인 이론까지

제임스 등이 내세운 느낌 이론은 정서를 의식 경험(느낌)과 동일시했지만, 한편으로 그 느낌은 신체적 반응의 느낌이라고 보았다. 그래서 '신체적 느낌 이론'이라고 불렸다. 정서를 느낌과 신체적 반응 두 가지 요소의 하이브리드(혼성물)로 보았다고 할 수 있다. 그런 의미에서 지금까지 소개한 이론 중에서 느낌 이론은 약간 독특하다.

정서론의 역사를 살펴보면 이 하이브리드형 이론도 꽤 예전부터 있었다. 프린츠의 주장에 따르면, 아리스토텔레스는 정서가 느낌과 행위를 하려는 욕구를 모두 포함한다고 말했고, 데카르트, 흄, 스피노자도 각각 독자적인 하이브리드 이론을 내세웠다.

데카르트는 제임스-랑게 이론의 선구자라고 일컬어진다. 감각이 좋은 것 혹은 나쁜 것을 구별하고 지각해서 신체에 적절한 반응 행동을 준비하게끔 할 때 정서가 생긴다. 감각에서 행동으로 가는 중간 역할은 동물 정기라고 하는 뇌와 신체 사이에서 정보를 주고받는 미립자가 담당한다. 동물 정기는 솔방울샘을 통해 뇌와 영혼 사이의 정보 교환을 담당한다(데카르트는 이원론자여서 뇌와는 별개로 영혼 곧, 정신이 있다고 보았다). 영혼이 동물 정기의 운동을 감지하면 정서(의 느낌)가 생긴다. 동물 정기를 아드레날린으로 치환하면 제법 현대적인 설명이다. 역시 데카르트는 대단하다.

한편 데카르트는 정서가 행위를 하려는 의지와 사고를 포함한다고도 생각했다. 공포는 무섭다고 여겨지는 것에서 멀어지려는 의지를 포함한다고 설명했다. 이처럼 데카르트의 이론에는 느낌, 신체적 반응, 평가, 행동하려는 동기 부여까지 '어라 무서워 꺄'의 요소가 전부 나타난다.

이미 소개한 샥터와 싱어의 2요인 이론도 하이브리드형 이론의 일종이다. 신체적 반응과 그에 대한 인지적 해석이라는 두 가지 요소로 정서를 설명하려고 했기 때문이다. 그들은 말초에 유래하는 신체적 변화와 중추에서 이루어지는 원인 귀속(인지적 요인) 쌍방이 정서 성립에 불가결하다고 보았으므로 말초기원설과 중추기원설을 절충했다고 볼 수 있다. 2요인 이론은 먼저 신체적 반응이 있고 뒤이어 인지적 해석이 이루어진다고 보았다. 즉 암묵적으로 신체적 반응이 먼저고 인지적 해석이 나중이라고 전제를 둔다. 그렇다면 같은 하이브리드 이론이라도 이 전후 관계를 2요인 이론과 반대로 생각하는 이론도 있을 법하다.

판단이 정서에 앞선다 — 인지적 평가 이론

실제로 그런 이론도 있다. 그것도 아주 많이 있다. 대상에 대한 사고(인지)가 먼저 형성되고, 그 인지가 느낌, 신체적 반응, 행동하려는 동기 부여 등 다른 상태를 만들어낸다는 이론이다. 이를 통틀어서 '인지 원인 이론'이라고 하자.

인지 원인 이론 중 영향력이 가장 뛰어난 것은 1960년 마그다 아널드가 내세운 '인지적 평가 이론'이다. 제임스의 신체적 느낌 이론에는 부족한 점이 한 가지 있다. 제임스는 외부에서 온 자극에 반응해서 다른 신체적 반응이 일어나고 그 느낌이 각각의 정서라고 했는데, 애초에 자극에 어떤 식으로 반응해서 또 다른 신체적 반응을 일으키는지 밝히지 못했다.

한편 제임스를 비판한 캐넌의 이론에도 부족한 부분이 있다. 외부에서 온 자극은 먼저 시상에서 정서적 성질의 유무가 판별되는데(물론 시상이 그 일을 한다고 봤을 때), 시상은 자극이 정서적인지 아닌지 어떻게 판단할까? 자극 입력과 그 뒤를 이어 최초로 일어나는 일 사이를 중개하는 무언가가 반드시 있어야 한다.

아널드의 이론은 그 무언가를 인지적 평가라고 보았다. 인지적 평가란, 자극이 자신에게 좋은지 나쁜지 알아보는 '판단'을 의미한다. 인지적 평가에 따라 긍정적인 자극에는 접근, 그렇지 않은 자극에는 회피하는 행동을 하도록 동기가 부여된다. 그 동기 부여가 의식에 떠오른 것이 감정 경험이다. 아널드는 이러한 평가가 다양한 정서에 공통하는 평가 척도에 따라서 이루어진다고 보고, 그 척도를 차원이라고 불렀다. 아널드는 세 가지 차원을 정했다. '유익한지 유해한지'의 차원, '대상이 존재하는지 부재하는지'의 차원, '손에 넣기(혹은 회피하기) 어려운지 쉬운지'의 차원이다. 이 세 가지 차원에 근거해서 다른 평가가 이루어지면 정서가 달라진다. 예를 들어 자극이 유익하고 그곳에 현존하고 쉽게 손에 넣을 수 있다고 평가하면 기쁨이 생기는 식이다. 평가에 몇 가지 차원을 도입함으로써 정서의 분류 문제도 대답하려고 시도해 '차원적 평가 이론'이라고도 불린다.

차원적 평가 이론의 최후

차원적 평가 이론과 같은 이론들이 훗날 어떻게 됐을지, 짐작이 가는가? 당연히 갈 것이다. 차원이 점점 늘어났다. 아널드의 이론은 차원이 세 가지뿐이면 부족하다는 비판을 받았다. 분노도 혐오도 '유해+존재+회피하기 어려움'이라는 평가에 따라서 일어나는데, 이 둘은 다른 정서가 아닐까? 그래서 스트레스 연구로 저명한 임상 심리학자 리처드 래저러스는 1991년에 차원을 여섯 가지로 늘린 인지적 평가 이론을 제안했다.

래저러스의 이론에 따르면 정서 평가 이론은 두 가지 사고로 이루어진다. 첫 번째, 정서는 평가 판단에 대한 반응이다. 두 번째, 그 평가 판단은 자신과 환경의 관계에 대한 판단이다. 평가는 여섯 가지 차원에 근거한다. 그 차원을 래저러스는 세 가지씩 두 그룹으로 나누어 도입했다.

제1그룹은 일차 평가라고 불리고, 자극이 유해한지 유용한지를 떠나 자신에게 의미가 있는지 아닌지에 관한 것이다. 여기에는 세 가지 차원이 있다.

(1) 목표와 관련성 : 자극을 준 대상, 상황, 사건과 관계하는 것이 자신의 현재 목표와 관련이 있는가. 있다면 어떤 감정이 일어난다.
(2) 목표와 적합성 : 그 대상, 상황, 사건과 관계하는 것이 목표 달성을 용이하게 하는가 방해하는가. 전자라면 긍정적인 감정, 후자라면 부정적인 감정이 일어난다.
(3) 자기 관여 타입 : 그 관계에 자신의 무엇인가가 걸려 있는가. 이때 말하는 '걸려 있다'는 "이 프로젝트의 성공에 내 자존심이 걸려 있어."라고 말할 때와 같은 의미이고, 무언가는 자신의 정체성, 도덕적 가치관, 인생 목표, 소중한 사람들의 행복 등이다.

제2그룹, 이차 평가는 자극을 주는 대상, 상황, 사건에 자신이 대처할 수 있는지 아닌지에 관한 판단 차원이다.

(4) 책임 혹은 비난인가 칭찬인가 : 그 대상, 상황, 사건과 관계할 때, 무엇 혹은 누구에게 어떤 책임이 있는가. 그것은 칭찬할 만한 것인가 비난할 만한 것인가.
(5) 처리 능력 : 그 관계의 결과를 자신이 잘 처리할 수

있는 정도.

(6) 장래 전망 : 사태 진행이 자신의 목표와 적합한가 그 반대인가의 전망.

이 여섯 가지 차원에 근거해서 자극이 평가되고, 평가 조합이 달라지면 정서도 달라진다. 예를 들어 분노는 각각 차원에서 다음과 같은 평가가 이루어졌을 때 생긴다.

(1) 목표와 관련이 있다. (2) 목표 달성을 방해한다. (3) 자존심, 자신의 정체성이 걸려 있다. (4) 타인이 비난을 받아야 한다. (5) 나는 반격할 수 있다. (6) 반격하면 목표를 달성할 전망이 호전될 것이다. 이 중에서 (5)에 차이가 생겨 자신이 어떻게 할 수 없다고 판단하면 슬픔이 생긴다.

래저러스는 이 여섯 가지 차원에 근거를 둔 평가야말로 우리가 정말로 하는 평가라고 주장했다. 그러나 우리는 여섯 가지 차원으로 평가한다는 사실을 평소 깨닫지 못한다. 그래서 분노를 만드는 평가는 '나와 내 것을 향한 굴욕적인 공격'으로 요약된다. 이처럼 정서에 앞서서 실제로 이루어지는 여섯 가지 차원 평가를 요약하고 통합한 것을 래저러스는 정서의 '중핵적 관계 주제'라고 부른다. 이것은 각 종류의 정서 근저에 있는 자신과 상황의 관계적인 이해(利害)를 정리한 것이다. 예를 들어 불안의 중핵적 관계 주제는 불확실하고 존재가 위협에 직면한 것, 공포의 중핵적 관계 주제는 구체적이고 압도적인 물리적 위험에 직면한 것, 질투는 타인의 소유물을 원하는 것으로 보았다.

자, 몇 차원이 됐든 인지적 평가 이론이 옳다면 평가가 정서 경험에 앞서므로 그 후에 일어나는 정서의 종류에도 평가가 영향을 미칠 것이다. 래저러스는 실험으로 이를 확인하려고 했다.

피험자에게 오스트레일리아 선주민족(토착민 아룬타족)의 할례 의식을 기록한 영화를 보게 했다. 피험자를 두 그룹으로 나누어 한쪽은 잔혹함을 강조하는 내레이션과 함께 보게 했다. 다른 한쪽은 성인이 되는 경사스러운 의식이라는 내레이션을 곁들였다. 그러자 전자 그룹은 후자와 비교했을 때 자율신경계의 활성화와 불쾌 감정이 강하게 관찰되었다. 이처럼 자극에 대한 평가가 다르면 일어나는 정서가 달라진다.

이 실험 결과 자체는 아마 옳을 것이다. 정서가 무엇을 보았는지(지각 자극)뿐만 아니라 판단·사고에 따라서도 좌우된다는 사실은 일상 경험으로도 뒷받침된다. 한밤중에 발소리가 들렸을 때 도둑이라고 생각하면 무섭고 산타클로스라고 생각하면 기쁘다. 할례 의식 실험이 이렇게 당연한 사실을 뛰어넘어 '평가가 정서 경험에 앞선 필요불가결한 조건이다'라는 래저러스의 주장에 확신 도장을 찍는 데 성공했을까? 사고나 평가 판단이 정서에 영향을 미친다고 말할 수 있지만 불가결한 전제 조건이라고까지 말하기는 어렵지 않을까.

'부분의 문제'의 올바른 해결법

이쯤에서 하이브리드 이론이나 인지적 평가 이론은 부분의 문제에 접근하는 방식이 조금 독특하다는 점을 눈치챈 사람이 있을 것이다. 예전에는 정서의 다양한 구성 요소 중에서 한 가지 요소를 골라내서 '이것이 정서다'라고 동일시함으로써 정서의 본질을 파악하려고 했다. 본질주의적이며 환원주의적인 방식이다. 한편 하이브리드 이론에서는 정서의 구성 요소 전부를 정서에 없어서는 안 될 요소로 보았다. 인지적 평가 이론은 신체적 반응이나 느낌, 동기 부여와 평가의 인과적인 전후 관계를 고려하려고 했다. 다시 말해 정서의 구성 요소 각각이 어떤 식으로 인과관계를 맺어서 정서가 성립되는지를 문제로 삼아 정서의 인과적 모델을 만들려고 했다.

정서의 인과적 모델을 먼저 만든 뒤에 그 안에서 중심적인 역할을 다하는 요소가 있다면 그것을 '정서의 본질'이라고 불러도 좋다는 방식으로 진화한 것이다. 나도 이 방식이 더 좋다. 이래야 정서라는 현상을 더 깊이 이해할 수 있다. 이제 인지적 평가 이론이 정서의 인과 모델로 적절한지가 중요해진다. 특히 평가가 정서에 앞선다고 하는 이 모델의 중심 가설이 얼마나 옳은지가 중요하다. 미리 말해두는데 나는 인지적 평가 이론이 옳은 모델은 아니라고 생각한다. 정서를 설명하는 더 나은 모델 찾기는 다음 장으로 미루고, 이번 장의 마무리로 인지적 평가 이론을 비판해보자.

4. 인지가 먼저인가 감정이 먼저인가

자이언스가 논쟁의 도화선이 되다

1980년, 미국의 사회심리학자 로버트 자이언스는 몇 가지 실험 결과에 근거해 인지적 평가 이론을 비판하는 논문을 발표했다. 논문의 부제가 얼마나 도전적인지, 〈취향에 추론은 불필요〉였다. 이 논문이 도화선이 되어 1980년대 전반, 래저러스와 자이언스 사이에서 감정을 경험하는 데 인지가 필요한지를 두고 논쟁이 벌어졌다. 이것이 '인지가 먼저인가 감정이 먼저인가'라는, 그리 참신하지 못한 이름으로 불리는 유명한 논쟁이다.

자이언스가 래저러스 등의 인지적 평가 이론을 비판하려고 열거한 증거는 다음 다섯 가지다.

(1) 고도한 인지를 하지 못하는 유아에게서도 정서가 나타난다. 상대가 정서를 지녔다고 여기는 유력한 실마리는 정서적인 행동이나 표정이다. 동물이나 유아는 래저러스가 평가라고 부르는 복잡하고 고도한 인지를 할 능력이 아직 진화·발달하지 않았는데도 정서 행동이나 표정을 이미 보인다.

(2) 정서와 그에 동반하는 평가는 엇갈릴 때가 있다. 특히 상대를 보는 평가 변화, 같은 상대에게 품는 정서 변화가 엇갈릴 때가 있다. 자이언스가 든 예시는 이렇다. 샐리는 남편에게 화가 났다. 동료를 초대한 중요한 파티

에 남편이 지각했기 때문이다. 샐리는 나중에야 남편이 오는 길에 교통사고로 정체가 생겨서 늦었다는 사실을 알았다. 그래도 샐리의 분노는 진정되지 않았다. 샐리는 분노의 창끝을 다른 곳으로 보내려고 남편의 결점을 들춰냈다. 음, 있을 법한 일이다.

(3) 정서 반응이 평가 없이 일어날 수 있다. 이런 실험이 있다. 동물에게 일정한 먹이를 주었다. 그 먹이를 먹은 다음에 구토감을 느끼게 하는 약을 주사했더니 동물은 조건 부여에 따라 그 먹이를 싫어하고 피하게 되었다. 이 기피 반응은 동물이 의식을 잃은 동안에 약을 투여해도 생겼다. 자이언스는 이런 무의식적인 학습은 인지 없는 정서의 증거라고 주장했다.

인간을 대상으로도 비슷한 실험을 할 수 있다. 단순 노출 효과를 사용하면 된다. 한자를 본 적 없는 사람에게 의미 모를 한자를 보여주면 유쾌도 불쾌도 아닌 중성적인 자극이라고 여긴다. 그러나 몇 번을 반복해서 보다보면 그 자극에 점점 호감을 느낀다. 이것이 단순 노출 효과다. 자이언스는 이 효과가 자극을 의식적으로 인식하지 못하는 짧은 시간 동안 주어져도 일어나는 점에 주목했다. 무엇이 자극으로 주어졌는지조차 모른다면 인지적 평가가 일어날 리 없다. 그런데 호감이라는 정서가 나타났다.

재미있게도 인지적 평가 이론을 주장하기 이전의 래저러스도 거의 비슷한 실험을 해서 마찬가지의 결과를 얻었다. 문자 패턴을 의식적으로 인식하지 못할 만큼 짧은 시간 동안 스크린에 제시하고, 동시에 전기 충격을 주어 피험자를 조건 부여했다. 그러자 본래 중성적어야 할 문자 패턴이 공포를 불러일으켜 교감신경계를 활성화했다.

(4) 정서는 선행하는 심적 상태 없이 일어날 수 있다.

(3)의 증거는 단순 노출 효과나 조건 부여처럼 사전 학습 과정이 있어서 직접적인 증거라고 하긴 어렵다. 그런데 좀 더 직접적인 증거가 있다. 정서는 약물, 호르몬, 뇌로 가는 전기 자극 등 동물적인 방법으로도 만들어낼 수 있다. 또한 1장에서 안면 피드백 가설을 설명하면서 소개한 다양한 실험 결과가 보여주는 것처럼 단순히 표정만 바꿔도 특정한 정서를 일으킬 수 있다.

1989년에 자이언스 자신도 안면 피드백으로 정서가 일어나는지 알아보는 실험을 했다. 꽤 재미있는 실험이어서 소개하고 싶다. 피험자를 두 그룹으로 나누어 이야기를 낭독하고 내용을 평가하게 했다. 두 그룹이 읽은 이야기의 줄거리는 완전히 똑같은데, 등장인물의 이름만 달랐다. 유르겐과 피터였다. '유르겐'이라고 발음하려면 입술이 뾰족해진다. 입술이 뾰족해지는 표정은 부정적인 정서 특유의 표정이다. 예상대로 유르겐 이야기를 낭독한 그룹은 이야기가 불쾌했다고 대답하는 비율이 높았다.

(5) 정서와 인지는 뇌의 다른 부위를 사용한다.

이상의 증거는 정서와 인지가 다양한 방식으로 엇갈리는 사례들이다. 이를 근거로 자이언스는 감정이 선행한다고 주장했다. 자극에 대한 정서 반응은 짧은 시간에 자동으로 일어나므로 이때 인지적 평가가 꼭 필요하진 않다. 오히려 정서가 인지적 평가에 앞선다.

래저러스의 반격

이쯤 되면 래저러스도 가만히 있을 수 없어 반론에 나섰다. 증거 (1)에 대해서 래저러스는 두 가지 답변을 준비했다. 첫 번째로, 인지 능력이 미발달한 유아와 동물의 표정은 정서 반응이 아닐 것이라고 받아쳤다. 하지만 이건 아무리 봐도 반론으로 부족하다. 또 다른 반론은 그래도 괜찮다. 유아나 동물에게 인지 능력이 부족하다는 믿음 자체가 이상하다, 그들도 정서적 반응을 할 때는 인지적 평가를 하고 있다. 이 답변은 꽤 괜찮아 보인다. 그런데 이때는 '인지적'이 무엇인가, 이 질문에도 답변해야 한다.

(2)의 샐리와 남편 사례에 래저러스는 이렇게 답변했다. 이 사례는 오히려 신념 변경의 어려움을 보여준다. 지각한 이유는 교통사고라는 정보를 얻어도 '남편은 원래 칠칠치 못하다, 그래서 지각한 것이다'라는 신념을 쉽게 버리지 못한다. 샐리가 남편에게 품은 평가는 그래서 바뀌지 않았다. 역시 일리 있는 말이다. 실제로 우리는 신념을 바꾸기가 결단코 쉽지 않음을 잘 알고 있다. 샐리의 사례를 평가가 바뀌었는데 정서가 변하지 않는 사례로 볼

것인가, 평가가 바뀌지 않아서 정서가 변하지 않은 사례로 볼 것인가. 판단하기 어려운 문제다.

(3)에 대해서는 자이언스가 인지와 의식을 혼동하고 있다고 반론할 수 있다. 인지는 무의식중에 일어날 수 있다. 그것을 인정하면 약물에 의한 조건 부여로 일어나는 기피 반응이나 접촉 효과로 생기는 호감은 무의식적이어도 인지 과정을 포함한다고 볼 수 있다. 그러나 의식적인 사고와 분리된 인지가 대체 무엇이냐는 의문이 남는다.

(4)에 대해서 래저러스는 대답하지 않았다. (4)가 인지 없는 정서의 가장 직접적인 증거임을 고려하면 래저러스의 태도를 이해할 수 없다. (5)는 어떨까? 래저러스는 뇌신경 과학의 지식을 심리학에서 어떻게 이용하는가라는 일반론을 사용해서 반론했다. 정서의 한 측면을 담당하는 뇌의 부위를 규명해냈다고 해보자. 그러나 알아낸 사실과 그 부위에서 일어나는 신경 활동이 인지적인지 비인지적인지는 다른 문제다. 뇌의 특정 부위가 하는 일이 인지인지 아닌지 정하려면, 인지란 무엇인지 먼저 정의해야 한다. 이 정의 문제는 뇌신경 과학만으로는 해결하지 못한다. 심리학, 그리고 그 이전에 우리의 일상적인 용법도 존중해야 한다고 주장했다.

이 말은 당연한 소리지만, 자이언스의 비판을 정면으로 받아치진 못했다. 자이언스의 비판을 내 방식으로 다시 써보면 이렇게 된다. 래저러스의 이론이 '인지적 평가 이론'이라고 불리는 이유는 이때 말하는 평가가 아주 고도의 개념 조작을 포함하기 때문이다. 일차 평가에는 자극과 자신의 현재 목표가 어떻게 관련이 있고 적합한지의 평가가 포함된다. 그렇게 평가하려면 자신의 목표를 제대로 개념화해서 파악해야 한다. 그리고 자기 관여 타입을 평가하려면 자기 정체성, 도덕적 가치, 인생 목표, 자존심, 행복 같은 개념을 지니고, 그 개념을 조작하거나 비교해야 한다. 이차 평가도 마찬가지이다. 책임, 비난, 칭찬의 개념이 필요하고 다양한 개념을 조합하고 사고해서 사태의 진행을 예측할 수 있어야 한다.

우리 인간에게는 고도의 능력이 있어서 이런 개념들을 사고하고 판단할 수 있는 것은 분명하다. 그것을 인지라고 불러도 좋다. 그런데 뇌신경 과학적 증거는 이런 고도의 인지 능력을 담당하는 뇌 부위와 정서를 담당하는 부위가 다르다고 보여준다. 만약 다르다면, 정서 발생에 어떤 종류의 평가가 포함되더라도 래저러스가 생각한 것처럼 우리의 범용적인 개념 사고 능력을 이용하지는 않을 것이다. 래저러스는 뇌의 다른 부위에서 이루어지는 평가도 정의에 따라 인지적이라고 할 수도 있다고 대답했다. 그러나 지금 문제는 정서에 포함되는 평가가 인지적 평가 이론이 가정하는 것처럼 일반적으로 고도한 개념 사고 능력을 이용하지 않았다는 것이다.

프린츠의 심판

'부분의 문제'의 이름을 지어준 아버지인 프린츠는 자이언스 대 래저러스의 논쟁을 완벽하게 심판했다. 세 번째까지 논점은 동점. (4)와 (5)는 래저러스의 패배. 종합하면 인지적 평가 이론은 틀렸다. 물론 전부 틀린 것은 아니고 배울 점이 있다고 판단했다.

신경해부학적 구조에 의존한 논의 (5)를 프린츠는 현재 지식을 활용해 이렇게 보강했다. 자이언스가 근거를 둔 뇌신경 과학적 증거는 정서 처리가 뇌의 우반구에서만 이루어진다고 보았다. 당시에는 그렇게 믿었으나, 지금은 그 신념이 부정되었다. 지금이라면 자이언스는 편도체를 설명한 자료를 이용해 좀 더 강하게 비판했을 것이다.

편도체는 좌우 측두엽 내부에 있는 아몬드 형태를 한 신경 세포의 집합체다(91쪽 그림 4 참조). 이곳이 정서, 그중에서도 공포 정서에서 중요한 역할을 담당한다. 망막에서 나온 시신경은 일단 시상에 도달한다. 시상은 중계 지점 역할을 하는 곳이어서 스스로 대상을 인식하지 않지만 여기저기로 신호를 보낸다. 시상에서 신호를 신피질의 시각 구역으로 보내면, 그곳에서 이른바 시각적 인지가 성립한다. 한편 시상은 시각적 신호를 편도체로도 보낸다.

편도체는 몇 개의 핵으로 이루어져 있다. 중심핵이라고 불리는 부분에 시상에서 온 신호가 도달하면, 중심핵은 신체 반응을 조정하는 수많은 구조로 신호를 보내 다양한 신체적 반응을 일으킨다. 투쟁-도피 반응을 일으키고, 심장 박동수와 호흡이 달라지게 한다. 또한 신호를 보내는 부위에 따라 동결, 표정 산출, 호르몬 양의 조정 등이 일어난다. 즉 편도체는 공포에 동반하는 신체적 반응 거의 전부를 조정한다. 편도체가 신피질과 연락을 주고받지 않으면서 이런 작용을 한다는 점이 중요하다. 망막에서 시각 신호가 오면 중계 지점인 시상에서 시각적 인지(어라, 이건 뱀이네)가 성립하는 신피질로의 경로와는 별개로 편도체에 신호를 보낸다. 이렇게 신피질의 입력 없이 공포에 동반하는 일련의 신체적 반응이 일어난다. 신피질과 독립해서 이루어진다는 것은 공포가 인지 없이 일어날 수 있음을 의미한다.

이처럼 뱀 등의 대상에 보이는 공포 반응은 계통 발생적으로 원시적인 피질하 영역이 관계한다. 래저러스의 평가 이론이 상정하는 것처럼 고도의 개념적 조작을 포함하는 작용이 이런 피질하 수준, 이를테면 편도체에서 벌어진다고 믿기 어렵다. 편도체가 손상되면 공포를 느끼지 못한다. 그러나 책임·비난, 미래 예측 등을 개념적으로 사고하는 능력은 잃지 않는다. 양자는 독립적이다.

인지적 평가 이론은 틀렸다

프린츠는 자이언스의 논의를 보강하면 인지적 평가 이론을 완벽하게 무찌를 수 있다는 결론을 내렸다. 복잡한 개념적 사고에 따른 평가가 정서의 원인이라는 가설은 물리적 수단에 따른 정서의 발생을 설명할 수 없고 신경과학적인 증거에 반한다. 정서의 신체적 반응은 정서의 구성요소인 다른 어떤 상태 없이도 나타날 수 있다.

그렇다고 인지적 평가 이론이 전부 틀린 것은 아니다. '인지적' 부분이 틀렸다. 정서가 평가라는 점은 여전히 옳다. 평가란, 주체와 주체를 둘러싼 상황의 관계를 주체의 이해(利害)라는 관점에서 표상하는 것이다. 즉 평가는 중핵적 관계 문제에 관한 것이다. 정서는 평가를 포함하기에 중핵적 관계 주제의 표상도 포함한다. 그러나 래저러스가 생각한 것처럼 정서는 고차원적인 개념을 사용해서 표상하는 것은 아니다. 오히려 정서에서는 신체가 평가한다. 평가는 체현되었다. 이러한 사고를 근거로 프린츠는 '체현된 평가 이론'이라고 직접 이름을 붙인 정서 모델을 제안했다. 솔직히 말해서 나는 프린츠의 이 이론이 현재 가장 잘 만들어진 정서 이론이라고 생각한다.

3장

이것이 공포 모델이다!

드디어 내가 추천하는 정서의 포괄적인 모델을 소개하고 '오오, 이거 괜찮은데?' 싶은 점을 살펴볼 것이다. 제시 프린츠의 '체현된 평가 이론'이다. 3장은 이 책 전반부의 절정에 해당하므로 준비가 조금 필요하다. 먼저 프린츠 이론의 근원 중 하나인 다마지오의 소마틱 마커 가설과 이 가설이 정서의 합리성이라는 주제에서 어떤 의의를 지니는지 이해해보자. 이어서 앞 장 마지막에 슬쩍 사용한 '표상'이라는 개념을 제대로 살펴보자. 그다음에 '체현된 평가 이론'을 소개할 것이다.

1. 다마지오와 정서의 합리성

한때 '기계 속 유령' 이론이 우세했다

정서는 오랜 세월 이성과 대립하는 대상으로 파악되었다. 이성은 합리적이지만 정서는 비합리적이어서 이성의 작용을 방해하고 어리석은 행위를 하게끔 한다고 여겨졌다. 공포에 사로잡혀 오히려 더 위험한 상황으로 자신을 몰아가거나 심할 경우 죽음을 초래한다. 오셀로는 질투에 눈이 멀어 사랑하는 아내를 죽였다. 정서가 시키는 대로 하면 되는 일이 없다는 소리도 자주 듣는다. 머리를 식히고 잘 생각한 다음에 행동하라고 한다.

이미 알아본 것처럼 정서는 신체적 반응을 포함한다. 그래서 정서와 이성의 이분법을 신체와 정신(영혼)의 이분법과 겹쳐 보는 경향이 있다. 영혼(유령)이 신체(기계)에 올라타서 신체를 조정하는 이미지는 매우 강력하다. 행동주의자 길버트 라일은 이런 인간관을 '기계 속 유령'이라고 불렀다.

정신이 신체를 조정한다는 것은 이성의 정서 조정과 연결된다. 데카르트는 정서는 심적인 현상이지만 신체에서 유래하므로 마음에서 보면 다른 곳에서 온 것이며 수동적이라고 보았다. 마음의 수동적 측면인 정서는 마음의 능동적 움직임인 이성의 조정을 받아야 한다. 정신의학자나 심리학자 사이에서도 이와 비슷한 견해가 퍼졌다. 프로이트나 스키너는 정서는 이성적 행동을 방해하기에 기본적으로 유해하다고 보았다.

정서가 합리적 행동을 가능하게 한다

근년에 들어 이런 견해가 수정되기 시작했다. 정서가 없으면 우리는 합리적인 행동을 할 수 없거니와 정서야말로 합리적 행동을 가능하게 하는 주역이라는 견해가 철학, 심리학, 뇌신경 과학에서도 두드러졌다. 그 전형적인 예시가 정신과학자 안토니오 다마지오가 1994년에 언급한 '소마틱 마커 가설'이다. 다마지오는 캐넌의 비판을 받고 한물가버린 제임스 이래의 신체적 느낌 이론을 특정한 방법으로 부활시킨 인물로 여겨진다. 다마지오는 '나는 신체 상태에서 보이는 일련의 변화를 정서의 본질로 본다'라고 했다.

다마지오의 사상은 제임스의 사상과 세 가지 점에서 차이를 보인다. 첫 번째, 정서가 반영하는 신체적 반응에 말초 변화 뿐만 아니라 뇌내 물질 수준의 변화, 다시 말해 호르몬 수준의 변화 등도 포함된다는 점이다. 두 번째로, 정서 반응은 일반적으로 신체적 반응과 연결되는 뇌 부위가 활성화되면 신체 변화가 없어도 일어난다고 본 점이다. 이것은 환각에 빗대어 이해하면 된다. 실물이 존재하지 않아도, 망막이 사실은 자극받지 않더라도 시각 구역이 자극받으면 분홍색 코끼리가 보이기도 한다. 이런 현상이 정서에서도 일어난다는 뜻이다. 이것을 다마지오는 '모방 고리'라고 불렀다. 실제 자극이 없어도 정서 경험을 상상하면 뇌 부위를 활성화할 수 있다. 무서운 대상을 떠올리면 무섭다.

세 번째 차이가 제일 중요하다. '정서의 느낌'에서 느껴지는 것은 신체적 반응이라고 본 점은 제임스와 같은데, 다마지오는 정서와 느낌을 동일시하지 않았다. 뇌는 정서적인 신체적 반응을 의식하지 않고도, 느낌 없이 일어나도 괜찮다고 생각했다. 정서는 의식적일 때가 있다. 아니, 보통 그럴 경우가 많은데 그렇지 않아도 된다. 그래서 프린츠는 다마지오의 이론은 신체 이론이지만 반드시 신체적 느낌 이론은 아니라고 보았다.

따라서 다마지오의 이론에는 캐넌이 한 것 같은 신체 이론 비판이 적절하지 않다. 다마지오의 이론에서는 신체적 반응과 뇌 부위의 활성화 사이에 약간 틈이 있다. 정서와 연결된 신체적 반응이 없어도 그 정서 특유의 뇌 상태가 일어날 수 있고, 반대로 정서와 연결된 뇌 상태가 없어도 정서와 비슷한 신체적 반응이 일어날 수 있다.

정서가 저하되었을 때 일어나는 일

다마지오 이론은 이제부터 흥미로워진다. 그는 엘리엇이라는 환자의 사례를 보고했다. 엘리엇은 뇌에 생긴 종양을 제거하는 수술을 받다가 복내측 전전두피질(VMPFC)에 손상을 입었다. 그러자 훌륭한 사회인이자 가정적인 사람이었던 엘리엇이 완전히 변하고 말았다. 지능과 기억력은 그대로인데 정서가 저하됐다. 자기 일인데 타인의 일처럼 무감각하게 반응했다. 아무래도 VMPFC는 정서와 관련이 있는 부위인가 보다. 실제로 편도체에 신호를 보내거나 시상하부나 뇌간에 신호를 보냄으로써 정서적인 신체 반응을 일으키는 곳이라고 알려졌다(그림 4).

엘리엇이 하지 못하게 된 것이 한 가지 더 있다. 결정을 내리지 못하게 되었다. 간단한 사항도 아주 세부적인 내용까지 신경을 쓰며 좋은지 나쁜지 끝도 없이 검토만 할 뿐, 얼른 결정을 내리지 못했다. 계획을 세워도 실행하지 못했다. 다마지오의 경험으로 말하면, 엘리엇은 다음 면담 날짜를 정할 때 두 가지 후보 중에서 하루를 고르지 못

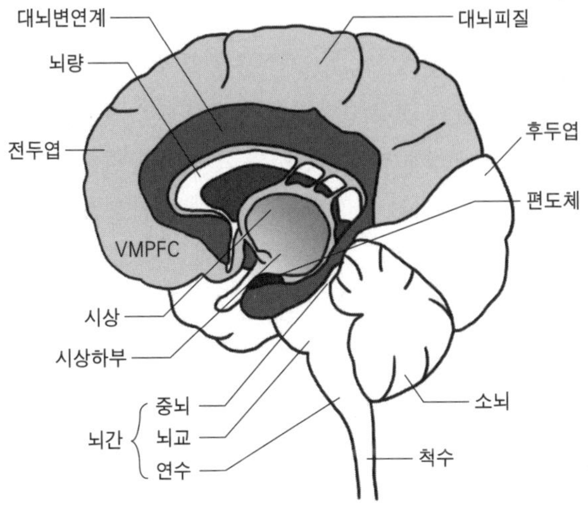

그림 4. VMPFC의 위치

했다. 또 어떨 때는 지금 일에만 집착해서 충동적인 행동을 보였다. 결국 도덕적인 행동을 하지 못하게 되었다. 그렇다고 선악을 구별 못하는 것은 아니다. 인지적으로는 어떻게 해야 할지, 무엇이 제일 좋은 선택지인지 알고 있었다.

이처럼 VMPFC 손상은 정서의 희소화를 초래하는 동시에 계획을 실현하는 능력, 규범에 따르는 능력, 제일 유리한 행동을 골라서 즉시 실행하는 능력을 잃게 했다. 정서의 저하와 결정하지 못하는 것, 얼핏 관계없어 보이는 이 두 가지 사이에 어떤 연결이 있다. 다마지오는 이를 설명하기 위해서 소마틱 마커 가설을 제안했다.

신체적 반응은 대상에 대한 평가

보통 독거미를 보거나(지각) 유령을 떠올리거나(상기), 벼랑에서 떨어질 것을 예상하면 정서적인 신체적 반응이 일어난다. 오싹하거나 닭살이 돋거나 심장이 뛰고 손에서 땀이 난다. 정서와 연결된 이런 신체적 반응을 다마지오는 '소마틱 반응'이라고 불렀다. '소마틱(somatic)'이란, 그리스어 '소마(σώμα)'를 거쳐 산스크리트어 '소마(soma)'까지 거슬러 올라가는 단어로, '신체'를 의미한다.

소마틱 반응 자체가 애초에 대상의 평가가 된다는 아이디어가 중요하다. 독거미를 보고 오싹해하는 신체적 반응은 독거미가 위험하니까 피해야 한다는 사실을 나타낸다. 그 자체가 위험함의 평가다. 이처럼 정서적인 신체적 반응은 그 반응을 일으킨 대상의 가치 부여를 반영한 마커로 작용한다. 그래서 신체적 반응은 '소마틱 마커'라고 불린다.

이것이 다마지오의 사상과 제임스의 신체적 느낌 이론의 네 번째 차이이다. 다마지오의 경우, 소마틱 반응은 동시에 대상에 대한 평가이기도 하다. 소마틱 반응은 많은 것을 고려하고 숙려한 끝에 내리는 인지적인 가치 판단(가치 신념)은 아니지만, 이 세상을 보는 다른 형태의 평가다. 이런 평가적 측면이 포함되었는가 그렇지 않은가에서 다마지오와 제임스의 차이가 생긴다.

VMPFC는 소마틱 반응, 사물의 소마틱 마커를 형성하는 데 관여하는 것으로 보인다. 소마틱 마커는 바로 가치 평가이므로 의사를 결정할 때면 평가한 가치 부여에 합당한 선택지를 고르게 하는 선입견으로 작용한다. VMPFC가 손상되면 소마틱 마커 형성이 방해받는다. 따라서 신속한 의사 결정을 내리지 못한다. 자신에게 유리한 의사 결정을 신속하게 하려면 소마틱 마커가 필요하다. 이것이 소마틱 마커 가설이다.

알면서도 불리한 선택을 하는 이유

다마지오는 이 가설을 검증하려고 '아이오와 도박 과제'라는 실험을 했다. 먼저 카드를 네 무더기 준비하고 각각 A, B, C, D라고 불렀다. 카드에는 금액이 적혀 있다. 피험자는 밑천으로 2,000달러를 받고 네 무더기에서 자유롭게 카드를 뽑았다. 뽑은 카드에 '+200달러'라고 적혀 있으면 200달러를 받는다. '-100달러'라고 적혀 있으면 100달러를 내야 한다. 금액이 높은 카드를 계속 뽑아서 밑천을 늘리는 것이 목표다. 카드를 몇 장 뽑아야 게임이 끝나는지는 피험자에게 전달하지 않았다.

네 무더기에 각각 특징을 부여했다. A와 B는 결과적으로 손해를 보는 카드 구성이었다. 얻는 금액과 잃는 금액이 다 커서 열 장 뽑으면 평균 1,000달러 이익, 1,250달러 손해였다. 한편 C와 D는 금액은 적지만 결과적으로 이득을 보는 구성이었다. 열 장 뽑으면 500달러 이익, 250달러 손해였다. 특징이 같은 무더기를 두 개씩 준비한 이유는 각 무더기의 특징을 금방 알아차리게 하려는 목적이었다.

이 실험을 VMPFC가 손상된 사람과 그렇지 않은 사람에게 하게 했다. VMPFC가 손상되지 않은 사람은 몇 장쯤 뽑다가 어느 무더기가 유리한지 직감적으로 깨달은 뒤에는 그쪽에서 많이 뽑았다. 무더기의 유리함과 불리함을 또렷하게 자각하자 유리한 무더기에서 카드를 뽑으려고 했다. 뭐, 당연히 그럴 것이다.

그런데 VMPFC 손상 환자들은 유리한 무더기에서 많이 뽑으려는 경향을 보이지 않았고, 규칙을 제대로 이해한 후에도 불리한 무더기에서 자주 카드를 뽑았다. 어떤 무더기가 유리한지 지적으로 평가하면서도 그 평가를 재료로 삼아 의사를 결정하지 못했다. 유리한 무더기에서만 뽑는 행위를 할 수 없었다.

이 실험 결과를 다마지오는 이렇게 해석했다. 손상 환자는 지적인 득실 계산법을 잃지 않았는데 어째서 불리한 무더기에서도 카드를 뽑을까. 여기에 소마틱 마커가 관여한다. VMPFC가 손상되지 않은 사람은 불리한 무더기에서 카드를 뽑으려고 하면 VMPFC가 그 무더기는 위험하다는 소마틱 마커를 일으킨다. 그에 따라 불리한 무더기를 회피하고 유리한 무더기에서만 뽑으려고 한다. 실제로 다마지오의 학생 중 한 명에게서 불리한 무더기에서 카드를 뽑으려고 하면 그것을 부정하려는 신체적 반응이 측정되었다. 반면에 VMPFC가 손상된 사람은 소마틱 마커를 만들지 못해서 지적으로는 불리함을 알면서도 그 무더기에서 뽑고 만다.

이성과 정서는 상호 보충한다

만약 이 가설이 옳다면 이성과 정서의 관계, 정서와 합리성의 관계를 다시 생각할 실마리가 된다. 손상 환자의 행동거지는 아무리 봐도 불합리하다. 이성은 합리적이지만 정서는 불합리해서 이성을 방해한다고 믿는 사람이라면 불합리한 행동은 이성이 부족해서가 아니라 정서에 의존했기 때문이라고 말할 것이다. 그러나 이 상황은 완벽하게 반대다. 손상 환자가 불합리한 것은 이성이 아니라 정서가 낮아졌기 때문이다. 정서가 이성의 합리성을 방해한다면, 정서를 잃으면 좀 더 합리적인 행동이 가능할 것이다. 그런데 그렇지 않았다.

좀 더 자세히 설명하면, 손상 환자가 보인 행동의 불합리성은 이성이 하는 지적 평가와 정서적 평가가 분열되었기 때문이다. 지적인 평가가 정서적 평가를 동반하지 않았기에 실행에 옮기지 못한다. 공포증 역시 지적 평가와 정서적 평가의 괴리로 이해할 수 있다. 이성적으로 잘 생각해보면 그렇게까지 무서워할 이유가 없음을 알고 있는데, 공포의 신체적 반응을 도저히 피하지 못한다.

아무래도 이성이 곧 합리적, 정서가 곧 불합리하다는 단순한 등식은 성립하지 않는 것 같다. 물론 정서에 휩싸여서 합리적인 행동을 하지 못하는 경우도 있다. 그러나 VMPFC가 손상된 환자는 정서가 없어도 합리적인 행동을 하지 못한다는 것을 보여준다. 이성과 정서는 서로 다른 방식으로 우리의 합리적 행동에 공헌하고 있다.

정서는 상황을 빨리 평가하고 신속한 대응을 가져온다. 반면에 이성은 숙려한 뒤에 행동할 수 있게 한다. 그 대신 상황을 올바르게 표상하는 것에도 평가하는 것에도 시간이 걸린다. 이처럼 이성과 정서는 서로 상호 보충한다. 이성은 때때로 부적절한 정서를 수정해준다. '잘 생각해보니 무서워할 필요가 없었네?'라는 식으로 말이다. 또 정서가 동기 부여한 행동이 복잡한 순서를 포함한 경우, 이성은 그 행동을 완수하기 위한 조언을 제공한다.

스티븐 킹의 소설을 원작으로 한 영화 〈샤이닝〉에서, 잭 니콜슨이 연기한 소설가를 지망하는 중년 남성은 아내와 어린 아들을 데리고 어느 겨울, 콜로라도 산 위의 호텔에서 관리인으로 일한다. 눈이 많이 내리는 지역이어서 호텔은 겨울이면 폐쇄된다. 사실 이 호텔은 선주민족의 무덤 위에 세워졌다. 그 호텔에 깃든 유령이 마음대로 소설이 써지지 않아 초조한 니콜슨의 마음을 좀먹었고, 그는 점점 제정신을 잃어 간다. 악령에 홀린 니콜슨은 도끼를 한 손에 들고 처자식을 쫓아 호텔을 헤집고 다닌다.

아버지에게 쫓겨 호텔 밖으로 도망친 아들은 정원의 거대 미로로 향한다. 아들은 일부러 미로 안을 향해 뒤로 걸어서 눈 위에 반대 방향의 발자국을 남긴다. 발자국을 따라 아들을 쫓아간 니콜슨은 미로 중심으로 서서히 유도되어 탈출하지 못한 채 불쌍하게도 동사한다. 미로는 그가 헤맨 마음의 미궁을 완벽하게 비유했다. 이 작품에서 공포에 떠는 아들은 매우 이성적인 해결 방법을 찾아냈다.

합리적인 행동은 이성의 전매특허가 아니다

이성의 숙려가 적절한 정서를 만들어서 행동을 동기 부여할 때도 있다. 숙려를 거친 뒤에 비로소 나타나는 공포가 사이코 서스펜스 호러의 묘미다. 기시 유스케의 소설《검은 집》에서는 피해자와 가해자를 오인한 주인공(생명보험회사 조사원)이 조사를 진행하고 추론을 거듭하다가 지금껏 가해자라고 믿었던 인물이 사실은 피해자이고 피해자인 줄 알고 어떻게든 지키려고 한 상대가 가해자임을 깨닫는다. 그 순간, 그때까지 진행된 모든 에피소드의 의미가 반전되어 긍정의 세계가 부정의 세계로 역전한다. 이때 얼마나 무서웠는지 모른다.

우리는 늘 변화하는 이 세계에 실시간으로 능숙하게 대처하며 삶을 이어가야 한다. 세계가 우리에게 들이미는 문제 중에는 이성만 이용해서 담담하게 대처할 수 있는 것도 많다. 그러나 사느냐 죽느냐의 상황, 타인과 인간관계를 맺으며 사는 사회적 동물인 인간에게 생사와 비슷할 정도로 중대한 상황에서 합리적인 선택과 행동을 가져오는 것은 오히려 정서다.

소마틱 마커의 경고를 무시하면 생기는 일

호러에서 어떤 등장인물이 죽기 쉬울까? 통계를 내보진 않았지만 〈스크림〉에 등장하는 비디오 대여점에서 일하는 호러 마니아 랜디가 몇 가지 경험치를 정리해준다. 이른바 섹스, 약, 술은 금지. 여기에 정신이 팔린 청년은 하나둘 죽어 간다. "금방 돌아올게."라고 말한 녀석은 다시 돌아오지 못한다. 오호라, 과연. 그런데 랜디가 깜박하고 지적하지 않는 또 한 가지 법칙이 있다. 공포가 지닌 합리성을 믿지 않는 녀석, 정서보다 이성에 선동되는 녀석은 자신 혹은 세상에 무시무시한 재앙을 가져온다는 법칙이다. 무서운 대상을 보고 재깍 무서워하고 얼른 "꺄아!" 하고 도망치면 심한 꼴을 당하지 않고 끝난다. 그런 사람을 영화로 찍으면 재미가 없다. 그러니까 일찌감치 이야기에서 퇴장한다. 다시 말해 무사하다.

심한 꼴을 당하는 사람은 침착하게 공포를 극복하고 이성의 이끌림에 따라 계획적으로 목적을 수행하는 탐구형 주인공이다. 프랑켄슈타인 박사 혹은 스티븐 킹의 소설이 원작인 영화 〈미스트〉의 주인공이 전형적인 예다.

거리가 갑자기 정체불명의 안개에 뒤덮인다. 게다가 안개 안에 뭔가 무서운 것이 있다. 그 '무언가'의 촉수에 잡혀가는 자의 비명이 안개 속에서 울려 퍼진다. 밖에 나간 자는 무참한 주검이 되어 돌아온다. 슈퍼마켓에 갇힌 사람들이 한계에 몰리는 상황이 그려진다. 주인공은 우연히 아들을 데리고 쇼핑하러 온 화가다. 영화에는 두 종류의 인간 유형이 그려진다. 임시로 그들을 이성파와 정서파라고 부르자. 영화 전반에 나오는 이성파는 툭하면 싸움을 걸려고 드는 주인공의 이웃사촌으로, 뉴욕에서 온 변호사다. 밖에 괴물이 있다는 증언을 들은 그는 코웃음을 치고 밖으로 나갔다가 순식간에 죽고 만다. 정서파는 어린아이를 집에 남겨두고 쇼핑하러 온 어머니다. 아이가 무사한지 불안해서 견디지 못하고 결국 불안에 떠밀리듯이 슈퍼 밖으로 나가버린다. 밖에 무엇이 있는지 모르는데도, 자식 때문에 분별을 잃은 것이니 이성적으로 생각하면 어리석은 선택이다. 이 지긋지긋한 젠더 스테레오타입에는 일단 눈을 감기로 하고, 관객은 '저 여자도 살지 못하겠구나.'라고 생각한다. 이성은 중요하니까.

영화 후반에 들어서면 그 누구도 괴물의 존재를 의심하지 않는다. 그러자 성서에서 말하는 세상의 종말이 드디어 왔다고 주장하는 광신적인 종교원리주의자가 정서파를 대표한다. 주인공은 광신자의 선동에 넘어가 점점 흉포해지는 주변 상황에 위기감을 느껴 냉정하게 사태를 관찰하고 모두가 살 방법을 찾아내 동지를 이끌고 행동하는 위치에 선다. 의도하지 않게 이성파의 입장에 선 것이다.

그런데 〈미스트〉에서 가장 비참한 꼴을 당하는 것은 이 주인공이다. 광신자도 슈퍼 내에서 일어난 격돌 중에 사살된다. 이건 괜찮다. 광신자 입장에서는 순교일 테니까. 최후의 심판도 코앞까지 왔다고 믿고 있으니 차라리 잘 됐다. 그런데 주인공은 더 비참하다. 괴로워하다가 죽느냐고? 그렇진 않지만 자신이 죽는 것보다 더 심한 처지가 된다. 그리고 절망한 주인공 앞을 군용 트럭이 지나간다. 그 트럭에는 영화 전반부에 불안을 견디지 못해 슈퍼마켓 밖으로 뛰어나간 여자가 아이와 같이 타고 있다. 눈이 잠깐 마주친다. 그 여자는 살아남았다.

우리는 소마틱 마커의 신호를 다양한 방법으로 거부할 수 있는데 긴 안목으로 보면 그 거부가 불합리한 행동을 하게 할 때가 있다.

이성과 정서의 불일치라는 의미에서 비합리성은 당연하게도 우리가 이성을 가져야만 비로소 존재한다. 그런 의미에서 이성은 합리성의 기원임과 동시에 다른 생물에게서는 보이지 않는 인간 독자적인 비합리성의 기원이기도 하다. 그리고 그 비합리성을 그리는 것이 호러의 기능 중 하나다.

정서에도 적절함이 필요하다

지금까지의 설명을 이렇게 정리해보자. 상황에 맞는 정서를 알맞은 때에 적절한 정도로 갖는 것은 알고 보면 합리적인 행동을 위한 조건이다. 비합리성은 정서 그 자체라기보다 부적절한 정서, 혹은 정서와 이성의 부조화한 작용에서 유래한다. 그런데 적절한 정서는 어떤 의미일까? 1장에서 설명한 정서의 다양한 구성 요소 각각에 입각해서 정서의 적절함이 무엇인지 생각해보자.

먼저 정서의 인지적인 측면부터 살펴보자. 정서가 적절하려면 정서가 세계를 올바로 표상해야 한다. 등산길에 떨어진 썩은 새끼줄을 뱀이라고 착각해서 무서워하며 그대로 돌아가거나 우회한다면 불합리하다.

또 정서는 대상을 올바로 평가해야 한다. 정서는 행동을 동기 부여하지만, 어떤 행동이 동기 부여될지는 대상의 평가에 따른다. 다음으로 정서의 신체적·느낌적 측면을 살펴보자. 이 역시 적절해야 한다. 앞에서도 언급했듯이 나는 정서의 느낌은 신체적 반응의 느낌이라는 제임스와 다마지오에 찬성한다. 정서에 동반하는 신체적 반응의 주역은 자율신경계와 호르몬이다. 호르몬이 하는 조절은 아날로그적, 즉 강약의 정도가 있다. 이렇게 되면 신체적 반응이 대처해야 할 외부 상황과 그에 알맞은 행동에 적합한 강약을 지녔는지 문제가 생긴다. 강약이 적절하지 않을 때, 정서는 불합리해진다.

예를 들어 공포를 느낄 때 일어나는 신체적 반응, 전형적인 예로 심장 박동수의 상승은 위기에 처했을 때 도망치거나 싸우기 위해서 적절하므로 생존 가능성을 높여준다. 그러나 뭐든지 정도가 있다. 심장 박동수가 적당하게 높은 상태라면 좋지만, 과도하게 높아지면 복잡한 운동을 할 능력을 잃는 등 오히려 곤란한 부작용이 생긴다.

즉 정서의 적절함에는 정도의 어울림이 포함된다. 반대로 말해 불합리한 정서는 상황과 해야 할 행동에 비추어 너무 강하거나 너무 약한 정서일 때가 많다. 호러에서 죽는 사람, 혹은 참혹하게 죽거나 비극을 초래하는 사람은 단순히 공포를 느끼는 사람이 아니라 적절한 강도의 공포를 적절할 때 갖지 못하는 사람이다. 그런 의미에서 호러는 공포를 다루는 이야기라기보다 공포의 적절함과 부적절함을 둘러싼 이야기다.

공포의 부재를 그린 호러

호러에서 지나치게 강한 공포가 그려진 적이 있는지 생각해보았는데, 좀처럼 실제 사례를 떠올리지 못했다. 부적절한 대상에 과하게 강한 공포를 품는 인물은 옆에서 보면 오히려 우스꽝스러울지도 모른다. 호러가 공포를 그리는 동시에 관객에게 공포를 맛보게 하려는 이상, 등장인물이 관객 이상으로 무서워하면 흥이 깨진다. 그래서 호러에서는 무서워해야 하는 상황에서도 그렇게까지 무서워하지 않는 등장인물이 더 많이 그려진다. 이리하여 호러는 공포의 부재, 공포의 둔마를 그린 이야기가 된다.

전형적인 예가 좀비 영화 〈살아있는 시체들의 밤 2 - 시체들의 새벽〉이다. 영화는 좀비가 가득한 세상을 배경으로 시작한다. 주인공들은 쇼핑몰로 도망친 사람들이다. 주변을 좀비가 에워싸 도저히 도망칠 수 없다. 그래도 쇼핑몰 안이라서 일용품이나 식료품은 얼마든지 있다. 공짜로 마음껏 손에 넣을 수 있다. 그래서 주인공들은 별로 두려워하지 않는다. 그들도 좀비와 처음 만났을 때는 지나치게 강한 공포나 적절한 강도의 공포를 품었을지도 모른다. 그러나 이제 공포도 지겨워졌다. 몰라, 될 대로 되라지. 이런 기분이 주인공들을 지배한다. 그래도 영화니까 이런저런 일이 생긴 끝에 그들 중 한 명이 빈사 상태에 빠지고 죽어서 좀비가 된다. 그런데도 그들은 무서워하지 않는다. 그런 출구 없는 상황에 오싹오싹 무서움을 느끼는 사람은 관객이다. 좋은 호러 영화에는 '주인공은 무서워해야 하는데 무서워하지 않는다'는 상황을 관객이 무서워하는 교묘한 구조가 꼭 필요하다. 감독은 그 사실을 잘 알고 있다.

2. 표상이란 무엇인가

표상의 개념

이번에는 표상이 무엇인지 생각해보자. 지금까지 표상이라는 단어를 드문드문 사용했다. 앞으로도 거리낌없이 사용할 것이다. 특히 프린츠의 '체현된 평가 이론'을 해설하려면 표상이라는 개념을 빠뜨릴 수 없다. 그러니 이쯤에서 표상을 정의해보자. 표상이란 어떤 다른 대상을 나타내는 것이 본래 기능이다. 달리 표현하면 다른 대상을 '나타내기 위해서 있는' 것이다. 물론 이 말은 정의가 아니다. 표상을 '나타내다'라는 단어를 사용해서 바꿔 설명했을 뿐이다. 그래도 이 바꾸기는 출발점으로 삼기 좋다. 자, 이제부터 자세히 살펴보자.

예를 들어 단어는 표상이다. 중국집 메뉴에 '고추잡채'라는 문자 나열이 적혀 있다. 이 문자는 피망과 잘게 썬 고기를 볶은 요리를 나타낸다. 문자뿐만 아니라 그림이나 사진도 표상이다. 이때 표상과 그것이 나타내는 대상이 별개라는 점이 중요하다. 고추잡채는 맛있지만 고추잡채라는 문자는 먹을 수 없고 고추잡채 사진은 먹을 수야 있겠지만 아마 맛이 없을 것이다. 즉 표상은 그것이 나타내는 실물 대신이다. Representation이라는 단어에는 '대리' 라는 의미도 있다.

표상에 관계하는 또 한 가지 중요한 개념을 살펴보자. 바로 '지향성'이다. 표상이 지닌 자신이 아닌 무언가를 나타내는 성질을 지향성이라고 부르고, 그것이 나타내는 사항을 지향적 내용, 그 대상을 지향적 대상이라고 한다. 고추잡채가 식탁 위에 올라간 사진의 지향적 내용은 '고추잡채가 식탁 위에 올라가 있다'이고, 지향적 대상은 고추잡채와 식탁이다.

지금 예시로 든 문자, 그림, 사진 등은 전부 인공적인 표상이다. 이것들의 본래 기능은 무언가를 나타내는 것이다. 무언가를 나타내기 위해서 인간이 만들어낸 아이디어다. 따라서 '무언가를 나타내는 것'을 본래 기능으로 하는 것은 인간의 관습이나 제작자의 의도다.

그런데 이 세상에는 자연의 표상이라고 부를 만한 것도 있다. 마음속 사고, 이미지, 개념 등도 표상이다. 고추잡채를 떠올리거나, 집에 돌아가면 고추잡채를 만들어 먹겠다고 의도하거나, 냉장고에 어제 먹다 남긴 고추잡채가 남아 있다고 생각할 때, 우리 머릿속에는 고추잡채를 지향적 대상으로 하는 무언가, '냉장고에 어제 먹다 남긴 고추잡채가 들어 있다'라는 지향적 내용을 지닌 무언가가 생길 것이다. 이런 무언가를 심적 표상이라고 한다. 이미지, 개념, 신념, 욕구, 사고, 의도, 전부 심적 표상이다. 심적 표상이란 어떠한 방식으로 머릿속에서 실현되고 있을 무언가다. 이것이 뇌 밖에 있는 고추잡채를 나타낸다. 그리고 정서도 심적 표상의 일종이라고 나는 생각한다.

자연 표상은 마음속에 있는 것으로 한정되지 않는다. 꿀벌의 춤은 벌집에서 어느 방향으로 어느 정도 간 곳에 꿀이 있는지를 나타낸다. 그것을 나타내서 동료에게 전달하는 것이 본래 기능이다. 즉 그 기능을 완수하기 위해서 존재한다. 따라서 이 역시 표상이다. 표상은 인간 특유의 것이 아니다. 우리는 아직 원시적인 생명체였을 때부터 계속 표상을 사용하며 살아왔다.

'나타내다'와 '본래 기능'

이번에는 앞서 말한 '나타내다'란 무엇이며, 표상에 왜 '본래 기능'이라는 단어가 포함되는지를 확실히 하고자 한다. 생명체의 상태 중에 어떤 종류는 자연의 표상이라고 불러도 좋다고 서술했는데, 그렇다고 해서 어떤 상태든 다 표상이 되지는 않는다. 예를 들어 흙이 건조하면 뿌리를 내린 식물은 잎이 축 늘어져 시들시들하다. 시들시들하다는 식물의 상태는 흙이 건조하다는 사실을 '나타낸다'고 말해도 좋다. 이때 우리는 '슬슬 물을 줘야겠군.' 하고 깨닫는다. 식물을 봤을 뿐인데 흙의 상태를 안 이유는 그 식물 상태가 흙 상태에 관련한 정보를 전해준 덕분이다. 따라서 이 상황에 한해서 시들시들한 상태는 흙의 건조를 나타낸다고 말해도 좋다.

그럼 이 '나타낸다'의 정체는 무엇일까. 다시 말해 시들시들함이 건조한 정보를 전달한다는 것은 무엇이 성립하기 때문일까? 양자 사이에 법칙적인 관련이 존재한다. 흙이 건조하면 거의 예외 없이 식물이 시들시들해지고, 식물이 시들시들하다면 보통 흙이 건조하다는 법칙성이 성립한다. 이런 법칙성은 다양한 경우에 성립하는데, 가장 보편적인 것은 양자를 연결하는 인과 관계가 있을 때다. 지금 고찰하는 사례에는 흙의 건조함을 원인, 식물의 시들시들함을 결과로 하는 '인과 관계의 연쇄(인과 메커니즘)'가 존재한다. 그래서 시들시들함은 흙의 건조를 나타낸다. 이런 인과 연쇄가 있다는 것 자체가 바로 나타낸다는 의미다.

생물적 현상뿐 아니라 아마 이 세상의 모든 사건이 이렇게 다른 사건의 정보를 담당한다. 세상의 사건은 서로 독립적이고 무작위하게 일어나지 않는다. A가 일어나면 보통 B가 일어나는 법칙성으로 서로 연결되어 있다. 그때 B는 A가 일어났음을 나타낸다. 따라서 우리는 B를 보고 A가 일어났음을 알 수 있다. 예를 들어 산에서 검은 연기가 올라오는 것은 산불이 일어났음을 나타낸다.

그렇다고 검은 연기가 산불의 표상이라거나 식물의 시들시들한 상태가 토양의 건조함을 표상한다고 말할 수 없다. 왜냐하면 검은 연기는 산불이 일어났다는 정보를 담당하고 있지만 그것을 위해 존재하지는 않기 때문이다. 식물의 시들시들한 상태는 단순히 생리적 반응이지 토양의 건조함을 표상하기 위해 식물이 그런 상태를 지니게 된 것은 아니다. 이와 달리 꿀벌의 춤은 꿀의 위치 정보를 전달하기 위해서 있다고 말할 수 있다. 또 내 머릿속에 있는 고추잡채라는 개념은 고추잡채를 나타내기 위해서 있다고 말할 수 있다. 이것이 표상의 정의에 '본래 기능', 즉 그 기능을 하기 위해서 X가 있다고 말할 수 있는 X의 기능이라는 조건을 추가한 이유다.

정리해보면, X가 Y의 표상이라면 다음 두 가지 조건이 성립한다. 먼저 (1) X와 Y 사이에는 법칙적인 연관이 있어 X는 'Y가 생겼다'는 정보를 담당한다. 그리고 (2) X는 'Y가 생겼다'는 정보를 담당하기 위해서 존재한다. 즉 X는 'Y가 생겼다'라는 정보를 담당하는 것이 본래 기능이다.

두 조건을 모두 충족했을 때에만 X는 Y를 표상한다고 말하자. (1)만 충족할 때를 뜻하는 말이 따로 있으면 좋겠다. 지금까지 '나타내다'라는 말로 두 경우 모두 사용했다. 헷갈리니까 프린츠를 모방해 '레지스터하다'라고 말하겠다. '기록하다'라는 뜻이다. 검은 연기는 산불을 레지스터하지만 표상하지 않는다.

본래 기능은 무엇으로 정해지는가?

남은 문제는 X가 'Y가 생겼다'는 정보를 담당하기 위해 존재하는지 여부는 무엇으로 정해지는가다. 의도가 개입했을 때는 간단하다. 그런데 자연 표상은 의도에 의존할 수 없다. 이 문제를 고찰하려면, 다른 방식으로 문제를 정식화하면 된다. 레지스터하는 관계는 얼마든지 중복될 수 있다. X→Y→Z→W라는 인과 연쇄가 있다고 해보자. 네 가지 사이에는 X가 생기면 Y가 생긴다 등의 법칙적인 관계가 있다. 이때, W가 생긴 것은 X가 생긴 것, Y가 생긴 것, Z가 생긴 것의 정보를 레지스터한다. W는 동시에 여러 가지 정보를 담당한다.

이를 심적 표상에 적용해보자. 뱀의 표상을 지닌 동물이 있다고 해보자. 뱀이 출현하면 뱀 표상이 머릿속에 생긴다. 이때, 뱀의 출현→뱀 망막상→시신경의 특정 패턴의 흥분→시상의 특정 패턴의 흥분→시각 구역의 특정 패턴의 흥분→뱀 표상 S의 성립이라는 인과 연쇄가 있다. 그렇다면 뱀 표상 S의 성립이라는 뇌내 사건은 뱀의 출현만 아니라 뱀 망막상, 시신경의 특정한 흥분 패턴 등도 레지스터하는 것이 된다. 그러므로 표상 S는 이 다양한 정보를 서로 중복으로 담당하는 셈이다. 그렇다면 그 표상 S를 뱀 망막상의 표상도, 시신경의 흥분 패턴의 표상도 아니라 바로 뱀의 표상으로 만드는 것은 대체 무엇일까?

물론 그 답은 S는 뱀 망막상이나 시신경의 흥분 패턴이 아니라 뱀을 나타내는 것을 본래 기능으로 하고 있기 때문이다. 그건 그렇지만 지금은 그것을 어떻게 알 수 있는가, 그 내실은 무엇인가를 알고 싶다.

표상 S의 원인을 보면 잘 모른다. 용도를 봐야 한다. S는 행동을 만들어내는 데 사용된다. 이 경우라면 뱀에게서 도망친다, 뱀을 공격해서 해치운다 같은 행동이다. 이것은 전부 뱀에 대항하는 행동이다. 망막에 대항하는 행동이나 시신경에 대항하는 행동이 절대 아니다. S는 뱀에 의해 형성되어 뱀을 상대로 한 행동을 만들어내기 위해 사용된다. 이 사실이 S가 레지스터하는 다양한 정보 중에서 뱀이 나왔다는 정보만을 담당하고, 뱀을 나타내는 것이 S의 본질적 기능이라고 말할 수 있게 해준다.

잘못된 공포도 설명할 수 있다

표상이 무엇인지 정의는 이것으로 끝이다. 딱 하나만 보충 설명을 해두자. 본래 기능에 호소해 표상을 정의하는 이점은 한 가지 더 있다. 이로 인해 표상의 착각이 비로소 가능해진다. 단순히 정보를 담당하는 관계라면 착오가 있을 수 없다. 자, 생득적으로 표상 S를 지닌 동물을 잡아서 인공적인 환경에서 사육했다고 해보자. 그 동물이 원래 살던 자연환경에는 새끼줄이 없었다. 그런데 인간 사회로 끌려온 뒤부터 뱀과 비슷한 빈도로 새끼줄과 마주하게 되었고, 이 녀석은 새끼줄을 보면 반드시 뱀이라고 착각해서 도망쳤다.

그렇다면 표상 S는 뱀이든 새끼줄이든 똑같이 법칙적으로 일어난다. 이때 S는 '뱀 혹은 새끼줄이 있다'는 정보를 담당한다. 실제로 이 동물을 관찰한 과학자는 동물의 뇌내에 S가 생기면 '하하, 뱀이나 새끼줄을 봤구나'라는 사실을 알았다. 뱀이나 새끼줄을 보고 뱀 혹은 새끼줄이 있다는 정보를 담당하는 상태 S가 생겼으므로 여기에는 잘못이 있을 수 없다. 정보나 레지스터 수준, 즉 법칙적인 연결 유무만 문제로 삼는 한, 잘못이 생길 여지가 없다. 그러나 새끼줄을 보고 표상 S를 형성한다면 우리는 이 동물이 잘못 보았다고 생각하고 싶어진다. 그러려면 본래 기능의 개념이 꼭 필요하다. 이 동물은 본래 뱀을 나타내는 기능을 하는 표상을 뱀이 아니라 새끼줄을 원인으로 삼아서도 형성했으니까 잘못되었다.

3. 프린츠의 체현된 평가 이론

평가 이론과 신체 이론이 만나다

드디어 프린츠의 '체현된 평가 이론'을 소개할 순간이 왔다. 이 이론은 이제껏 정서를 설명한 다양한 이론의 좋은 면만 모은 것이다. 먼저 평가 이론에서 배운 점을 확인해 보자. 평가 이론은 정서에 평가가 불가결하다고 생각한다. 또 그 평가는 자신과 상황의 관계를 자신에게 좋은지 나쁜지의 관점에서 판단한다고 보았다. 단, 프린츠는 그 판단이 고도의 개념 조작을 사용해서 이루어지는 인지적인 것임을 부정했으므로 개념과 종류가 다른 표상을 사용한다. 정서에는 '자신에게 좋은지 나쁜지의 관점에서 자신과 상황의 관계'라는 표상, 즉 중핵적 관계 주제의 표상이 포함되었을 것이다.

　한편 프린츠는 제임스, 랑게, 다마지오로 이어지는 정서의 신체 이론에도 많은 영향을 받았다. 단, 제임스처럼 정서를 신체적 반응의 느낌과 동일시하는 것을 거부했다. 그리고 뇌 상태로서 정서 그 자체와 신체적 반응은 다마지오의 이론처럼 별개라고 생각했다. 그래도 정서는 신체적 반응의 검지를 중요한 요소로 포함하고 있다는 점에서 신체 이론을 받아들였다.

체현된 평가 이론은 '평가는 신체적 반응을 통해 이루어진다'는 아이디어에 근거해서 정서는 중핵적 관계 주제를 표상한다는 평가 이론의 착상, 정서는 신체적 반응을 모니터한다는 신체 이론의 착상을 어떻게든 통합하려 한 이론이다. 그래서 좋은 면만 모았다고 표현했다.

정서와 신체적 반응의 관계

신체 이론에 따르면, 정서의 결과로 신체적 반응이 따라오는 것이 아니라 신체적 반응이 정서를 만든다(혹은 양자를 동일시할 수 있다). 그렇다면 신체적 반응은 정서와 법칙적으로 연결된 원인이라고 해도 좋을 것이다. 특정한 신체적 반응은 대부분 그에 대응하는 특정한 정서를 만든다. 앞에서 알아본 표상의 정의를 여기에 적용해보면 '정서는 신체적 반응도 표상하지 않을까?'라는 생각이 든다. 정서와 신체적 반응의 관계를 한번 살펴보자.

분노는 혈압 상승을 표상한다고 했을 때, 얼핏 문장만 보면 괜찮아 보인다. 그러나 조금 더 생각해보면 정서는 신체적 반응을 레지스터하지만 표상하지 않음을 알 수 있다. 정서가 신체적 반응을 레지스터하는 것은 확실하다. 그러나 정서와 신체적 반응 사이에 법칙적인 인과가 성립한 것만으로는 아직 표상이라고 부를 수 없고, 정서가 신체적 반응의 정보를 담당하기 위해서 존재해야 한다.

그러면 정서는 신체 상태를 검출하는 것을 본래 기능으로 하고 있을까? 그 목적을 위해서 존재할까? 만약 그렇다면 신체적 반응을 모니터하는 것 자체가 생존에 유리한 기능을 해야 한다. 그러나 내 혈관이 수축했다는 사실을 안다고 해서 뭐에 유리한지 잘 모르겠다. 이쯤에서 정서의 용도를 떠올려보자. 상황에 따라 적절한 행동을 동기 부여하는 것 이외에 무엇이 있을까? 정서가 신체적 반응을 표상하기 위해 있다고 보면 조금 이해하기 어렵다. 애초에 심장이 두근거리면 왜 도망쳐야 할까? 도망치는 이유는 거기 뱀이 있기 때문이다. 따라서 정서는 분명 신체적 반응을 모니터하고 그 정보를 레지스터하지만, 그 자체가 본래 기능은 아니다. 정서는 의사 결정을 촉진하고 적절한 행동을 만들기 위해서 있다. 이것은 다마지오의 설명이다.

정서는 중핵적 관계 주제를 표상한다

정서는 신체적 반응을 레지스터함과 동시에 의사 결정과 행동 산출을 촉구한다. 이 두 가지가 어떻게 조화할까? 정서가 표상하는 것이 신체적 반응이 아니라면, 대체 무엇일지 좀 더 고찰해보자. 프린츠는 정서가 마음 외부에 있는 무언가라고 했다. 정서는 외부에서 오는 자극에 따라 생기고 외부의 무언가에 대한 행동을 촉진하니 이는 자연스러운 설명이다. 일단 정서가 내적인 신체 상태가 아니라 어떤 외부의 상황을 표상한다고 이해해두자.

그렇다면 어떤 외부 상황일까? 정서 X가 외부의 어떤 Y를 표상한다고 말하려면, X와 Y 사이에 법칙적인 인과 관계가 있어야 한다. Y는 외부에 있는 대상일까? 그렇다면 뱀이나 곰일까? 그렇지 않다. 어떤 특정한 정서 X를 일으키는 외적 대상은 문화에 따라, 사람에 따라 다양하다. 내가 무서워하는 대상이라고 다른 사람도 꼭 무서워하진 않는다. 법칙성이 있을 것 같지 않다.

그렇다고 '우리는 자신에게 무서운 무언가로 인해 공포를 느낀다'라고 표현하면 안 된다. 우리는 무엇을 무서워하는지 일치하진 않지만 자신에게 무서운 대상을 무서워한다. 옳은 말이다. 법칙적이다. 그러나 지나치게 옳다. 이런 표현은 공허하게 순환할 뿐이다. 그런데 이 표현에 중요한 통찰이 포함되어 있다. '자신에게'가 포함된 점이다. 이 말은 정서가 외적 상황과 우리 자신의 관계를 표상한다는 사실을 시사한다.

순환에서 벗어나려면 '무엇이든 자신에게 무서운 것'에 공통되는 사항을 실질적인 방식으로 언급해야 한다. 특정한 정서를 일으키는 다양한 대상에는 공통점이 있다. 공포는 '자신에게 위협·위험'과 법칙적으로 관련을 맺으며 일어난다. 또 공포는 그 위협이나 위험을 어떻게든 하려는 행동을 동기 부여한다. 공포는 위협이나 위험에 따라서 법칙적으로 일어나는 것이므로 본래 기능을 갖췄다. 공포는 진화의 산물이든 학습한 결과든 위험에서 우리를 지켜 생존을 유리하게 하기 때문에 획득되었다. 따라서 공포는 위험을 레지스터하기 위해서 있다고 말할 수 있다. 이렇게 두 번째 조건도 충족되었으므로 공포는 '자신에게 위협·위험'을 표상한다.

여기까지 알아보았듯이 정서는 신체적 반응을 표상하는 것이 아니다. 또 정서를 일으킨 외적인 대상 그 자체를 표상하는 것도 아니다. 외적인 대상과 자신 사이에 있는 추상적인 어떤 종류의 관계를 표상한다. 이상의 고찰은 래저러스의 아이디어와 어떤 면에서 매우 흡사하다. 프린츠에 따르면, 정서가 표상하는 것은 자신에게 무엇이 가치 있는 대상인가라는 관점에서 포착한 외적인 대상과 자신과의 관계가 된다. 래저러스가 중핵적 관계 주제라고 부른 개념과 똑같다. 이렇게 프린츠는 정서가 중핵적 관계 주제를 표상하고 있다고 결론을 내렸다. 단, 여섯 가지 차원이나 래저러스 특유의 세부 사항은 빼고 말이다.

'정서의 대상'이라는 표상은 양의적이다

여기서 몇 가지 주의가 필요하다. 먼저 첫 번째, 중핵적 관계 주제는 말로 표현하려고 하면, '자신에게 중요한 대상의 상실'이나 '자신에게 피하기 힘든 위협'처럼 '자신'이나 '중요한 것', '상실', '위협' 같은 아주 추상적인 어휘가 필요하다. 그렇다고 해서 중핵적 관계 주제를 표상하려면 표상의 주체가 그에 대응하는 개념을 지녀야 하고 그것을 조종해야 한다는 의미는 아니다. 혹은 그 표상이 '자신', '중요함', '상실'에 대응하는 부품으로 이루어진다는 의미도 아니다.

래저러스는 그렇게 생각해서 평가를 고도로 인지적인 행위라고 보았다. 그러나 단순한 아이템이 복잡한 구조를 지닌 대상을 얼마든지 표상할 수 있다. 프린츠는 이 사실을 설명하기 위해서 '퍼즈버스터'라는 상품을 예시로 들었다.

퍼즈버스터는 '뚜뚜' 소리를 내서 경찰의 교통위반 단속 레이더가 있다고 알려주는 라디오 수신기다. 차량에 탑재해서 사용한다. '뚜뚜' 소리는 경찰의 교통위반 단속 레이더가 있다는 사실을 표상한다. 그러면 운전자는 속도를 낮추거나 옆길로 들어가는 등 적절하게 경찰에 대응할 수 있다. 이처럼 소리는 매우 복잡한 사항을 표상하지만 구조는 단순하다. '뚜뚜'의 그 부분은 경찰을 표상하고 있다. 레이더를 표상하는 것은 아니다.

표상되는 사항이 복잡하다고 해서 반드시 그 표상의 구조나 표상을 만드는 과정이 복잡하다는 의미는 아니다. 중핵적 관계 주제는 분명 복합적인 대상이지만, 그것을 표상하는 정서가 그와 똑같이 복잡할 필요는 없다. 세계에서 그 중핵적 관계 주제가 만들어지는 것과 마음속에서 그 표상이 만들어지는 것 사이에 연결이 있다는 점이 중요하다.

또 한 가지 주의할 것은 '정서의 대상'이라는 표현이다. 뱀을 보고 무서워할 때, 공포의 대상은 뱀 혹은 뱀의 출현이라고 말하고 싶을 것이다. 나 역시 그렇다. 그런데 지금부터는 조금 주의를 기울여야 한다. 지금까지 알아본 이론이 옳다면, 공포라는 정서가 표상하는 대상은 뱀이 아니라 위협이 되는 존재다. 뱀은 정서와 연결되는 다른 심적 상태, 즉 지각을 통해서 표상된다. 뱀을 무서워할 때, 나는 두 가지 표상을 지닌다. 뱀의 표상과 위협의 표상이다. 전자는 지각의 표상이고 후자가 정서의 표상이다.

정서란 무엇인가

정서는 신체적 반응을 검출해서 레지스터한다. 극단적으로 말하면 정서는 신체적 반응의 지각이다. 동시에 정서는 중핵적 관계 주제를 표상한다(다시 말해 외적 상황을 평가한다). 이 두 가지를 하나로 연결하면 어떻게 될까? 정서는 신체적 반응을 레지스터함으로써 중핵적 관계 주제를 표상하는 심적 상태이다. 이것이 프린츠 이론의 핵심이다.

남은 문제는 이제 하나다. 신체적 반응을 통해 중핵적 관계 주제를 표상할 수 있는 이유는 무엇일까? 정서와 신체적 반응은 법칙적으로 연결되어 있다. 정서와 중핵적 관계 주제는 법칙적으로 연결되어 있다(그뿐만 아니라 표상한다). 여기까지는 알겠다. 그러나 정서가 신체적 반응을 통해 중핵적 관계 주제를 표상한다고 말할 수 있으려면 신체적 반응이 중핵적 관계 주제를 레지스터해야만 한다. 즉 신체적 반응은 중핵적 관계 주제와 법칙적으로 연결되어야 하고 신체적 반응이 중핵적 관계 주제, 예를 들어 자신에게 있어 위협이나 위험과 동기화되어야 한다.

프린츠는 이것이 가능하다고 생각했다. 왜냐하면 신체적 반응은 중핵적 관계 주제에 비추어 적절한 행동 준비이기 때문이다. 뱀을 보거나 움직이는 거대한 그림자를 보거나 으르렁거리는 소리가 들리거나 포식자의 냄새를 맡았을 때, 즉 위험에 직면했을 때 심장은 두근두근 뛰고 혈당치는 높아진다. 무엇을 위해서? 도망치기 위해서. 그렇기에 이러한 신체적 반응의 집합은 동시에 위험 검출기로 작용한다고 할 수 있다. 위험이라는 중핵적 관계 주제와 특정한 신체적 반응 사이에 법칙적 연결이 있는 것은 그 신체적 반응이 그 중핵적 관계 주제에 대처하기 위한 준비이고, 진화하는 과정에서 그 상황에서는 그런 반응이 일어나도록 우리가 만들어졌기 때문이다.

여기까지 설명을 정리해보면, 다음과 같은 정서 모델을 손에 넣을 수 있다. 위험한 무언가가 발생한다. 그것이 감각기를 통해서 지각된다. 그 지각이 일련의 신체적 반응을 일으킨다. 그 신체적 반응 자체가 지각되어 다른 상태(신체 지각)에 따라 레지스터된다. 이 신체 지각은 직접적으로는 신체적 반응에 따라 일어나지만 간접적이고 먼 원인은 '위험'이다. 따라서 이 '다른 상태'는 신체적 반응을 레지스터함으로써 위험에 관한 정보를 담당한다. 그리고 그 상태는 위험 회피 행동을 선택함으로써 위험을 레지스터하는 것만 아니라 위험을 표상하기도 한다. 이 '다른 상태'가 바로 공포다.

'체현된 평가 이론'이라는 이름에는 이유가 있다

이제 왜 이 이론의 이름이 '체현된 평가 이론'인지 명백해졌다. 평가는 중핵적 관계 주제를 표상한다. 중핵적 관계 주제는 '자신에게 좋고 나쁘다는 관점에서 자신과 상황의 관계'를 말한다. 자신에게 위협, 자신에게 가치 있는 대상의 상실, 어떤 상황을 이렇게 표상하는 것은 그 상황을 평가하는 것이다. 그래서 프린츠의 이론은 평가 이론이다. 정서를 평가라고 보기 때문이다.

동시에 프린츠는 정서를 신체적 반응을 모니터하는 것으로도 보았다. 중핵적 관계 주제에 대응하는 것처럼 패턴화된 신체적 반응을 레지스터함으로써 정서는 평가하고 있다. 평가는 래저러스의 이론처럼 개념적인 사고를 통해 이루어지는 것이 아니다. 신체적 반응을 통해 이루어진다. 그래서 '체현된' 평가 이론이다.

2부

호러를 둘러싼 질문들

1부에서는 공포의 원형인 '진정한 공포'가 무엇인지 고찰했다. 2부에서는 호러 그 자체, 이른바 '인공의 공포'에 대해 이야기할 것이다.

미학, 예술 철학, 영화학 영역에서 활약하는 노엘 캐럴이라는 인물이 있다. 1990년에 캐럴은 호러라는 장르에서 풀어야 할 두 가지 수수께끼를 지적하고 그것을 '마음의 패러독스'라고 불렀다. 두 가지 수수께끼를 같이 풀어보자.

(1) 호러는 허구다. 그렇다면 좀비나 늑대인간이나 드라큘라 같은, 존재하지 않는다고 이미 알고 있는 대상을 어떻게 두려워할 수 있을까.
(2) 호러는 오락이다. 공포감이 불쾌한 것이라면 사람들은 어떻게 호러를 즐길 수 있을까. 공포는 회피나 공격행동을 일으킨다. 그런데 우리는 왜 호러를 일부러 찾아서 즐기는 걸까?

원래 마음의 패러독스라는 말은 두 번째 수수께끼를 표현하기 위한 말인데, 18세기 잉글랜드의 작가 안나 라이티티아 에이킨과 남동생 존 에이킨이 처음 사용했다고 한다.

나는 이 두 가지 수수께끼에 하나를 더 추가하고 싶다.

(3) 호러는 예전부터 있던 장르다. 우리를 무섭게 하려고 온갖 수단을 써서 다양한 플롯을 만들어왔고, 앞으로도 그럴 것이다. 그만큼 인간이 공포를 느끼는 대상이 다양하다는 뜻이다. 그렇다면 우리는 어떻게 그리도 다채로운 대상을 무서워할 수 있을까.

2부에서는 이 세 가지 수수께끼에 도전할 것이다. 고찰하기 위한 전제 작업으로, 호러란 어떤 장르인지 정의해보고 이어서 수수께끼를 (3), (1), (2)의 순서로 풀어보자.

4장

호러의 정의

수수께끼를 해결하기에 앞서 해야 할 작업이 있다. 세 가지 수수께끼는 모두 호러라는 장르가 우리를 무섭게 하려는 목적으로 존재한다고 전제한다. 이 전제가 과연 옳을까? 호러는 어떤 장르일까? 일단 이것부터 확실히 해두어야 한다. 지금부터 생각해본 적 없었던 '장르론'이라는 미궁으로 들어가 보겠다.

호러는 장르를 가리지 않는다

나는 호러 영화를 특히 좋아하지만, 호러는 원래 미디어나 표현 형식을 가리지 않는다. 영화는 물론이고 소설, 연극, 그림, 뮤지컬 등 매우 다양한 호러가 있다. 노엘 캐럴은 스페인의 화가 프란시스코 데 고야의 〈아들을 잡아먹는 사투르누스〉를 호러 그림으로 칭하였다. 뮤지컬로는 영국의 빅토리아 여왕 시대를 배경으로 한 〈스위니 토드〉가 유명하다. 손님을 죽여서 고기 파이로 만들어 판 이발사 이야기인데 나는 존 도일 연출의 무대를 런던 트라팔가르 스튜디오에서 보았다. 참 추상적인 연출이었다. 출연자가 각자 악기를 들고 나와 연주하면서 연기했다. 손님의 멱을 따는 장면에서는 연기자가 비명을 지르는 대신에 호각을 불었다. 참 오싹하고 신경에 거슬리는 소리였다.

그런데 음악에도 호러가 있을까? 음악이 묘사한 사건 때문에 공포를 느낄 수 있다. 예를 들어 작곡가 루이 엑토르 베를리오즈의 '환상 교향곡' 제4악장 '단두대로의 행진'이나, 아르놀트 쇤베르크의 '바르샤바의 생존자' 같은 음악. 아니면 호러 영화의 효과로 사용되는 무서운 음악도 있을 것이다. 그러나 이런 배경 없이 단순히 음악만 들었을 때 공포감을 자극하는 음악이 있을지는 판단하기 어렵다. '단두대로의 행진'은 경쾌한 리듬 때문에 음악만 듣고 있으면 오히려 즐겁다. 호러 음악이 있는지 없는지는 여러분의 판단에 맡기겠다.

어쨌든 호러는 표현 형식에 구애되지 않는 장르이다. 그러면 호러라는 장르는 어떻게 정의할 수 있을까. 잔혹한 살인이 나오면 호러가 될까? 그렇지 않다.

쿠엔틴 타란티노의 〈저수지의 개들〉에서는 갱이 젊은 경찰을 붙잡아 면도칼로 귀를 잘라내며 고문하는 장면이 나온다. 경찰이 아무리 피범벅이 되어 절규해도 이 영화는 호러가 아니다. 피비린내 나는 살인 장면이 있다고 꼭 호러는 아니다. 캐럴은 호러가 19세기 이후에 성립한 장르라고 보았다. 즉 메리 셸리의 소설 《프랑켄슈타인》 전후 수십 년 사이에 성립되었다고 여긴다. 그런 의미에서 호러는 역사적이고 사회적인 구축물이다. 그 이전에도 호메로스의 《오디세이아》나 오비디우스의 《변신 이야기》

에 아주 무서운 괴물들이 나오고 단테가 그린 지옥은 말할 것도 없이 무서운 이미지로 가득하다. 그러나 이것들은 무서운 이야기지만 장르로서 호러는 아니다.

호러와 SF는 겹친다

장르는 서로 배타적이지 않다. SF은 대부분 호러이기도 하다. 광적인 SF 팬들에게는 달갑지 않은 소리겠지만 호러 영화 가이드와 SF 영화 가이드에 소개된 영화는 상당 부분 겹친다. 예를 들어 리들리 스콧 감독의 〈에이리언〉은 SF지만 호러이기도 하다. 한편 〈에이리언2〉는 액션 영화가 되었다. 〈에이리언3〉은 음울한 달관이 가득하고 〈에이리언4〉는 거의 코미디다. 나는 다 좋아한다.

1958년에 제작된 영화 〈플라이〉, 그리고 30년 후 데이비드 크로넨버그가 리메이크한 동명의 영화에는 물질 전송 장치가 나온다. 물질을 분자 수준까지 분해해서 순식간에 전송하는 구조다. 이 장치를 발명한 과학자는 그 효과를 증명하기 위해 자신을 전송한다. 전송은 성공하지만 그 순간 장치 안으로 파리가 들어오는 바람에 둘의 분자가 뒤섞이게 되고, 과학자는 서서히 파리인간으로 변해간다. 파리인간은 폭주하는 과학 기술의 산물이다.

샘 닐의 연기가 빛나는 〈이벤트 호라이즌〉은 사상의 지평선이니 워프 항법이니 SF 팬들이 좋아할 소재가 잔뜩 나오지만, 사상의 지평선 너머는 지옥이고 지옥에서 돌아온 우주선이 마치 영혼이 있는 생물체처럼 박사에게 들러붙는 등 오컬트적인 요소가 다분한 호러 영화이기도 하다. 사실 호러의 기원인 《프랑켄슈타인》은 과학 기술의 폭주가 어떻게 귀결되는지를 그린 최초의 SF라고 일컬어지기도 한다.

호러는 공포를 일으키는 장르다. 단, 호러로 일어나는 공포는 개를 보고 무서워하거나 불량 학생을 두려워하는 것 같은 '자연적인 공포'가 아니다. 캐럴은 그것을 '인공 공포'라고 불렀다.

호러의 괴물은 '정상적인 세계의 이상한 존재'

예전에는 호러 영화가 괴물 영화와 동일시되었다. 캐럴도 괴물이 호러의 불가결한 요소라고 보았다. 드라큘라, 늑대인간, 프랑켄슈타인의 괴물, 스웜프맨, 투명인간, 파리인간, 물고기인간, 미라, 킹콩……. 그러나 초자연적인 것이든 SF적 상상력의 산물이든 나는 괴물의 출연이 호러의 필요조건도 충분조건도 아니라고 생각한다. 이미 설명했듯이 신화나 동화에도 괴물이 나오지만 호러는 아니다. 〈스타워즈〉에 나오는 추바카는 겉으로 보면 늑대인간인데, 그렇다고 〈스타워즈〉가 호러는 아니다. 오히려 〈싸이코〉나 〈양들의 침묵〉은 인간만 나오는데도 훌륭한 호러다.

호러의 괴물과 호러가 아닌 작품에 등장하는 괴물은 그 위상이 다르다. 신화나 동화, 판타지는 일단 우리가 사는 세계와 동떨어진 세계를 그린다. 판타지에 나오는 괴물은 그런 별세계의 정상적인 주민이다. 영화 〈아바타〉의 위성

판도라에 사는 선주민 나비족은 키가 3미터나 되고 코는 고양이 같으며 꼬리도 있다. 무엇보다 피부가 파랗다. 외견은 괴물이지만 그들은 판도라의 평범한 주민이다. 우리 세계에는 호랑이나 독사가 있다. 위험하고 공포스러운 대상이지만, 그렇다고 해서 이 세계가 호러가 되진 않는다. 호랑이도 뱀도 우리 세계의 평범한 주민이니까. 호러의 무대는 대부분 지금 이 세계다. 이 점이 호러의 두드러진 특징이다. 우리에게 익숙한 세계 안으로 이질적인 존재가 잠입한다. 정상적인 세계의 이상한 존재, 이것이 호러의 괴물이다. 〈큐브〉처럼 다른 세계를 그린 호러도 있는데, 이런 영화는 판타지와 호러의 혼합으로 보아야 한다.

호러 속 등장인물이 공포에 떠는 이유

등장인물이 괴물을 대하는 태도로 호러와 괴담을 구별하기도 한다. 호러에서 등장인물은 당연히 괴물을 무서워한다. 괴물이 나타나면 공포에 질린 표정을 짓고 비명을 지르고, 몸을 제대로 움직이지도 못하고 먹잇감이 되거나 도망치려고 허둥거린다. 이미 지적했듯이 약간 부적절해 보이는 방식으로 두려움을 표시하는 경우도 다반사다. 반면에 호러가 아닌 이야기에서는 등장인물이 반드시 괴물을 두려워하지 않는다. 〈스타워즈〉에 등장하는 악당은 얼굴은 개구리, 몸은 민달팽이처럼 생긴 괴물이다. 그러나 주인공은 그를 싫어하고 증오하지만 무서워하진 않는다.

호러의 등장인물이 괴물을 무서워하는 이유는 관객이

어떻게 반응하면 좋을지 모범을 보여주기 위해서라고 캐럴은 주장했다. 공포에 떠는 등장인물은 감상의 대상이면서 동시에 관객에게 어떻게 해야 할지 지침을 내리는 교시이기도 하다. 자, 여러분도 똑같이 무서워합시다! 저예산으로 제작하느라 괴물이 라텍스 옷을 입은 것이 뻔히 보이더라도 이 영화는 호러거든요. 괴물이니까 무서워해야 합니다. 봐요, 등장인물도 무서워하고 있지 않나요?

1933년 영화 〈킹콩〉에는 전설의 괴물을 영화로 찍어 돈을 벌려는 영화감독과 그가 캐스팅한 가난한 여배우 앤 대로우가 나온다. 감독은 앤에게 〈미녀와 야수〉 의상을 입히고 킹콩을 만나서 무서워하는 연기를 지도한다. 처음에는 시선을 떨어뜨렸다가 서서히 시선을 든다. 그러면 거기 '그것'이 있다. 놀란다. 눈을 크게 뜬다. 두려운데 시선을 뗄 수 없다. 소리를 지르면 살 수 있을지도 모르는데 목이 마비되었다. 보지 않으면 소리가 나올지도 모른다. 손으로 눈을 가리고 있는 힘껏 비명을 지른다. 대충 이런 식이다. 이때 그녀의 연기는 아주 어색하다. 앤 역을 맡은 배우 페이 레이의 명예를 걸고 말하는데 그녀는 일부러 서툴게 연기를 했다. 나중에 진짜 킹콩과 만났을 때 정말로 무서워하는 연기는 그야말로 최고였다.

거울 효과

호러는 관객의 정서가 등장인물의 정서를 반영하도록 의도한다. 캐럴은 이것을 '거울 효과'라고 불렀다. 이 효과는 다른 장르에 반드시 적용되진 않는다. 아리스토텔레스는 《시학》에서 비극의 막이 끝날 때, 관객은 카타르시스 상태가 된다고 했다. 카타르시스는 공포심과 동정의 정서가 일어남으로써 얻는 정신의 정화다. 물론 관객은 카타르시스를 맛본다지만 주인공은 그럴 상황이 아니리라.

반면에 호러는 거울 효과를 중요한 특징으로 한다. 이상적으로는 그렇지만, 당연히 등장인물과 관객의 정서 상태가 완전히 똑같아질 수 없다. 예를 들어 등장인물이 공포를 너무 느낀 나머지 상식에서 벗어나 버리면, 관객은 그 인물의 공포를 자신의 정서에 반영할 수 없게 된다.

샘 레이미 감독의 〈이블 데드 2〉에서 주인공을 맡은 브루스 캠벨의 연기는 유명하다. 주인공은 사령이 들린 숲속 집에 들어갔다가 오른손에만 사령에 씌고 만다. 오른손은 목을 조이거나 칼로 찔러서 주인공을 죽이려고 하고, 주인공은 어떻게든 그 손을 막으려고 혼자서 아주 활극을 벌인다. 그 연기가 너무 과해서 브루스 캠벨은 일약 유명해졌고 그 연기는 코미디언 시절의 짐 캐리에게 영감을 주었다고 하는데, 어쨌든 하나도 무섭지 않다. 과하게 무서워하는 등장인물은 영화를 호러라기보다 슬랩스틱 코미디에 가깝게 만든다. 등장인물과 똑같은 공포가 아니라 폭소라는 정반대 정서를 일으킨다.

괴물은 혐오의 대상

호러가 거울 효과를 이용해서 투영하려는 정서는 공포만

이 아니다. 경악(전율), 혐오, 포기 등 공포의 정서가 만들어지는 상황에 동반되는 다른 정서도 등장인물로부터 관객에게 투영된다. 등장인물의 정서도, 관객의 정서도 뒤섞인다. 우리가 뒤섞인 정서를 가질 수 있다는 사실이 호러의 기초다. 특히 혐오와 공포의 혼합 정도가 중요하다.

호러에 괴물이 등장할 때, 괴물은 단순히 흉악하고 강력하다는 이유로 등장인물에게 위협이 되는 것은 아니다. 괴물은 일단 혐오의 대상이 되어야 공포를 불러올 수 있다. 즉 괴물이라는 존재는 어딘가 기분 나빠야 한다. 〈에이리언〉의 괴물은 딱딱한 외골격에 싸여 어떤 환경에서든 살아남을 수 있다. 예리한 발톱과 어금니를 가졌고, 턱은 이중구조여서 입 저 안쪽에서 또 다른 입이 튀어나온다. 인류를 위협하는 아주 강력한 존재로 그려진다. 그런데 그것만으로는 부족하다. 강력한 존재는 때때로 경외의 대상이 되기도 한다. 이 괴물을 공포의 대상으로 만들기 위해서는 일단 혐오의 대상으로 만들 필요가 있다. 그래서 이 괴물은 끈적거리는 점액을 온 몸에 두를 뿐 아니라 투명한 부식성 점액을 떨어뜨린다. 절대로 가까워지고 싶지 않은, 만지고 싶지 않은 외형을 가질 필요가 있는 것이다.

공포와 혐오는 분명히 다르다. 나는 바퀴벌레를 혐오하지만 무서워하지는 않는다. 그러나 둘은 분명히 연결되어 있다. 이 연결성이 호러에는 참으로 안성맞춤이 아닐 수 없다. 왜냐하면 우리는 다양한 대상을 무서워하는 이상으로 다양한 대상을 기분 나빠할 수 있으니까.

기분 나쁨의 원형은 당연히 시체에서 찾을 수 있다. 좀비는 위험하고 무서운 것 이상으로 일단 기분이 나쁘다. 좀비는 반쯤 썩었다. 피부와 살이 찢어져 갈비뼈가 보이는 녀석도 있고 눈알이 빠져 눈구멍만 남아 있기도 하다.

프랑켄슈타인의 괴물도 시체다. 그런데 셸리의 원작에서는 영화와는 달리 여러 시체의 가장 아름다운 부분만을 떼어서 합성한 존재로 등장한다(현재 프랑켄슈타인이라고 불리는 누덕누덕 기운 괴물 이미지는 보리스 칼로프가 연기한 괴물상의 재생산이다). 그 아름다움이 더 역겨운 느낌을 준다. 수많은 시체를 합성한 탓에 전체적인 조화를 잃었기 때문이다. 이질적인 것을 긁어모은 합성은 괴물의 전형이다. 미노타우로스, 키메라, 그리핀, 인어……. 프랑켄슈타인의 괴물은 이런 괴물들의 계보와 이어지고 그 계보는 물고기인간, 파리인간으로 이어진다.

프랑켄슈타인의 괴물은 미친 과학자가 조수와 둘이서 만든 작품이다. 재료를 땅에서 파내고 정밀하게 골라 수작업으로 잇고 마무리로 생명을 불어넣어 만든 100퍼센트 천연, 인공첨가물이 하나도 없는 유기농 괴물이다. 20세기에 들어서면 장인정신이 듬뿍 스며든 수제 괴물들은 사라지고 그 자리를 분업화된 공장시스템에서 생산된 괴물들이 차지한다.

SF 장르이지만 리들리 스콧 감독의 〈블레이드 러너〉의 인조인간 리플리컨트 역시 누더기로 만들어졌다는 의미에서 괴물성을 지닌다. 지구로 돌아온 리플리컨트가 자신들의 창조주인 타이렐 박사를 만날 방법을 찾아 엔지니어 츄의 공방으로 찾아가는 장면이 있다. 츄는 리플리컨트의 제조기업인 타이렐사를 위해 일한다. 타이렐 박사를 만나려면 어떻게 해야 하는지 묻자 츄는 이렇게 대답한다. "모르겠소. 나는 눈동자를 만들 뿐이야." 리플리컨트는 개인이 공을 들여 만드는 공예품이나 예술작품이 아니라 분업으로 생산되는 공업 제품이며 소비재다.

프랑켄슈타인의 괴물도 리플리컨트도 자신의 창조주와 맞서 자신의 존재 의미를 묻고, 생각 없이 자신들을 만든 창조주에게 책임을 물으려고 한다. 그러나 리플리컨트의 경우, 그 책임의 주체는 이미 프랑켄슈타인 박사 같은 개인이 아니다. 천재 과학자 타이렐은 리플리컨트 제조법을 개발한 사람이지만, 동시에 타이렐 코퍼레이션이라는 거대 기업의 경영자이기도 하다. 리플리컨트가 왜 자신을 만들었는지 추궁해야 할 상대, 복수해야 할 상대는 이제 개인이 아니다. 그들을 만든 것은 기업, 더 정확히 말하면 과학기술 문명의 총체다.

호러의 세 가지 조건

끈적끈적하고 부식된 것을 연상시키거나 시체를 연상시키거나 이질적인 것의 조합이거나 그밖에 이상한 것이 지니는 역겨움을 그려 혐오를 일으키는 것은 호러의 중요한 구성 요소다. 자, 여기까지의 고찰을 정리해보자.

호러란 다음 조건을 만족하는 장르다.

(1) 등장인물이 어떤 위협에 직면하고 그 위협을 가져오는 대상에 공포·혐오의 정서를 느끼는 상황이 주로 묘사된다.
(2) 묘사된 위협의 대상은 사람들이 보편적으로 공포·혐오의 정서를 품을 것이라고 예상되는 것이다. 전형적으로는 괴물이지만 그렇지 않아도 괜찮다.
(3) 관객이 묘사된 위협의 대상에 공포·혐오의 정서를 품게 만드는 것이 제작자의 의도다.

이 정리에 부연 설명을 조금 해두겠다. 먼저 세 번째 조건으로 제작자의 의도를 언급한 것에 주의하자. 왜냐하면 이 조건을 '관객이 묘사된 위협의 대상에 공포·혐오의 정서를 품는다'라고만 설정하면 관객을 무섭게 하는 것에 실패한 호러는 호러가 아닌 것이 되어 버린다. 제작자는 다양한 장치를 사용해서 관객이 공포·혐오의 정서를 품게 하려고 연구한다. 등장인물에게 공포의 정서 반응을 일으키게 함으로써 '자, 여기가 무서워해야 하는 지점입니다!'라고 신호를 보내는 것도 한 가지 수단이다. 그러나 이런 장치들이 늘 유효하다곤 할 수 없다. 무서울 법한 괴물을 등장시키고 등장인물이 비명을 지른다고 해서 관객도 반드시 무서워하진 않는다. 그렇다고 호러가 아닌 다른 장르가 되진 않는다. 어디까지나 '실패한 호러' 일 뿐.

이렇게 이야기가 끝나면 간단하겠지만, 호러가 관객에게 특정한 정서적 영향을 미치지 못하는 경우는 작품의 완성도가 나쁠 때만이 아니다. 관객이 어떤 사람들이고 어떤 마음으로 작품을 접하는지에 따라 결과가 달라진다. 예를 들어 문화 차이 때문에 공포가 잘 전해지지 않을 수 있다. 프린츠의 책에 나오는 한 사례인데, 발리 섬 사람들은 갓난아기가 기는 모습에 혐오감을 느낀다고 한다. 인간답지 않은 동물적인 움직임이라고 여기기 때문이다. 만약 발리 섬 출신 감독이 호러를 찍으면서 기어다니는 장면을 넣었다고 해도 우리는 전혀 무섭거나 혐오스럽지 않을 것이다.

좀 더 까다로운 문제가 있는데, 한 장르가 일반화되면 약아빠진 관객들이 나타난다. 이런 관객은 제작자의 의도대로 작품을 보려하지 않는다. 여기가 무서워할 장면이라는 신호를 보내도 '오호, 이렇게 나오신다?' 하며 기뻐한다. 지금까지 몇 번이나 반복해서 언급한 〈스크림〉은 호러 영화인 동시에 호러 영화를 말하는 영화(메타 호러)이기도 한데, 이 영화에 그런 약아빠진 관객이 나온다. 살인마에 의해 학생이 살해당하자 주인공이 다니는 고등학교는 휴교를 하게 되고 신이 난 학생들은 친구 집에 모여 파티를 연다. 오호, 알았다. 그 파티에서 참극이 벌어지겠군. 물론 그렇게 진행되지만 지금 내가 하려는 말은 그게 아니다.

학생들은 한 방에 모여서 맥주를 마시며 호러 비디오

를 본다. 방 바깥에서는 피비린내 나는 살인이 벌어지고 있는데 전혀 눈치 채지 못한다. 이 고등학생들의 비디오 감상 태도는 정말이지 약아빠졌다. 카펜터의 〈할로윈〉을 보면서 그들은 전혀 무서워하지 않는다. 화면에서 살인이 벌어져도 그들은 환성을 지르며 "예상대로야!" 하고 외치곤 한다. 최악의 태도다.

등장인물의 정서와 관객의 정서가 거울 관계여야 한다는 호러의 문법을 따르면, 이 장면은 관객에게 '어차피 너희도 얘네들처럼 이 영화를 보고 있잖아?'라는 메시지를 보내고 있다. 그러는 동안에도 방 밖에서는 살인이 이어지고 주인공인 시드니는 살인마에게 쫓긴다. 카메라가 실내와 실외로 바뀔 때마다 영화는 호러 영화였다가 호러 영화를 보는 것에 관한 메타 영화가 된다. 그럴 때마다 우리는 약아빠진 관객의 태도에서 진지한 관객의 태도로 전환하라고 재촉을 받는다. 적어도 방 밖에서 벌어지는 사건은 호러니까 제대로 보자는 것이다.

5장

왜 우리는 그토록 다채로운 대상을 무서워할까?

호러가 어떤 장르인지 개념 정리가 되었으니 이제 앞에서 제시한 세 가지 의문에 답을 구해보자. 먼저 이번 장에서는 공포의 다양성 문제부터 생각해볼 것이다. 호러는 우리가 얼마나 다양한 대상에서 공포를 느낄 수 있는지 보여준다. 호러라는 장르 자체가 이러한 대상의 다양성 때문에 존재한다 해도 과언이 아니다. 그런데 우리는 어떻게 그토록 다양한 대상을 무서워할 수 있을까?

내 대답을 미리 밝히자면, 공포는 표상이며 우리는 아주 다양한 것을 표상하는 능력이 있기 때문이다. 우리는 다양한 것을 표상할 수 있고, 그 어떤 대상이 신체적 반응에 따른 평가를 거쳐 '자신에게 위협'으로 다시 표상된다. 따라서 다양한 것을 무서워할 수 있다.

이번 장에서는 호러를 실마리로 삼아 실제로 우리가 어떤 것을 무서워할 수 있는지 목록을 만들 것이다. 그리고 각각에 관해 어떤 내용의 표상을 지니면 그것을 무서워할 수 있을지 생각해보자. 나아가 여기까지의 내용을 표상의 진화 역사에 관한 시나리오에 겹쳐 그려볼 것이다.

1. 정서는 태어날 때부터 있었을까?

논쟁은 표정에서 시작했다

영화 속 등장인물의 표정을 통해 관객은 그들이 어떤 심리적 상태에 있는지 알 수 있다. 1장에서도 '어라 무서워까'를 구성하는 요소로서 '공포의 표정'을 설명했는데, 기쁨, 슬픔, 분노, 두려움, 놀람 등의 이른바 기본적 정서에는 각각 아주 특징적인 표정이 대응한다. 우리는 표정을 통해 상대의 정서를 알고 어떻게 대응할지 선택한다. 아이가 슬픈 표정을 하고 있으면 부모는 "왜 그러니?" 하고 말을 걸고 위로하려고 할 것이다. 또 특정한 표정을 지어서 상대에게 자신의 정서를 전달할 수도 있다. 아이가 잘못을 저질렀을 때, 부모는 화가 난 표정을 지어 그 행위를 용납하지 않겠다는 메시지를 전달할 수 있다. 표정은 정서에 동반되는 신체적 반응의 일종이지만, 정서에 관계하는 커뮤니케이션 수단이기도 하다. 그렇기에 호러 영화에서 등장인물이 공포의 표정을 보이는 것은 '호러 영화로 봐주세요'라는 메시지이기도 하다.

찰스 다윈은 1872년에 쓴《인간과 동물의 정서 표현》에서 표정은 문화를 뛰어넘어 보편성을 지니므로 선천적인 것이며, 따라서 정서는 태어날 때 갖고 태어난다는 주장을 펼쳤다. 다윈은 해외 도처에서 영국인들이 보내온 보고에 주목했다. 유럽과 전혀 접촉이 없는 현지인들의 표정에 관한 보고였는데, 그들의 표정이 유럽인들과 전혀 다르지 않다는 것이었다. 다윈은 그로부터 표정은 문화를 넘어 보편적이며 생득적이라는 결론을 이끌어 냈던 것이다.

표정에는 보편성이 있다?

심리학자 에크만과 월레스 프리젠은 1971년에 표정의 보편성을 보다 실증적으로 연구하려고 했다. 그들은 서양 문명과 거의 접촉이 없는 파푸아뉴기니 고지에 사는 포어족을 대상으로 현지 조사를 했다.

에크만과 프리젠은 기쁨, 분노, 슬픔, 놀람, 혐오, 공포의 여섯 가지 정서에 대응하는 얼굴 사진을 미리 준비한 후 포어족 통역사에게 각각의 정서를 일으킬 법한 이야기를 낭독하게 했다. 썩은 냄새가 풍기는 이야기, 아이가 죽는 이야기, 친구들과 만나는 이야기 등. 그리고 나서 포어족 피험자들에게 이야기를 들으면서 느낀 정서에 해당하는 표정 사진을 고르게 했다. 그 결과, 포어족의 판단은 유럽 문화권에 속하는 사람들과 거의 일치했다. 그들은 공포와 놀람의 표정을 혼동하는 경향을 보이긴 했으나 그 이외에는 비슷했다. 에크만과 프리젠은 이 결과를 바탕으로 적어도 몇 가지 표정은 문화권에 따라 다르지 않는 보편성이 있다고 생각했고, 표정에 대응하는 정서 역시 보편적이라는 결론을 내렸다.

물론 보편성은 생득성과 같지 않다. 달이 차고 기우는 것은 보편적 지식이지만 태어나면서부터 아는 지식은 아니다. 그렇지만 표정에서의 보편성은 생득성을 뒷받침한다고 여겨진다. 타인의 표정을 보고 표정을 학습한다면 그 타인의 표정도 누군가의 표정을 보고 학습한 것이어야 한다. 그렇다면 최종적으로 처음 그 표정을 발명한 사람이 있는 셈인데, 서양 문명과는 동떨어진 포어족의 조상이 우연하게도 서양인과 똑같은 공포 표정을 발명했다고 보긴 어렵다. 또 태어날 때부터 눈이 보이지 않는 갓난아기도 기쁠 때는 기쁜 표정을, 불쾌할 때는 불쾌한 표정을 짓는다는 사실이 밝혀졌다(갈라치 외 1997). 표정은 학습의 결과가 아니라 생득적이라는 주장은 설득력이 있다.

표정은 정서의 표출일까, 커뮤니케이션 수단일까

에크만과 프리젠의 연구에는 수많은 비판이 쏟아졌다. 먼저 내면의 정서가 밖으로 나타난 것이 표정이라는 전제가 의심스럽다는 것이다. 몇 가지 표정은 정서가 단순히 밖으로 나타난 것이 아니라 커뮤니케이션의 수단이라고 보는 것이 옳다(프리드룬드 1994). 예를 들어 올림픽에서 메달을 딴 선수가 승리가 결정된 순간에 기쁨의 표정을 짓는 경우는 드물다. 선수가 기쁨의 표정을 지을 때는 시상대에 올라가 관중들을 바라볼 때다. 즉 그 미소는 내면의 정서를 표출한 것이 아니라 오히려 다른 사람을 향한 신호라고 볼 수 있다. 그렇다면 표정의 보편성이란 단지 서로 다른 문화권의 사람들 사이에 존재하는 소통 방식의 보편성을 의미하는 것일지도 모른다.

이러한 비판에 대해 에크만은 다음과 같이 반론을 제기

했다. 시상대에서 선수가 기쁨의 표정을 짓는 것은 사람들의 환호를 받으면서 내면의 기쁨이 더욱 커지기 때문이라고 설명할 수 있다. 운동선수의 예시는 표정이 정서의 표현이라는 주장을 반박할 예가 되지 못하며, 게다가 표정이 정서의 표출이라는 주장과 커뮤니케이션 수단이라는 주장은 완벽하게 양립 가능하다는 것이다.

러셀의 지적

두 번째 비판은 표정이 문화를 뛰어넘어 보편적이라는 주장 그 자체의 신빙성이 의심스럽다는 것인데, 에크만과 프리젠의 실험 방법이 부적절하다는 지적이다. 이를 둘러싸고 심리학자 러셀과 에크만 사이에서 흥미로운 논쟁이 벌어졌다. 1994년 러셀은 먼저 에크만의 실험이 준비된 사진 중에서 하나를 반드시 골라야 하는 강제적인 선택이라는 점을 지적했다. 이런 방식으로 질문하면 사람들은 삭제법에 따라 대답한다. 완벽하게 다른 것을 제외한 나머지 중에서 선택하는 것이다. 그러므로 설령 분노의 사진을 골랐다 하더라도 포어족 사람들이 그 표정을 분노의 전형적인 표정이라고 생각하는지는 의심스럽다는 것이다.

그렇다면 자유롭게 선택하게 하면 어떨까? 에크만과 함께 공부했던 캐럴 이자드가 1994년에 자유로운 선택 실험을 했다. 다양한 표정 사진을 보여주고, 피사체가 어떤 정서를 지녔다고 생각하는지 자유롭게 말하게 했다. 이자드는 이 실험을 통해 문화를 뛰어넘는 보편성을 확인했다.

그러나 러셀은 이 실험에도 비판할 여지가 있다고 보았다. 피험자는 자기 마음대로 다양한 단어를 사용해서 말하므로 연구자가 그 단어들을 정리해서 비슷한 의미를 하나로 합치는 과정이 필요한데, 이 방식이 조잡하다는 지적이다. 예를 들어 이자드는 고독, 괴로움, 동정, 걱정, 슬픔을 전부 괴로움으로 묶었는데 이렇게 해서는 특정한 정서와 표정의 관계가 보편적이라는 결론을 절대 얻을 수 없다는 것이다.

이러한 비판을 뒷받침하려고 러셀은 미국인들을 대상으로 실험을 했다. 표정 사진을 보여주고 그 표정이 나타내는 정서의 이름을 선택하게 했다. 단, 분노하는 표정을 제시해도 선택지에 '분노'라는 단어를 넣지 않는 식으로, 표정 사진이 전형적으로 나타내는 정서를 일부러 선택지에서 제외했다. 그러자 분노 사진은 경멸을, 슬픔 사진은 공포를 나타낸다는 결과가 나왔다. 특정 표정과 특정 정서의 관계는 문맥에 상당히 의존하는 모호한 것이었다.

이처럼 표정이 보편적·생득적인가, 아니면 문화에 의존해 학습하는 것인가, 하는 논쟁은 결론이 나지 않았다. 표정의 배후에 있는 정서 문제로 들어가면 더더욱 결론을 내리기 어렵다. 그렇다면 이를 통해 배울 교훈이 무엇인지 알아보자.

유사 문제로서 '태생이냐 교육이냐'

에크만과 반대로, 정서는 생득적이 아니라 사회적으로 구

성되고 학습되었다고 주장하는 사람들은 어떤 특정한 문화 내에서만 존재하는 정서를 증거로 들었다. '아마에(甘え, 보통 어리광, 응석 등 남에게 의존하거나 기댄다는 의미로 번역된다.—옮긴이)'라는 정서는 일본 특유의 것이어서 예시로 자주 등장한다. 또 독일어에 샤덴프로이데(Schadenfreude)라는 단어가 있다. '남이 괴로워하는 모습을 봄으로써 일어나는 기쁨'이라는 뜻이라고 한다. 이에 대응하는 단어는 영어나 일본어, 한국어에도 없을 것 같다.

상대적인 것은 정서가 아니라 언어 표현이다. 정서는 보편적이나 그것을 표현하는 언어의 차이가 있을 뿐이다. 나는 일본에서 태어나고 일본에서 자랐지만 샤덴프로이데를 느낄 때가 있다. 어떤 정서를 나타내는 언어 표현이 없다고 해서 그 문화권 사람들이 그 정서를 느끼지 못하는 것은 아니다. 문화가 성숙해지면 정서를 표현하는 언어도 정교하고 치밀해진다. 하지만 사람들의 정서 자체가 섬세해진 것인지, 아니면 자신이 어떤 정서를 느끼는지 파악하는 방법이 정교해진 것인지 알 수는 없다. 반대로 정서를 표현하는 언어가 빈곤해질 수도 있다. 분노, 질투, 굴욕, 불안, 경멸, 불만, 의분 등을 전부 '열 받는다'로 묶어 버리는 사람이 나오기도 한다. 이 경우 정서를 분류하는 어휘가 빈곤해진 것은 확실하지만 그 사람의 정서 그 자체가 단조로워졌는지는 역시 알 수 없다.

문화에 따라 상대적인 것이 또 한 가지 있다. 어떤 원인으로 인해 특정한 정서를 느끼는가이다. 이것은 문화에 따라 상대적이며 개인에 따라서도 다르다. 어떤 것에 화를 낼지, 어떤 것을 혐오할지, 어떤 것에 두려움을 느끼는지는 문화, 시대, 개인에 따라 다르다. 취향을 생각해보면 무슨 소리인지 이해할 것이다. 공포의 경우, 아마 보편적으로 생득적인 공포의 대상은 있을 것이다. 뱀, 어둠, 대형 동물의 으르렁거리는 소리 등은 누구나 생득적으로 무서워하는 것들이다.

학습이나 문화의 개입으로 무서워하게 되는 대상도 있다. 방사선의 위험성을 모르면 원자력 발전소 사고를 무서워하지 않는다. 이런 공포의 원인 혹은 대상은 문화나 지식 수준의 차이에 좌우된다. 이렇듯 정서는 생득적이기도, 문화적이기도 하다.

여기에서 귀중한 교훈을 얻을 수 있다. 정서를 만드는 시스템과 거기에 입력된 정서를 만드는 원인을 구별하는 것이다. 전자는 생득적이고 보편적이지만 후자는 생득적인 것부터 시작해 문화적 요인까지 다양성을 지닌다. 이 교훈을 기억하고 이제 본론으로 돌아가자.

2. 공포의 대상은 이미 다양하다

지금 거기에 있는 다양한 위협

이번 장 주제는 공포가 표상하는 것의 다양성이다. 그런데 나는 아무리 복잡하고 추상적인 대상이라도 공포를 느낄 때 작동되는 시스템은 '어라 무서워 꺄'와 똑같다고 생각한다. 단지 시스템에 입력되는 표상의 내용이 다를 뿐이다. '어라 무서워 꺄' 체험은 공포의 원형이다. 눈앞에 자신의 생존을 위협하는 무언가가 나타나면 도망치거나 맞서는 등의 행동이 일어난다. 또한 이것은 호러의 원형이기도 하다. 호러는 강력하고 흉악한 무언가의 공격에 대한 공포를 그리려고 한다. 그 '무언가'는 정말 각양각색이다. 새로운 무언가를 어떻게 만들어내는가에 따라 호러 제작자의 능력이 드러난다.

먼저 흡혈귀, 늑대인간 같은 고전적인 괴물이 있다. 앞서 괴물은 호러의 필요조건도 충분조건도 아니라고 했지만, 괴물이 등장하는 호러가 많다. 이것을 SF 방향으로 꺾으면 우주에서 오는 침략자가 된다. 종교·오컬트 방향으로 꺾을 수도 있는데, 그러면 악마, 악령 혹은 그에 홀린 인간이 된다. 실재하는 동물도 거대화하거나 위험성을 과장하면 호러의 대상이 된다. 또 작은 동물도 떼로 모이면 공포의 대상이 된다. 알프레드 히치콕 감독의 〈새〉에서 제일 유명한 장면은 주인공들이 대화를 나누는 동안, 뒷배경의 공원에 새가 한 마리씩 날아와 어느 순간 온통 새들로 뒤덮이는 장면이다.

현대인에게 가장 극심한 공포의 대상은 병원체일 것이다. 눈에 보이지 않는 병원체를 주제로 한 영화는 우주에서 온 병원체를 다룬 〈안드로메다의 위기〉, 에볼라 바이러스에서 영감을 얻은 〈아웃브레이크〉, 바이러스를 이용한 테러와 시간여행 패러독스를 교묘하게 조합한 〈12 몽

키즈〉 등 상당히 많다. 이 영화들은 아무래도 순수한 호러가 되기는 어렵다. 위협은 '지금 거기에' 있지만 눈에 보이지 않아서 '어라 무서워 꺄'가 되기 어렵기 때문이다.

호러가 되려면 공포를 가시화해야 한다. 제일 빠른 방법은 병원체에 감염된 사람을 괴물로 만드는 것이다. 이렇게 해서 바이러스에 감염된 사람이 좀비가 되는 플롯이 만들어진다. 데이비드 크로넨버그 감독이 만든 최악의 영화 〈열외 인간〉이 그 원형이고 〈레지던트 이블〉을 통해 일반화 되었으며 이후 대니 보일의 〈28일 후〉, 브래드 피트가 주연한 〈월드워 Z〉로 이어진다.

흉포한 인간은 우리에게 가장 가까운 공포의 대상이다. 따라서 사람이 사람을 습격하는 이야기는 당연히 호러가 된다. 앞서 이야기했듯이 호러의 전형적 플롯은 우리에게 익숙한 일상 세계 안으로 어떤 이상한 존재가 침입하는 것이다. 일상 세계를 그대로 유지하면서 끔찍한 존재를 등장시키는 제일 편한 방법은 이상한 사람의 등장이다. 이런 유형의 호러 작품은 그야말로 수두룩해서 하나하나 꼽으려면 끝이 없다. 이처럼 호러는 다양한 대상이 위협을 가함으로써 등장인물과 관객을 공포로 몰아가는데, 지금까지 나타난 공포는 전부 '어라 무서워 꺄' 체험의 변주일 뿐이다.

'어라 무서워 꺄'와 '푸시미풀유 표상'

'어라 무서워 꺄' 체험에서 이용하는 공포의 표상은 어떤 것일까? '어라 무서워 꺄'의 특징은 '어라, 저기에 뱀이 있네?'라고 지각하면 당장 도피 등의 행동이 동기 부여된다는 것이다. 공포뿐만 아니라 정서는 원래 인식과 동기 부여라는 두 가지 측면을 지닌다. '어라 무서워 꺄'의 경우는 이 두 가지가 매우 밀접하게 관계한다. 그 이유는 그때 사용되는 표상이 사실을 나타내는 것과 그 사실에 적합한 행동을 지령하는 것으로 나뉘지 않은 표상이기 때문이다.

루스 밀리컨이라는 철학자는 이 원시적이고 미분화된 표상을 '푸시미풀유 표상'이라고 불렀다. 푸시미풀유는 《둘리틀 선생》에 나오는 가상의 동물이다. 몸 앞과 뒤에 유니콘처럼 생긴 머리가 달려 있다.

푸시미풀유 표상은 공포나 정서 반응에만 한정된 이야기가 아니다. 자연계에서 흔히 보이는 표상이다. 먼저 동물끼리 커뮤니케이션에서 이용하는 신호를 살펴보자. 꿀벌의 춤은 꿀이 어디에 있는지 보고하는 동시에 다른 꿀벌에게 그곳으로 가라고 지령을 내린다. 개구리는 파리가 눈앞에 날고 있는 것을 보면 특정한 신경 상태에 빠진다. 그 신경 상태는 눈앞에 파리가 있다는 것을 표상함과 동시에 혀를 내밀어 파리를 붙잡으라고 지령을 내리는 푸시미풀유 표상이다. '파리가 있습니다'라고 외부의 상태를 기술하는 것(푸시미)과 '먹어라'라고 지령하는 것(풀유), 이 두 가지를 한 가지 표상이 하고 있다. 그 덕분에 개구리는 아무리 배가 불러도 파리를 보면 먹어치운다. 푸시미풀유 표상은 기술면과 지령면이 분화되지 않은 표상이라고 할 수 있다.

그러나 우리 인간은 좀 더 괜찮은 표상을 발달시켰다. 그 덕분에 더욱 다양한 것을 무서워하게 되었다. '지금 거기에 있는 위협'을 무서워하기 위해서는 최소한의 푸시미풀유 표상이 있으면 된다. 나왔다! 도망쳐! 이러면 끝이다. 그러나 호러가 우리에게 제공해주는 공포의 대상, 혹은 실생활에서 우리가 무서워하는 수많은 대상은 그야말로 다양하다. 나는 그 전형을 죽음의 공포라고 생각한다.

3. 죽음을 무서워하는 것은 사실 어렵다

죽음의 공포를 둘러싼 오해

푸시미풀유 표상이 있다고 죽음을 무서워할 수 있는 건 아니다. 이렇게 말하면 '어라? 원시적인 동물도 죽기 싫으니까 위험을 피하려고 하잖아. 동물도 죽음을 무서워하는 게 아닐까?' 하고 의문이 들 것이다. 동물이 푸시미풀유 표상을 이용해서 하는 공포 반응은 아마도 죽음의 위험을 피하려고 진화해왔을 것이다. 위협에 둔감해서 무방비하게 적에게 접근하는 개체는 위협을 무서워하고 적절하게 행동하는 개체와 비교해서 살아남을 확률이 낮다. 그러므로 공포 덕분에 죽음의 위험을 피할 수 있다는 말은 옳다.

그런데 이때 무서워하는 대상은 알고 보면 죽음이 아니다. 예를 들어 사냥꾼이거나 호랑이거나 독수리 같은, 죽음을 가져올 것처럼 보이는 개별적이고 구체적인 위협이다. 자신의 죽음이라는 상태가 표상되기 때문에 무서운 것이 아니다. 이처럼 죽음을 가져올 것 같은 개별적인 위협을 적절하게 무서워하며 대처하면 그만이므로 죽음 그 자체를 무서워할 필요는 없다. 동물은 죽음을 피하려는 목적으로 공포를 느끼지만 죽음을 무서워하지는 않는다. 죽음을 피하는 것과 죽음을 무서워하는 것은 다르다. 죽음을 무서워하지 않아도 죽음을 가져오는 대상을 무서워하면 한동안 죽지 않고 살 수 있다. 오히려 죽음 그 자체를 무서워하면 살기 힘들지도 모른다.

죽음을 무서워하는 것은 사실 매우 어렵고 상당히 지적인 노력이 요구되는 일이다. 많은 사람이 무서워하는 것은 죽음이 아니라 죽음과 관련한 이런저런 무서운 일들이다. 죽음에 이르는 과정에서 겪는 아픔과 고통, 남겨진 가족들의 슬픔, 이런 것들을 상상하면서 무서워한다. 그것을 '죽음의 공포'라고 착각할 뿐이다. 이런 것을 상상하려면 아주 고도의 표상 능력이 있어야 하므로 푸시미풀유 표상만 가진 동물에게는 애초에 불가능한 소리다. 그러나 이런 괴로움은 죽음이 아니다. 내가 죽기까지의 삶, 죽은 후의 삶, 남겨진 가족의 삶 안에서 생기는 체험이다. 이것들과 구별해서 자신이 이 세계에 존재하지 않는 것으로서의 죽음을 두려워할 수 있으려면 더더욱 고도의 표상 능력이 있어야 한다.

'죽음 그 자체'가 왜 나쁜가

지금 접근하려는 화제는 '죽음의 무엇이 나쁜가?'라는 문제와 연관된다. 이 문제는 요즘도 왕성하게 논의되고 있는데, '죽음의 형이상학'의 핵심을 찌른다. 이 문제는 죽음에 이르기까지의 고통 등과 구별된 '죽음 그 자체는 죽는 당사자에게 어떤 이유로 악인가?'라는 질문을 던진다. 왜 이런 문제가 논쟁의 주제가 되는가 하면, 죽음은 죽는 당사자에게 조금도 해악이 아니라는 논의가 있기 때문이다. 고대 그리스, 헬레니즘 시대의 철학자 에피쿠로스는 한 인간이 살아 있는 동안에는 아직 죽지 않은 것이므로 그는 죽음의 해악을 받지 않으며, 그 사람이 죽으면 죽음이 좋은지 나쁜지 경험할 주체가 사라진다고 말했다. 죽음의 피해자가 이미 존재하지 않는다는 소리다. 따라서 죽음 자체는 죽는 본인에게 해악이 아니다. 다시 정리해보자.

(1) 죽기 전에는 죽음의 해악이 아직 생기지 않았다. 따라서 죽음의 피해자가 없다.
(2) 죽은 후에는 죽음의 해악을 받는 사람이 이미 존재하지 않는다.
(3) 따라서 역시 죽음의 피해자가 없다.

결국 피해자가 없으므로 죽음은 나쁘지 않다.

이거 참, 상식에 반대되는 이론이다. 다시 한번 말하는데 지금 문제가 되는 것은 '죽음 그 자체의 해악'이다. 죽음에 이르기까지 느끼는 고통은 우리 삶 안에서 일어나고 삶의

질을 떨어뜨리기에 나쁘다. 그러나 지금 생각해보려는 죽음의 해악은 이런 것과 구별된다. 죽음에 대한 공포를 느낀 적 없고, 아픔이나 고통도 느끼지 않다가 어느 날 갑자기 죽어버린 아이가 있다고 해보자. 그렇더라도 우리는 이 아이의 죽음에 가슴 아파하고 아이 자체에게도 큰 해악이라고 생각할 것이다.

무서워하는 것은 '상태'가 아니다

이런 논의는 죽음은 죽는 본인에게 해악이 아니라는 주장과 우리에게는 자신의 죽음을 무서워할 합리적인 이유가 없다는 주장을 동시에 포함하고 있다. 대다수 철학자들은 이 상식을 벗어난 논의에 어떻게든 반박하려고 했다. 반박하려면 먼저 다음 사항을 확인해야 한다. 죽음이 죽는 본인에게 나쁜 것이라고 말할 때, 나쁜 것은 '죽어 있다'는 상태가 아니라는 점이다.

살아 있는 동안에 좋거나 나쁘다고 여겨지는 것은 어떤 '상태'다. 집필이 순조로워 원고가 척척 완성되어 가는 상태, 행복한 결혼 생활이 이어가는 것은 당사자에게 좋은 상태다. 반면에 질병으로 괴로워하고 회사가 파산하는 바람에 실업 중인 것은 당사자에게 나쁜 상태일 것이다. 어쨌든 좋거나 나쁘거나 하는 것은 어떤 상태에 관한 것이다. 이와 달리 죽음이 당사자에게 나쁘다고 할 때 그것은 어떤 상태가 아니다. 만약 '죽어 있다'는 상태가 해악이라고 본다면 오래 죽어 있을수록 나쁘다. 예를 들어 셰익

스피어가 마르셀 프루스트보다 훨씬 더 불쌍해진다. 셰익스피어는 프루스트보다 훨씬 오랫동안 죽어 있으므로. 그러나 우리는 이렇게 생각하지 않는다.

좀비가 된 학자는 왜 불행할까

죽음은 불행한 상태가 아니다. 이 사실을 염두에 두고 죽음의 무엇이 나쁜지 알아보자. 그 시작은 현대 미국 철학자인 토마스 나겔의 박탈 논법이다. 나쁜 상태는 아니지만 본인에게 불행(악)이라고 부를 수 있는 예시가 있다면 죽음도 나쁜 것이 아닐까? 나겔은 다음의 예시를 들었다.

노벨상을 받을 정도로 총명한 학자가 뇌를 다쳐서 유아의 정신 상태로 퇴행했다고 치자. 주변 사람들이 그의 욕구를 전부 채워주므로 그는 아무 고민도 불안도 없다. 그러나 이 상황은 주변 사람들뿐만 아니라 당사자인 그에게도 큰 불행이라고 볼 수 있다.

나는 여기에 다음 예시를 추가하겠다.

노벨상을 받을 정도로 총명한 학자가 좀비에게 물려 좀비가 되었다고 치자. 그에게는 아무런 고민도 불안도 없다. 의식이 없으니까. 그러나 이 상황은 주변 사람들뿐만 아니라 당사자인 그에게도 큰 불행이라고 볼 수 있다.

그런데 욕구가 충족된 유아의 상태는 불행한 상태가 아니다. 그에게는 아무 고민도 불안도 없다. 그러나 어른이 그렇게 퇴행해버린 것은 불행한 일이다. 좀비의 경우에도 본인이 혐오감을 느끼지 못한다고 불행이 사라지는 것은 아니다. 따라서 유아 퇴행이나 좀비화의 나쁨은 당사자의 불쾌함이나 고통과는 상관이 없다. 그러면 유아로 퇴행한 어른이나 좀비가 된 학자의 불행은 대체 무엇일까? 불행은 눈앞에 있는 커다란 아기나 좀비가 아니라, 지난날의 그와 현재의 그를 비교하는 데에서 온다. 유아로 퇴행하지 않았다면 누렸을 좋은 것을 잃었기 때문에 그는 불행하다.

이것을 죽음에 적용해보자. 죽음은 유아 퇴행이나 좀비화와 마찬가지로 죽음이 없었다면 누릴 수 있었을지도 모르는 좋은 것들을 빼앗겼기에 애도의 대상이 된다. 요컨대 죽음이 나쁜 이유는 바람직한 것을 빼앗아가기 때문이다. 일반적으로 80세의 죽음보다 20세의 죽음을 더 불행하게 보는 이유도 여기에 있다. 절대 80세의 죽음보다 20세의 죽음이 더 고통스러워서 불행한 것은 아니다. 좋은 것으로 가득찰지도 모를 창창한 앞날을 죽음이 앗아갔기 때문에 불행한 것이다. 다시 말해 죽음의 나쁨은 아픔이나 고뇌로부터 오는 것이 아니라 좋음의 부재에서 온다.

박탈 논법의 주안점

죽음은 직접 경험할 수 있는 대상이 아니다. 살아있는 한 죽음은 경험할 수 없다. 그럼에도 경험할 수 없는 죽음이 나쁜 이유는 무엇일까? 그것은 '시간의 문제'라는 매우 형이상학적 관점으로 설명되기도 한다. 탄생 전과 사후는 모두 우리가 존재하지 않는 시간이다. 그러나 사후 시간은 죽음이 우리에게서 빼앗은 시간이며(박탈) 우리가 죽지 않는다면 누릴 수 있는 시간인 반면, 탄생 전의 시간은 박탈의 시간이 아니다. 만약 내가 좀 더 빨리 태어났다면…… 그건 이미 내가 아니다.

이것이 박탈 논법의 핵심이다. 이 논법으로 죽음의 나쁨에 대한 형이상학적 문제를 해결할 수 있을까? 그렇게 간단히 해결되진 않을 것 같다. 박탈 논법은 유아 퇴행과 죽음의 유사성에 바탕을 둔 논의다. 그러나 둘 사이에는 중요한 차이가 있다. 유아 퇴행이나 좀비화의 경우는, 피해자가 실제로 존재한다. 아이나 좀비가 되어 버린 학자다. 여기에는 박탈을 당한 피해자가 실제로 존재한다.

그렇다면 죽음은 어떨까? 죽음은 시간만 빼앗아 가는 것이 아니라 박탈의 피해자도 빼앗아간다. 피해자의 죽음은 곧 피해자의 부재를 의미하는 것이다. 이미 죽은 사람에게 행복과 불행은 아무런 의미가 없다. 피해자가 없으니까 나쁠 것도 없다. 이런 이유로 나는 박탈 논법이 에피쿠로스 논의를 완전하게 논파하지 못했다고 생각한다. 죽음이 당사자에게 나쁜지 아닌지 아직 모르고, 죽은 당사자가 자신의 죽음을 무서워하는 것이 합리적인지 아닌지도 여전히 결론이 나지 않았다.

어쩌면 우리는 이유 없이 자신의 죽음을 무서워하는지도 모른다. 사실은 무서워할 대상이 아닌데 무서워하는 것일 수도 있다. 그렇지만 우리가 죽음을 무서워한다는 것은 부정할 수 없는 사실이다. 알고 보면 다른 것을 무서워하면서 죽음을 무서워한다고 착각하는 것일지라도 죽음 그 자체를 무서워한다는 사실은 부정할 수 없다.

'죽음에 느끼는 공포'가 요구하는 표상 능력

박탈 논법이 주장하는 죽음의 나쁨을 이해하기 위해서는 아주 뛰어난 표상 능력이 필요하다. 박탈 논법에 따르면 내가 죽음을 무서워하는 것은 죽음이 내 가능성을 빼앗아 가기 때문이다. 그렇다면 나는 (금방) 죽지 않으면 미래에 무엇을 손에 넣을 수 있을지, 가까운 미래에 죽을 경우 그 때까지 무엇을 손에 넣을지, 두 가지 미래의 가능성을 고려하는 것이다. 이것은 매우 고도의 표상 조작이다. 푸시미풀유 표상만 가진 개체로서는 도저히 불가능한 작업이다.

일인칭 시점에서 자신의 죽음은 자신의 미래 안에 없다. 자신의 미래가 끝나는 지점이 죽음이니까. 그 너머에 자신의 미래는 없으므로 죽음은 자신의 인생 안에서는 일어나지 않는다. 자신의 사후 세계를 생각하려면, 삼인칭 시점(정확히는 신의 시점)에서 세계를 바라보고 그 세계에서 자신의 위치를 부여할 수 있어야 한다. 이 역시 고도의 표상 능력이다.

죽음을 무서워하는 문제는 간단하지 않다. 그러므로 나는 '죽음의 공포는 살아 있는 생명으로서 인간이 갖는 원초적인 공포다'라는 상투적인 말을 단호하게 부정한다. 원초적인 것은 죽음을 가져올 가능성이 있는 '지금 거기에 있는 위협'에서 느끼는 공포지 자신의 죽음에 대해 느끼는 형이상학적 공포가 아니다. 전자에 대해서는 원시적인 생명체도 무서워할 수 있다. 후자는 고도의 표상 능력을 지닌 존재가 가지는 특유의 공포다. 후자를 무서워하려면 상당한 지적 노력 혹은 어떤 인지의 왜곡이 필요하다. 즉 죽음 자체를 무서워하는 사람은 매우 지적 능력이 뛰어난 사람임에 틀림없다.

그렇다면 인간은 어떻게 자신의 죽음을 무서워할 수 있게 되었을까? 그뿐만 아니라 호러는 우리가 '지금 거기에 있는 위협'에 해당하지 않는 대상도 무서워할 수 있음을 보여준다. 이렇게 다양한 대상에 공포를 느낄 수 있으려면 우리의 표상이 과연 어떠해야 할까? 드디어 표상의 진화를 진지하게 생각해볼 때가 왔다.

4. 표상의 진화와 호러의 심화

푸시미풀유 동물이 하지 못하는 것

기술면과 지령면이 미분화된 푸시미풀유 표상은 가장 원시적인 표상이다. 푸시미풀유 표상만 사용하는 생명체를 푸시미풀유 동물이라고 부르자. 푸시미풀유 동물은 생각보다 '지적'이다. 추상적인 것을 표상할 수 있고, 감각기에서 멀리 떨어진 곳에서 일어나는 일을 표상할 수 있다.

나나니벌이 좋은 예다. 이 녀석들은 먹잇감을 찾을 때까지 계속 돌아다닌다. 먹잇감을 찾으면 지각이 독침을 쏘라는 행동을 지시한다. 이 행동 자체가 마비된 먹잇감을 땅굴 입구까지 옮기라는 지시를 내리고, 그 행동이 땅굴 안으로 들어가서 내부를 살펴보라고 지시를 내린다. 땅굴 안에 문제가 없다는 것을 지각하면, 다시 굴 밖으로 나와 먹잇감을 안으로 끌어들이는 행동을 촉진한다. 나나니벌의 이런 행동은 생득적인 것인데, 좀 더 영특한 동물들은 태어난 이후에 이와 같은 연쇄를 학습할 수도 있다.

그런데 이 총명한 나나니벌의 사례는 푸시미풀유 동물이 무엇을 못 하는지도 보여준다. 나나니벌이 땅굴로 들어가 내부를 점검하는 동안 실험자가 굴 입구로부터 떨어진 곳으로 먹잇감을 옮겨 놓자, 벌은 먹잇감을 다시 땅굴 입구까지 끌고 와서 굴 내부 점검을 반복했다. 실험자가 여러 차례 다시 먹잇감을 옮겨도 반응은 똑같았다. 점검은 이미 끝냈으니 그대로 들어가도 될 텐데도 말이다.

나나니벌의 표상은 즉각적이고 단순한 무조건 반사에 가깝다. '땅굴 안에 이상 없음'이라는 표상은 '땅굴 밖으로 나가 먹잇감을 옮긴다'라는 행동을 일으키기 위해서만 사용할 수 있고, 일단 형성되면 자동으로 그 행동을 일으킨다. 따라서 먹잇감을 다시 옮겨 와서 땅굴 입구를 본 순간 굴을 점검하는 행동을 시작한다. 푸시미풀유 동물은 지금 필요 없는 정보를 일단 저장해 두었다가 나중에 어떤 일이 닥쳤을 때 꺼내 쓰는 것이 불가능하다. 푸시미풀유 동물에게 '눈에 비치는 전부는 메시지(특정한 행동을 위한 지시)'다. 푸시미풀유 동물은 늘 세계의 사태를 자신의 행동과 직접적 관계가 있는 것으로만 표상한다.

신념과 욕구의 독립

우리 인간도 근본적으로는 푸시미풀유 동물이다. 하지만 아직까지 그 수준에 머물러 있었다면 영화관에서 무서운 장면이 나올 때마다 비명을 지르며 영화관을 뛰쳐 나왔을 것이다. 다행히 우리는 인식과 행동 사이에 저장소가 있다. 그래서 지금 이 상황이 위협적이라고 인식하고 공포를 느껴도 당장 행동에 옮기지 않을 수 있다. 그 사이에 정보를 더 모아서 어떻게 해야 할지 생각할 수도 있다.

이런 일이 가능하려면 푸시미풀유 표상의 기술면과 지령면이 분리, 독립되어야만 한다. 기술면이 독립된 표상의 전형적인 예는 신념, 지령면이 독립된 표상의 전형적인 예는 욕구다. 신념은 환경이 어떠한지 기술하는 기능만을, 욕구는 동기 부여의 기능만 지닌다. 이 두 가지를 독립적으로 지니면 인식과 행동 사이에 저장소가 생긴다. '보면 당장 해야 해!'에서 탈피할 수 있는 것이다.

그뿐만 아니다. 푸시미풀유 표상에서는 인식과 행동의 관계가 일 대 일이었다. 그런데 기술 기능만을 갖는 신념은 특정한 행동을 일으키지 않고 상황이 어떤지 일단 기록해 둘 수 있다. 반대로 욕구는 바람직한 상태를 그저 원하고만 있을 수 있고, 실현하기 위한 조건을 갖추거나 실현하는 방법을 안 뒤에 실행할 수 있다. 이로 인해 신념과 욕구의 다양한 조합이 생기고 우리는 다양한 행동을 할 수 있다.

푸시미풀유는 우리가 동물과 공유하는 오래된 시스템이지만 우리는 그 낡은 시스템을 지령면과 기술면이 독립된 표상 시스템으로 발전시켰다. 해부학적으로 말하면 원시적인 정서 회로와 전두엽과의 연락이 긴밀해졌다고 표현할 수 있다. 인간은 성장하면서 전두엽이 아주 커진다. 전두엽은 고차원 표상 시스템을 사용해서 인지를 담당하는 곳이다. 이 전두엽과 오래된 정서 회로가 연결됨에 따라 사람의 정서나 공포가 동물의 그것과 비슷하면서도 크게 달라졌다고 볼 수 있다.

푸시미풀유 표상에서 준사실적 표상으로

그렇다면 푸시미풀유 표상은 어떻게 신념과 욕구처럼 저장소가 있는 표상으로 진화할 수 있을까? 밀리컨의 가설에 따라 그 과정을 한 마디로 표현하면, 푸시미풀유 표상이 다양한 방법으로 분화되고, 그것이 새로운 방식으로 재결합되는 프로세스라고 할 수 있다. 먼저 첫 단계는 기존의 푸시미풀유 표상을 몇 가지 범주로 나누고 그것을 재결합해서 새로운 푸시미풀유 표상을 만드는 것이다.

가상의 푸시미풀유 동물이 있다고 가정해보자. 이 동물은 시각에 의존해서 쥐를 덮치고, 후각에 의존해서 죽어가는 쥐를 추적하고, 촉각에 의존해서 쥐의 머리를 발견하고 삼킨다. 이 동물은 덮치기, 추적하기, 삼키기라는 지령면을 지닌 세 가지 푸시미풀유 표상을 매번 형성하고 그에 따라 순서대로 행동한다. 자신이 덮치는 것과 추적하는 것과 삼키는 것이 똑같은 대상인지 모른다. '시각 : 쥐 출현·덮쳐라', '후각 : 쥐·추적하라', '촉각 : 쥐의 머리·삼켜라'를 순서대로 형성하고 그것이 지시하는 것을 실행할 뿐이다. 그래도 순조롭게 쥐를 포식할 수 있다. 나나니벌과 비슷한 정도로 총명하다.

쥐를 인식할 때 시각, 후각, 촉각을 동시에 사용한다면 더 효율적일 것이다. 이를 위해서는 '무조건 쥐가 출현했다는 표상'에 그치지 않고, 쥐의 세 가지 푸시미풀유 표상을 일단 따로따로 나눈 후에 조합해서 쥐를 '작고 방추형이고 회색이고 보송보송하고 쫄랑쫄랑 움직이고 찍찍 울며 냄새가 나는…… 것'과 같은 식으로 인식할 수 있어야 한다. 이때 '것'을 대상, '작고'부터 다음으로 이어지는 부분을 속성이라고 부른다. 이 가상의 동물은 세 가지 감각 중 어느 것으로 지각하든 자신이 덮치고 추적하고 삼키는 것이 같은 대상임을 알 수 있다.

이러한 표상은 재결합되어 특정한 행동(덮치기·추적하기·삼키기)을 위한 새로운 푸시미풀유 표상을 만들기 위해서만 사용된다. 따라서 이 표상은 아직 완전하게 실천적 용도에서 분리되지 않았고, 사실을 나타내는 순수한 기술 전용 표상은 아니다. 같은 표상을 습격, 추적, 삼킴 같은 행동을 위해 사용하는 것과 어떤 행동을 하든 그와 분리된 순수한 사실을 지각하는 능력은 다르다. 여기에서 알아본 대상의 표상을 '준사실적 표상'이라고 부르자.

괴물을 표상하는 능력의 근원

이처럼 표상을 대상과 속성의 묶음으로 분리하거나 대상

을 몇 가지 부분으로 나누어 표상할 수 있는 것은 인간적인 표상으로 가는 아주 위대한 단계다. 푸시미풀유 표상을 크기, 형태, 색, 감촉, 운동, 소리, 냄새, 딱딱함, 무거움 등의 성질로 나누거나 쥐의 머리, 몸통, 꼬리 등의 부분으로 나누어 표상할 수 있게 되면, 그 부분적 표상을 새롭게 조합해서 이용할 수 있기 때문이다. 이 분해와 재구성 능력이 괴물을 표상하는 인간 능력의 근원이 된다. 괴물은 프랑켄슈타인이나 리플리컨트처럼 다양한 생명체의 이런저런 부분을 긁어모은 것이기 때문이다. 이토 준지의 만화 《패션모델》에는 키가 2미터나 되는 여성 모델이 등장하는데, 무슨 이유에선지 그녀의 이는 상어 이빨이다. 그리고 사람을 잡아먹으면서 모델 일을 계속한다. 이토 준지는 인간 여성에게 상어 이빨을 조합함으로써 일종의 괴물을 창조했는데, 이 괴물 창조의 과정이 이른바 재구성 과정이다.

재구성하기 위해서는 그 전에 반드시 분해 과정이 있어야 한다. 이 과정 역시 호러와 관계가 깊다. 상어는 공포의 대상이다. 상어가 나타나면 도망쳐야 한다. 그런데 상어 표상을 분해할 수 있으면 상어의 가장 무서운 부분만을 무서워할 수 있다. 이를테면 이빨이다. 분해되지 않는 푸시미풀유 표상을 사용하는 한, 상어 전체를 봐야만 공포를 느낄 수 있지만 분해가 가능해지면 상어 이빨만 봐도 공포를 느끼게 된다. 그래서 모델과 상어 이빨의 조합은 공포를 불러올 수 있다.

그와 동시에 부분으로 무서움을 응축하고 대표하게끔 하는 것도 가능해진다. 호러는 이를 교묘하게 이용한다. 영화 〈나이트메어〉의 몽마(夢魔) 프레디 크루거는 오른손 손가락 다섯 개가 금속제의 날카로운 칼로 이루어졌다. 이것이 프레디의 무서운 '부분'이다. 이 부분이 프레디를 표상한다. '몽마'답게 프레디는 잠든 사람의 꿈에 등장하는 살인마인데, 주인공 낸시가 욕조에 몸을 담그고 깜박 잠이 들자 물속에서 프레디의 오른손이 나타난다.

쥐는 어떻게 미래를 예지하는가

밀리컨에 따르면, 대상의 표상 이외에 준사실적 표상에는 두 종류가 더 있다. 자신이 사는 세력권의 공간적 배치와 시간적 배치에 관한 표상이다. 우선 공간부터 설명하자.

대상의 준사실적 표상을 획득하려면 움직임이 중요하다. 대상의 주위를 움직이며 다양한 시점에서 바라봄으로써 자신의 움직임에 따라 변화하는 측면과 변화하지 않는 측면을 분리하고, 그때그때 제시되는 시점에 대상의 형태와는 독립된 '대상의 전체적인 형태'를 표상할 수 있다.

이것은 대상을 밖에서 바라볼 때의 이야기인데, 자신이 세력권 안에 있을 때도 세력권 전체에 대해 똑같은 일을 할 수 있다. 다람쥐를 예로 들어보자. 영역 내를 돌아다니며 탐색한 결과, 다람쥐는 자기가 서식하는 숲의 지도를 만든다. 그 지도에 따라 다람쥐는 개에게 쫓겨 도망칠 때, 나무가 어떤 형태인지 다시 확인하지 않고 재빨리 줄기를 타고 올라갈 수 있다. 그리고 도망치는 것과는 다른 행동들, 먹을 것을 발견하고 먹을 것을 숨기는 행동 등을 위해서도 같은 지도를 사용한다. 이때 이용하는 지도는 준사실적 표상이다.

공간뿐 아니라 시간도 마찬가지다. 내 주변에서 이러한 일이 일어나면 다음에는 저러한 일이 일어나기 쉽다는 식으로, 사물이나 현상을 시간적 전후 관계에 따라 배치하는 방식이 공간의 세력권 지도에 대응한다.

경보를 울린 다음에 전기 충격을 주면 쥐는 어떤 반응을 보일까? 충격을 받은 쥐는 펄쩍 뛰어오를 테고 심장 고동이 빨라질 것이다. 반면 경보만 울렸을 때는 몸이 움츠러들고 고동이 느려진다. 그렇다면 단순하게 조건 자극(경보 소리)이 무조건 자극(전기 충격)을 대신해서 경보 소리만으로 전기 충격을 받았을 때와 같은 반응을 보이게 되는 것은 아닌 듯하다. 쥐는 어떤 의미에서 결과를 예측하고 그에 대비하고 있다. 예측한 결과를 무서워하고 있다고 말해도 좋을 것이다. 이때, 쥐는 '경보 다음에는 충격이 온다'는 시간적 패턴을 배웠다고 생각할 수 있다.

이렇게 동물도 어느 정도 미래 예측이 가능하다. 미래에 관한 표상을 '지금 여기'에서 하는 행동 산출에 사용한다. 즉 다가올 사건을 받아들이든 피하든 피해를 최소화하기 위한 준비를 '지금 여기에서' 할 수 있다. 미래 사건의 표상은 푸시미풀유 표상의 지령면으로 작용한다. 물론 먼 미래를 상상하고 계획을 세우는 것과 조금 다르긴 하다.

교토대학 야생동물연구 센터의 히라타 사토시 교수는 보노보 여섯 개체와 침팬지 여섯 개체를 대상으로 다음과 같은 실험을 했다. 먼저 그들의 흥미를 끌만한 동영상을 한 번 보여주었다. 동영상에서 유인원 의상을 뒤집어 쓴 인간이 좌우 어느 쪽인가의 문에서 뛰쳐나왔다. 그들은 이 동영상을 보면서 놀랐다. 다음 날, 그들의 시선을 트래킹 장치를 이용해 기록하면서 같은 동영상을 또 한 번 보여주었다. 그 결과, 그들은 가짜 유인원이 뛰쳐 나오기 전에 문 쪽을 바라보았다.

히라타 교수의 연구팀은 인간 이외의 동물이 한 번 본 사건으로 장기 기억(에피소드 기억)을 형성할 수 있는지 확인하려고 이 실험을 했는데, 뜻밖에도 재미있는 사실을 한 가지 더 밝혀냈다. 유인원도 과거의 시간적 순서를 학습함으로써 미래에 대비할 수 있다는 사실이다. 보노보와 침팬지는 똑똑해서 쥐처럼 조건 부여에 의지하지 않고 한 번만 보고도 그 패턴을 기억했다. 이렇게 해서 공포 반응의 예측이 가능해진다. 즉 전조를 무서워할 수 있게 되는 것이다. 덤불이 부스럭부스럭 소리를 내면 맹수가 튀어나올지도 모르기 때문에 그 소리를 무서워할 수 있다.

추론과 시뮬레이션에 필요한 표상 능력

푸시미풀유 동물도 제법 똑똑해졌다. 그러나 이런 동물은 당장 사용하지 않을 사실을 표상해서 대량으로 비축해 둘 수 있는 우리 인간과는 여전히 다르다. 인간적 표상을

'순수한 사실 표상'이라고 부르자. 순수한 사실 표상은 준사실적 표상처럼 '몇 가지 용도를 지니는 것'이 아니라 아예 어떤 용도도 지니지 않는다. 조건 부여, 각인 등을 통해 동물들이 하는 학습은 그 동물의 특정한 목적과 밀접하게 연관이 있는 것으로만 한정된다. 이와 달리 우리 인간은 어떠한 신념도 연결되지 않은 목적을 가질 수 있다.

이렇게 기술면에 특화한 표상(전형적으로 신념)과 지령면에 특화한 표상(이른바 욕구·목적)의 완전한 분화를 위해서는 무엇이 더 필요할까? 그런데 이 이야기를 제대로 하려면 책을 아예 한 권 더 써야 한다. 여기에서는 기술면만을 담당하는 표상의 분리를 알아보기로 하자.

먼저 기술 전용 표상이 지니는 의의가 무엇인지 알아보자. 이런 표상을 지니면 어떤 좋은 점이 있을까? 한마디로 실제로 해보기 전에 시뮬레이션을 할 수 있게 된다. 이 시뮬레이션이 개체 수준에서 문제를 해결하기 위한 유리한 방법임은 말할 필요도 없다. 뭐든지 시행착오를 거쳐야 한다며 무작정 행동에 나섰다가 자칫 죽을지도 모른다. 시뮬레이션에는 푸시미풀유 표상이 적합하지 않다. 표상을 품고 당장 행동이 산출된다면 시뮬레이션을 할 수 없기 때문이다. 그러나 시뮬레이션도 일종의 테스트이므로 '실제로 해본다' 이외의 방식으로 올바름을 확인할 수 있어야 한다. 그렇게 할 수 있으려면 어떤 표상이어야 할까?

밀리컨은 이 질문에 '주어와 술어로 분리되고 부정형을 만들 수 있는 표상'이라고 답했다. 테스트를 해보기 전에 머릿속에서 정당함을 알 수 있는가는 표상끼리 앞뒤가 맞는가에 달렸다. 주어와 술어로 분리되어 술어를 부정할 수 있는 표상이 이루어져야 비로소 표상끼리 모순되는 것이 가능해진다.

예를 들어 꿀벌은 꿀이 없다는 사실을 말할 수 없다. 꿀벌의 춤은 부정 변형을 할 수 없으므로 서로 부정합이 되는 일이 없다. 꿀이 다른 위치에 있다고 알려주는 두 가지 춤은 서로 모순되지 않는다. 이에 반해 '꿀이 북동 100미터 지점에 존재한다'와 '꿀이 북동 100미터 지점에 존재하지 않는다'는 양립할 수 없고, 그 불가능함이 형태상으로도 나타난다. '표상끼리 앞뒤가 맞는다'와 '맞지 않는다'는 이런 의미를 지닌다. 따라서 직접 해보기 전에 표상 체계 안에서 체크하는 것, 즉 시뮬레이션 할 수 있는 마음에 깃드는 표상은 문장과 비슷한 구조를 지녀야 한다.

부정 변형을 허용하는 표상을 지니게 되면 있어야 할 것이 없는 상태를 표상할 수 있다. 이리하여 우리는 위협의 등장이나 위협의 예감·전조뿐만 아니라 위협의 부재까지도 무서워할 수 있게 된다. 있어야 할 사체가 사라지는 것(〈할로윈〉)을 무서워할 수 있다. 마녀 전설을 다룬 다큐멘터리를 촬영하려고 숲에 갔다가 실종된 젊은이들이 남긴 필름이라는 설정인 〈블레어 위치〉에서는 무언가가 등장인물들을 습격하는데, 습격을 당하는 동안에는 촬영을 못해서 처음부터 끝까지 그 '무언가'가 제대로 화면에 나오지 않는다. 관객은 위협의 부재를 계속 보게 되는 것이다.

5. 추론하는 힘과 타인의 마음을 이해하는 힘

푸시미풀유 표상의 기술면과 지령면이 순수한 사실의 표상과 목적 상태 표상으로 분리됨으로써 우리는 추론이라는 시뮬레이션을 할 수 있게 된다. 이제 드디어 지각 입력과 행동 출력이 직결되지 않고 저장소를 지닌 생명체가 되었다. 이 추론은 목적 수단 추론과 타인의 마음 이해 등 많은 것을 가능하게 해준다. 순서대로 살펴보자.

목적 수단 추론의 네 가지 특징

목적 수단 추론이란, 목적하는 상태의 표상(욕구 표상)과 순수 사실 표상(신념 표상)을 조합해 목적에 적합한 행동을 만들어내는 시스템이다. 〈할로윈〉에서 범인에게 쫓기던 주인공은 방으로 도망쳐 일부러 베란다로 통하는 문을 활짝 열고 옷장 안에 숨는다. 이 행동이 목적 수단 추론이다. 범인을 집 밖으로 유인하는 것이 목적이고 베란다로 통하는 문이 열려 있으면 자신이 베란다로 도망쳤다고 생각하리라고 예측하는 것이 신념 표상이다. 이를 통해 베란다의 문을 열어두자는 결론을 도출하는 추론이다.

데이비드 파피노라는 철학자는 2003년에 목적 수단 추론의 특징을 다음과 같이 기술했다.

(1) 순수한 사실 표상으로써 보편적 정보의 표상도 이용한다.

(2) 그 보편적 표상은 다른 보편적 표상과 연결되어 새로운 보편적 표상을 만든다.

(3) 사실적 표상은 자기중심적 표상이 아닌, 객관적 표상이다.

(4) 내용 특정적이지 않다.

(1)의 '보편적 정보의 표상'이란 'A는 일반적으로 B이다' 혹은 '모든 A는 B를 가져온다'라는 형태의 표상이다. 단순한 생명체는 특정한 꿀의 위치, 특정한 사자의 출현에 푸시미풀유 표상을 가질 수 있고, 그 표상에 따라 행동한다. 그러나 이것과 연못이 있는 곳에는 물이 있다거나 모든 사자가 다 위험하다고 표상하는 것은 다르다.

단순한 생명체라도 사자와 만날 때마다 도망친다면 보편적 표상을 가졌다고 지적할 수 있다. 이런 지적을 회피하기 위해서 (2)가 있다. 이 단순한 생명체는 보편적 표상을 암묵리에 사용하는 것에 지나지 않지만, 우리의 목적 수단 추론에서는 보편적 표상을 명시적으로 사용한다. '계곡에는 보통 연못이 있다'와 '모든 연못에는 물이 있다'에서 '계곡에는 보통 물이 있다'를 도출하듯이 인간은 보편적 표상 자체를 조작해서 새로운 보편적 표상을 만들 수 있는데 단순한 생명체는 그렇게 하지 못한다.

연쇄 살인마는 자기중심적 표상을 좋아한다

(3)의 '자기중심적 표상'과 '객관적 표상'의 차이를 이해하

기 위해 공간적 표상인 지도를 예로 들어보자. 자기중심적 지도는 자기 시점에서 공간을 표상한다. 내 오른쪽에 맥주잔이 있고 왼쪽에 안주가 있으며 저 멀리 텔레비전 화면이 있다는 식이다. 의식은 일종의 자기중심적 표상이라고 할 수 있다. 이것을 영화에 대입하면 '주관적 카메라'라고 불리는 일인칭 카메라 워크가 된다.

이 카메라 워크는 1940년대 탐정물이 할리우드의 황금알을 낳는 거위였을 무렵, 영화의 원작인 탐정 소설의 일인칭 화법을 화면에 재현시키기 위해 많이 사용되었다. 이 카메라 워크의 충실한 계승자가 바로 호러 영화다. 〈할로윈〉 서두에서 어린 시절의 마이클이 누나를 죽이는 장면과 〈싸이코〉가 이 카메라 워크로 유명하다. 〈13일의 금요일〉 시리즈에서도 이 카메라 워크를 많이 사용한다. 주관적 카메라 워크로 찍은 화면은 누군가의 시점에서 본 자기중심적 표상이다. 즉 거기에 누군가가 있다. 그 누군가란 보통 범인일 것이다. 그런데 화면에 범인은 찍히지 않는다. 자기중심적 표상 안에 자기는 표상되지 않는다. 그렇기에 범인의 정체를 밝히지 않은 채 범인이 오고 있다는 사실을 알려줄 수 있다.

주관과 객관의 사이에서 피어난 죽음의 공포

이와 반대로 객관적 지도는 그야말로 공간의 표상으로, 그 안에서 자신의 위치가 정해진다. 지도 안에 자신이 표상되어 있다. '자기중심적 표상'과 '객관적 표상'의 구별은 이 두 가지 지도의 차이를 일반화한 것이다. 자신이 하는 행동의 원인·결과뿐만 아니라 자신의 행동과는 관계가 없는 사항까지도 인과적 관계를 표상하는 능력이 있어 본격적인 목적 수단 추론이 가능하다.

자신의 죽음을 표상하는 데에도 객관적 표상이 중요하다. 자기중심적 표상 안에 자기 자신은 없다. 따라서 자신의 죽음은 자기중심적 표상 안에서 일어나지 않는다. 자신의 죽음은 자기중심적 표상 그 자체가 사라지는 것이니까. 그러나 객관적 표상 안에서는 자신의 죽음을 상상할 수 있다. 객관적 지도 안에서 나의 죽음이란 하나의 반짝이는 점이 사라지는 것에 불과하다.

이 양자의 차이에 죽음에 대한 무서움의 비밀이 있다. 자신의 죽음을 무서워하려면 자기중심적 표상과 객관적 표상이 모두 필요하고 양자를 오가며 사고하는 능력도 필요하다. 그런 의미에서 매우 고도의 사고 능력이 필요한데, 재료가 되는 자기중심적 표상과 객관적 표상을 우리는 이미 진화 초기부터 갖추고 있다.

밀실 공포

'(4) 내용이 특징적이지 않다'는 것은 특정한 장면이나 행동에 한해서만 목적 수단 추론을 할 수는 없다는 의미다. 같은 목적 수단 추론을 사용해서 최단 시간에 집까지 돌아가는 경로, 부엌을 정리하며 몇 가지 요리를 동시에 하기 위한 순서, 살인마의 눈을 어떻게 속이고 도망칠지까지 모두 생각할 수 있다. 이처럼 다양한 용도에 응용할 수 있어야 한다.

목적 수단 추론 덕분에 우리는 당장 달성하지 못하는 목적을 가슴에 품고, 복수의 방법을 선택하고 조합할 수 있게 된다. 그런데 뒤집어 생각하면, 시도도 해보기 전부터 목적을 달성하지 못한다는 사실을 알게 되는 것이기도 하다. 즉 목적 수단 추론이 가능해져서 절망도 할 수 있게 되었고, 그 절망적인 결론 자체를 무서워할 수 있게 되었다.

호러에서는 절망적 상황의 전형적인 예를 '도망칠 길이 없음'으로 표상한다. 〈텍사스 전기톱 학살〉에서 전기톱을 들고 쫓아오는 레더페이스 자체도 끔찍하게 무서웠지만 내가 토할 정도로 무서워했던 것은 마지막까지 살아남은 학생이 아무리 도망쳐도 결국 되돌아오는 상황이었다. 레더페이스는 텍사스 시골의 무너진 음침한 집에 살고 있다. 길을 헤매다가 그 집에 들어간 피해자가 더럽고 음침한 분위기에 겁을 집어먹었을 때, 갑자기 강철로 만들어진 문이 열리고 레더페이스가 나타나 순식간에 피해자를 안으로 끌어들인다. 여기는 출구가 없는 밀실이라는 사실을 우리에게 알려준다. 여학생은 그 밀실에서 도망친다. 밖으로 나오자, 어둡고 음침한 밀실과 대조적으로 햇볕이 내리쬐는 탁 트인 공간이 나온다. 그러나 그녀는 거기에서 레더페이스의 가족들에게 발각되어 다시 끌려 들어간다. 밖으로 나왔다고 생각했는데 밖이 아니었던 것이다. 이렇게 열린 공간처럼 보인 텍사스 시골 풍경이 또다시 밀실이 된다. 어디에도 출구는 없다. 이렇게 학생도 관객도 모두 절망한다.

시뮬레이션 이론과 마음 이론

순수한 사실 표상과 목적 상태 표상의 분리가 주는 두 번째 효과로 타인의 마음을 이해하는 것를 꼽을 수 있다. 타인의 마음을 이해한다는 것은 타인의 마음속에서 일어나는 것을 자신도 체험한다거나, 타인의 정서에 동화된다는 의미가 아니다. 타인의 마음을 추리함으로써 그 사람이 어떤 행동을 취할지 예측하거나 설명하는 것을 말한다. 우리는 일상적으로 타인의 행동을 그 사람의 신념과 욕구로 설명하고, 반대로 신념과 욕구로부터 행동을 예측한다. 일종의 시뮬레이션이라고 볼 수 있다. 문제는 이러한 타인의 마음을 우리가 어떻게 이해할 수 있는가이다. 그에 대한 설명으로, 시뮬레이션 이론과 마음 이론이라는 두 가지 개념이 있다.

시뮬레이션 이론에 따르면, 타인의 마음을 이해할 때 우리는 자기 자신의 의사 결정 시스템을 시뮬레이터로 사용한다. 타인이 지녔을 욕구와 신념 표상을 자기 자신의 의사 결정 시스템에 입력해서 행동 명령이 나올 때까지 계산하는 것이다. 마지막까지 다 해버리면, 자신이 그 타인을 대신해서 행동해버리는 이상한 상황이 되므로 행동 산출은 하지 않는다. 이렇게 자신의 의사 결정 시스템을 오프라인으로 사용해 타인의 의사 결정을 시뮬레이션해서 타인의 행동을 예측하는 것이 시뮬레이션 이론이다.

한편 마음 이론에 따르면 우리는 신념과 욕구의 유형 분류를 통해 타인의 마음을 이해하고 행동을 추측한다. 우리는 타인에게 신념과 욕구를 귀속시키고, 그것을 마음 이론의 보편적 명제에 대입해서 그 사람이 무엇을 할지 예측한다. 혹은 반대로 그러한 보편 명제를 이용해서 왜 타인이 이러이러한 행동을 했는지 추측한다.

의도가 불분명한 놈이 더 무섭다

두 이론의 가장 큰 차이점은 무엇일까? 시뮬레이션 이론에 따르면, 우리는 타인을 '자신과 거의 비슷하게 의사 결정하는 자'로 이해한다. 마음 이론에 따르면, 우리는 타인을 '일반적인 사람과 비슷하게 의사 결정하는 자'로 이해한다. 그렇다면 두 이론의 공통점은 무엇일까? 타인과 자신을 보통의 존재로 이해한다는 점이다. 시뮬레이션 이론이든 마음 이론이든 기본 전제는 사람은 어쨌든 충분히 이해가능한 의도와 그에 따른 예측가능한 행동을 하는 존재라는 점에서는 크게 다르지 않다.

우리에게 잠재적인 위협이 되는 존재는 양 이론이 적용불가능한 존재다. 무엇을 할지 예상하지 못하므로 어떻게 대처하면 좋을지 미리 추론할 수 없는 존재는 위험하고 공포의 대상이다. 복수하려는 의도를 품고 달려드는 살인마도 무섭지만 무엇을 하고 싶은지 짐작이 가지 않는 놈은 더 무섭다. 이처럼 타인의 마음을 시뮬레이션할 수 있게 된 우리는 역설적이게도 이해 불가능한 존재, 의도가 불분명한 존재를 '무서운 것 목록'에 추가한다.

〈프로메테우스〉에서는 인간을 자신과 비슷하게 창조해 놓고 무슨 이유에선지 인류를 전멸시키려는 이상한 우주인이 등장한다. 이 녀석들이 도대체 무슨 생각을 하는지 모르겠다. 왜 우리를 창조했는지도, 없애려고 하는지도 끝까지 모른다. 게다가 너무 흉포하다. 몰라도 어쩔 수가 없다. 인간에게 그들은 이해할 수 없는 존재니까. 주인공인 과학자는 이 우주인이 왜 우리를 창조했는지, 창조했으면서 왜 파괴하려는지 추궁하려고 한다. 어라, 그것은 〈프랑켄슈타인〉의 괴물이나 리플리컨트가 하는 역할이 아니었던가? 좀 더 상위의 창조자를 둠으로써 괴물과 과학자의 역할이 반전된 재미있는 설정이다.

6. 자기 동일성 상실이라는 공포

자기 동일성 상실은 죽음과 같다

지금까지 알아본 것처럼 표상의 고도화 덕분에 우리는 자신의 죽음 그 자체를 무서워할 수 있는 존재로 진화했다. 그러나 우리가 정말로 죽음 그 자체를 무서워하는지는 알 수 없다. '죽음에 관련된 무언가'에 대한 공포를 죽음의 공포로 착각할 가능성이 아주 높다. 그러나 그 공포를 '죽음의 공포'로 표상하는 것은 분명하다.

우리는 자신이 존재하지 않게 되는 것을 무서워한다.

'자신이 존재하지 않음'을 생각하는 것은 객관적 표상의 영역이다. 고통 속에서 숨이 끊기고 시체가 되어 점점 부식해가는 구체적인 요소가 무서운 것이 아니다. 그런 것들은 죽음과 관련된 표상이지만 죽음 그 자체의 표상은 아니다. 죽음을 자신이 더 이상 존재하지 않는 것이라고 하자. 내가 나 자신이 아니게 되면 신체가 유지되더라도 그것은 내게 죽음이다. 따라서 우리는 자기 동일성의 상실을 무서워할 수 있게 된다.

내가 나 자신이 아니게 되는 계열의 호러는 많다. 그 '아니게 되는 방법'도 다양하다. 무언가에 자신을 빼앗길 수 있다. 〈엑소시스트〉의 공포는 다중으로 얽혀 있다. 일단 악마에 씌어 형상이 완전히 바뀐 소녀의 모습이 무섭다. 목이 180도로 돌고 목소리가 몇 겹으로 겹쳐서 들리고, 공중에 떠오르거나 녹색 토사물을 뱉는다. 기독교 신앙을 지닌 사람이라면 영화 전체에 넘치는 악마적인 요소가 분노와 혐오와 공포를 동시에 가져다준다. 〈엑소시스트〉에서 인상적인 장면은 완전히 악마로 변모한 것처럼 보이는 소녀가 피부발진을 통해 '도와줘요'라는 메시지를 보낸다는 점이다. 내부에서는 소녀가 악마의 자기탈취에 저항하고 있음을 보여주는 장면이다.

내가 나 자신이 아니게 되는 또 다른 방법은 인격 개조다. 테리 길리엄 감독의 영화 〈브라질〉의 무대는 가까운 미래의 전체주의 국가다. 철저한 정보 관리를 지긋지긋하게 여기는 주인공은 고문을 당해 강제로 인격 개조 수술을 받는다. 그는 그 후로 동경하는 여성과 행복하게 사는 몽상에 빠져 사는데 그것은 환상이다. 그는 이미 폐인이 되었다.

우리는 푸시미풀유 동물이다

이렇게 우리의 표상 능력은 서서히 진화되었다. 이전에는 표상하지 못했던 것을 표상할 수 있게 됨에 따라 새로운 대상을 무서워할 수 있게 되었다. 재미있게도 똑똑해질수록 이 세계에는 무서운 것이 넘쳐난다.

그런데 다음이 중요하다. 무엇을 무서워할지 그 대상은 점차 풍부해지는데, 무엇을 무서워하든 그때 사용하는 공포 산출 시스템은 지극히 원초적인 푸시미풀유에 해당하는 '어라 무서워 꺄' 시스템이라는 점이다. 나도, 여러분도 기본은 푸시미풀유 동물이다. 이렇게 표현해보자. 청소기 로봇은 모델이 다양하게 개발되었지만 기본적인 움직임은 쓰레기를 빨아들이면서 방을 돌아다니는 것이다. 돌아다니다가 장애물을 만나면 방향을 전환한다. 로봇은 말하자면 푸시미풀유 표상을 사용하고 있다. 장애물에 닿았다는 표상은 방향을 바꾸라는 지령이기도 하다. 이 로봇은 방 전체 지도를 갖고 있지 않다. 자기중심적인 표상도 없다. 목적 수단 추론도 하지 않는다. 따라서 방 전체를 최단시간에 청소하려면 어떻게 해야 할지 계획을 세우지 못한다. 그래도 어느새 방 전체를 깨끗하게 해준다.

우리의 기본적인 시스템은 청소기 로봇과 그다지 차이가 없다. 단, 우리는 진화라는 역사 속에서, 문화와 학습을 통해서 다양한 표상 시스템을 후천적으로 추가해왔다. 우리는 로봇이지만 수많은 플러그인 모듈을 점차 추가한 로봇이다. 나중에 추가한 시스템과 처음부터 갖춘 시스템은 대체로 잘 협조하지만 항상 그렇지는 않다. 가끔은 상위 표상이 하위 시스템에 개입해서 출력을 바꾸거나 하위 시스템이 상위 표상 시스템의 일을 빼앗기도 한다.

밀리컨은 이런 예를 들었다. 눈 깜박임은 눈을 지키기 위해서 우리가 초기 진화단계 때부터 갖춘 합리적 기능이다. 그것을 안검 반사라고 한다. 그런데 안약을 넣을 때처럼 잠깐만 깜박임을 자제하려고 의도하면 안검 반사를 억누를 수 있다. 이것은 상위에서 하위로의 개입이다. 이것도 합리적이다. 그렇다고 해서 항상 원하는 대로 되진 않는다. 안약을 넣으려고 눈을 떴는데 갑자기 벌레가 날아든다면 아무리 눈을 뜨려고 해도 눈꺼풀이 닫히고 만다. 하위 시스템이 상위 표상 시스템에 개입하는 상황이 벌어지는 것이다. 이것 역시 합리적이다. 물론 때때로 상위의 개입이나 하위의 탈취가 불합리한 행동을 일으킬 때도 있다. 우리 마음은 예전부터 지닌 시스템에 새롭게 획득한 시스템이 기생한다. 신구의 몇 가지 시스템은 협조하거나 대항하며 우리의 합리성과 비합리성을 만든다. 호러라는 장르가 있다는 사실은 우리의 마음이 이렇게 다층적인 구조라는 사실을 알려준다. 이것이 이번 장의 결론이다.

6장

왜 우리는 허구인 줄 알면서 무서워할까?

1. 풀어야 할 패러독스

양립할 수 없는 세 가지 조건

이번 장에서는 노엘 캐럴이 '마음의 패러독스'라고 부른 것 중에 첫 번째를 설명하겠다. 첫 번째 패러독스는 '호러가 허구라면, 존재하지 않는 줄 알면서 어떻게 무서워할 수 있을까?'이다. 먼저 이것이 왜 패러독스인지, 또 어떤 패러독스인지 밝혀보자.

나는 텍사스가 아니라 영화관에 있었고 전기톱을 들고 쫓아오는 살인마가 내 옆에 있는 것도 아니었는데 기분이 나빠질 정도로 공포를 느꼈다. 대체 왜 그랬을까? 나는 오랫동안 그 이유가 궁금했다. 이 책을 쓰려고 자료를 조사하다가 이 질문이 미학 분야에서도 왕성하게 논의되는 주제임을 알았다. 학창 시절 미학은 무슨 소리인지 모르겠다고 질색했던 기억이 있어서 멀리하던 분야였는데, 이 사실을 알고 친밀감을 느끼게 되었다. 미학자 타마르 겐들러와 칼슨 고바코비치의 정리에 따르면, 이 질문은 다음의 패러독스로 설명할 수 있다.

호러에서 그려지는 캐릭터 혹은 상황 F에 관해서 다음 세 가지 조건을 생각할 수 있다.

(1) 반응 조건 : F에 대해 우리는 진정한 공포를 느낀다.
(2) 신념 조건 : 우리는 F가 허구라고 믿는다. 즉 우리는 F가 실제로 존재하지 않는다고 믿는다.
(3) 일치 조건 : 어떤 대상 혹은 상황에 대해 진정한 공포를 품으려면, 우리는 그것이 존재한다고 믿어야만 한다(혹은 그것이 허구라고 믿어선 안 된다).

지금까지 '어라 무서워 꺄'를 전형으로 하는 '진정한 공포'라는 단어를 몇 번쯤 사용했는데, 이것은 genuine fear의 번역어다.

이 세 가지 조건은 동시에 성립할 수 없다. 반응 조건과 신념 조건을 합치면 우리는 F가 허구라고 믿으면서 그에 대해 진정한 공포를 느끼게 되는데, 이것은 일치 조건을 위반한다. 마찬가지로 이 세 가지 조건 중에 어느 두 가지를 고르면 정합이 되는데 거기에 나머지 하나를 합치면 부정합이 된다. 참고로 공포를 분노나 슬픔 이외의 다른 정서로 바꿔도 마찬가지다.

그런데 (1), (2), (3)의 어떤 조건이든 그것만 꺼내 놓고 보면 정당하게 여겨진다. 나는 〈텍사스 전기톱 학살〉에 강렬한 공포를 느꼈다. 지금 생각해도 그것은 진정한 공포였다. 우리가 허구에 정서적으로 반응한다는 사실은 분명해

보인다. 〈텍사스 전기톱 학살〉은 픽션이므로 레더페이스가 사실은 존재하지 않는다는 것도 분명히 알고 있다.

일치 조건이란

진짜가 아니라고 생각하면서 무서워하거나 화를 내거나 슬퍼한다면 왠지 거짓말 같다. 그래서 우리는 진정으로 정서를 표현하기 위해서는 대상이 실재한다고 생각해야만 한다. 이것이 일치조건에 대한 간단한 정의다.

다음의 예를 생각해보자. 지인이 당신에게 아주 중요한 상담을 했다. 남편이 무지막지하게 폭력적인 인간이라 무언가 마음에 들지 않으면 폭력을 행사하고, 도박에 빠져서 월급을 전부 탕진한다. 그래서 어쩔 수 없이 지인은 파트타이머로 일하고 있는데 요즘에는 그 돈까지 빼앗긴다나 뭐라나. 당신은 그 이야기에 진지하게 귀를 기울인다. 안타까워서 눈물을 흘리고 그 남편에게 격렬한 분노를 느낀다. 그때, 지인이 거짓말이었다고 말한다. 상대의 이야기가 전부 거짓말인 줄 알면 동정도 슬픔도 분노도 사라진다. 진정으로 어떤 정서를 품으려면 그 정서의 대상이 실재한다고 생각하지 않으면 안 되는 것이다.

정서적 태도와 인지적 태도의 일치

왜 일치 조건이라는 이름이 붙었는지도 알아봐야 한다. 우리는 허구에 대해 두 가지 태도를 보인다. 먼저 허구에 정서적으로 반응한다. 무서워하거나 분노하거나 슬퍼한다.

이것은 현실 사건이나 대상에 대한 정서적 반응과 다를 바가 없어 보인다. 이를 조건 형태로 표현한 것이 (1)이다.

동시에 우리는 허구에 인지적으로도 반응한다. 진짜가 아니라고 판단할 줄 안다. 이를 설명한 것이 (2)이다.

(3)일치 조건은 정서적 태도와 인지적 태도 사이에 일반적으로 성립하는 관계를 설명한다. 무언가에 대한 특정한 정서적 태도(진정한 공포)를 보이려면, 그 무언가에 대한 특정한 인지적 태도(허구라고 생각하지 않는다)를 보여야만 한다는 것이다. 두 가지 태도가 어떤 방식으로든 일치될 것을 요구하므로 일치 조건이라는 이름이 붙었다.

본론으로 돌아가자. 세 가지 조건은 각각 따져 보면 옳은 것 같은데 전부가 동시에 성립할 수는 없다. 세 가지 조건은 모순된다. 그럼 어쩌면 좋을까? 분석 철학이라는 장르를 생업으로 삼는 사람들은 문제가 이렇게 정식화되면 갑자기 의욕이 넘친다. 그래서 분석 철학에서는 '진정한 허구적 정서가 가능한가의 문제'로 이 패러독스를 왕성하게 논의했다. 이제부터 패러독스를 어떻게 해결할지 생각해보자.

2. 신념 조건을 버리면 어떻게 될까? — 착각설

모순은 사라졌지만 바보가 된다

세 가지 조건을 합치면 모순이 된다면, 어느 한 조건을 버리면 그만이다. 어느 조건을 버리면 될까?

먼저 (2) 신념 조건을 버리는 선택지를 검토해보자. 호러 소설을 읽거나 호러 영화를 볼 때, 우리는 그것이 허구라고 믿고 거기에 등장하는 캐릭터나 그려진 사건이 실제로는 존재하지 않는다고 믿는다. 이 조건을 부정하면 호러를 읽거나 보는 동안에 그것이 허구라는 사실을 잊고 진짜라고 믿게 된다.

우리는 종종 "너무 현실적이어서 영화인 줄 깜박하고 진짜로 겁을 먹었어."라는 말을 한다. 영화나 소설의 짜임새가 아주 정교해서 받아들이는 사람이 현실이라고 착각할 수도 있다. 허구가 아니라 현실이라고 믿으니까 진정한 정서 반응이 나타나도 이상하지 않다. 이 선택지를 채용하면 분명히 모순은 사라진다. 대신에 허구 작품을 보는 동안에 우리는 바보가 된다고 인정하는 꼴이 된다. 〈킹콩〉을 볼 때면 거대 유인원이 진짜 존재한다고 착각해서 생물학 원리를 무시하게 되고, 〈스캐너스〉를 보는 동안에는 염력이 실재한다고 믿는 오컬트 신자가 되는 셈이니까.

관객은 오락으로 즐긴다

캐럴은 이러한 선택지를 착각설이라고 부르며 비판했다. 비판의 요점은 다음과 같다.

첫 번째로, 착각설은 관객이 실제로 보이는 태도와 정합하지 않는다. 영화를 보는 동안에라도 그것을 현실이라고 착각해 공포를 느낀다면, 멍하니 자리에 앉아 영화를 보고 있을 리가 없다는 것이다. 관객이 마치 현실인 것처럼 몰입할 수 있다 해도 그것은 어디까지나 가정일 뿐이다. 정말 현실이라고 믿는다면 비명을 지르며 영화관에서 도망쳐야 마땅하지 않겠는가? 호러 관객은 절대 화면에 등장하는 것을 현실이라고 믿고 행동하지 않는다.

캐럴의 주장에 덧붙여 이런 지적도 할 수 있다. 호러 영화는 사건이나 괴물을 최대한 생동감 넘치게 그려낸다. 그래서 실재하는 것처럼 착각하게 한다. 그러는 동시에 이것은 허구일 뿐이라는 신호도 관객에게 계속 내보낸다. 예를 들어 음악이나 효과음이 그렇다. 〈13일의 금요일〉에는 범인의 시점인 주관적 카메라 영상에서 혀를 차는 것 같은 혹은 무언가를 세게 긁는 것 같은 '칙칙' 소리가 꼭 나온다. 존 카펜터는 저음의 단조로운 반복으로 이루어지는 자작 신시사이저 곡을 사용하기 좋아하는데 이런 소리는 현실에서 절대 나지 않는다.

두 번째 비판은 첫 번째 비판과 연관이 있다. 착각설은 호러가 오락인 것과 정합하지 않는다. 호러를 허구 작품으로 즐길 수 있으려면 현실이 아니라는 사실을 알고 있어야 한다. 호러에서 표현된 것을 현실이라고 착각하면서도 즐길 수 있는 사람이 있다면 아주 용감한 사람이거나 굉장한 마조히스트거나 캐럴의 표현을 빌자면, '프로급 고스트버스터즈'일 것이다.

절반은 잊고 절반은 믿는다

이처럼 신념 조건을 완전히 버리기는 어렵다. 그렇다면

모순이 발생하지 않는 정도로, 그리고 호러의 관객이 영화관에서 도망치지 않을 정도로 신념 조건을 버려보자.

신념 조건은 F가 사실은 존재하지 않는다는 믿음을 요구한다. 이것을 절반쯤 버려보자. 관객은 화면에 나오는 위협이 허구인 줄 절반쯤 잊는다. 그리고 그 위협이 실재한다고 어느 정도 믿는다. 어디까지나 절반쯤이며 어느 정도이므로 영화관에 앉아 있을 수 있다. 그래도 허구인 줄 잊고 위협이 실재한다고 어느 정도 믿기에 그때 발생하는 공포는 진정한 공포다.

이런 식으로 적당하게 절반은 잊고 절반은 믿는 상태가 정말 있을까? 이것이 문제다. '절반쯤 믿는다'에 의미가 있다면, 결정적인 증거는 없지만 어느 정도의 증거는 있어서 반신반의하는 상태일 것이다. 이런 상태는 있을 수 있다. 나도 많은 것을 반신반의한 태도로 바라보니까.

그러나 나는 호러의 관객이 이런 반신반의 상태인 것은 거의 불가능하다고 생각한다. 관객에게 킹콩이나 좀비가 정말로 존재한다고 생각하는지 물어보자. "글쎄요, 있을 수도 있고 없을 수도 있겠죠."라고 대답하는 사람은 거의 없을 것이다. 대부분 "당연히 없죠."라고 대답한다. 관객은 절대 화면에 나오는 괴물이 실재하는지 아닌지 반신반의하지 않는다. 실재하지 않는다고 확신한다.

'의지의 힘'설의 난점

관객이 자발적 의지의 힘으로 이것이 허구에 지나지 않는다는 신념을 무효화 할 수도 있다. 이런 상태를 19세기 문예비평가인 새뮤얼 콜리지는 '불신의 자발적 정지'라고 불렀다. 이것으로 착각설의 소박한 결점을 극복할 수 있다. 착각하는 사람은 자신이 무엇을 어떻게 착각하는지 보통 깨닫지 못한다. 또 자신이 무엇을 잊고 있는지 알면서 그것을 잊는 일은 없다.

그러나 의지의 힘으로 어떤 신념을 믿지 않으려고 한다면 자신이 무엇을 믿지 않으려고 하는지 알고 있어도 이상하지 않다. 자신은 이 영화가 허구에 불과하다는 것, 괴물은 사실 없다는 것을 믿고 있지만 영화관 안에서는 믿지 않으려고 노력하고 있다. 그렇기에 "이것이 허구라는 것을 알고 있습니까?"라는 질문을 새삼스럽게 받으면 그야 당연하다고 대답할 수 있다.

그런데 이 역시 그다지 적절하지 않다. 우선 우리는 영화관에 들어갈 때, '좋았어, 지금부터 뭘 보든 허구라는 것을 일단 잊어야지!' 하고 결심하지 않는다. 허구임을 한시도 잊지 않는다. 그런데도 무섭다. 영화관 입구에 들어설 때 무의식중에 '불신의 자발적 정지' 상태에 빠진다고 항변할 수도 있겠다. 그런데 무의식중이라면 의지라고 할 수 없고, 단순히 허구임을 잊어버린 것과 뭐가 다른지 모르겠다.

무엇보다 무엇을 믿고 무엇을 믿지 않을지는 의지로 조정할 수 없다. 지구는 텅 비었고 극지에는 구멍이 뚫려서 거기로 UFO가 지나다니며 오로라는 구멍 안의 빛이 새어 나온 것이라는 가설이 있다. 당신은 당연히 이 가설을 믿지 않으리라. 그렇다면 당신은 의지의 힘으로 이 가설을 믿을 수 있을까? 의지로 가설을 믿으려고 할 수 있을까? 당연히 못할 것이다. 그런데 기이한 가설을 아무리 애써도 믿지 못하는 것은 이미 우리가 이 가설이 틀렸다고 알고 있기 때문이라는 반론이 나올 수 있다. 그렇다면 증거도 반증도 없는, 지금까지 생각해본 적 없는 사항을 믿으려고 노력할 수 있을까?

우리는 어떤 가설의 증거를 모으려고 의지를 다질 수는 있다. 충분한 증거를 모으면 가설을 믿으려고 한다. 이때 '믿으려고 한다'는 자연스럽게 일어난다. 캐럴의 표현을 빌리면, '신념은 우리에게 생기는 것'이다. 우리 주변에는 '저런 말도 안 되는 소리가 다 있어!' 싶은 것을 믿는 사람들이 셀 수 없이 많다. 그 사람들도 나름의 증거가 있다. 그 증거에 따라 그들은 말도 안 되는 소리를 믿는다.

3. 반응 조건을 부정하면 어떻게 될까? — '믿는 척하기'설

신념 조건을 버려서 모순을 해결하려는 시도는 그리 바람직한 방법이 아닌 것 같다. 그러니 신념 조건을 인정하자. 우리는 호러와 접촉할 때, 호러가 허구에 지나지 않는다는 신념을 갖고 있다. 그러면 남은 선택지는 두 가지다. (1)의 반응 조건을 버리느냐, (3)의 일치 조건을 버리느냐. 먼저 반응 조건을 부정하면 어떻게 될지 생각해보자.

반응 조건은 허구의 괴물이나 사건에 우리가 진정한 공포를 품는다고 설명한다. 그러므로 이 조건을 부정하면 허구에서 느끼는 공포나 다른 정서 반응은 진짜가 아닌 것이다. 호러를 읽거나 볼 때, 우리는 진정한 의미로 무서워하는 것이 아니라는 소리다. 그런데 과연 이런 생각이 가능할까?

한 가지 방법은, 허구를 무서워한다고 말할 때 그것을 착각이라고 생각하면 가능하다. 이미 1장에서 공포를 애정으로 착각한 실험을 알아보았다. 이처럼 자신의 정서도 착각할 수 있다. 그러므로 이 생각을 단숨에 부정할 수는 없다. 그렇지만 이 방법은 옳지 않다. 다음과 같이 되받아칠 수 있기 때문이다. 호러를 볼 때, 자신이 무서워하고 있다고 착각하는 것이라면 우리가 실제로 느끼고 있는 정서는 무엇일까? 심장이 두근두근 뛰고 소름이 돋고, 공포 특유의 표정을 지으며 비명도 지르는데 이것을 공포 이외의 무엇이라고 해야 할까? 역시 '무서워한다'가 제일 타당하다. '어떤 정서 상태도 아니다'라고 하면 더더욱 이상하다. 허구를 접할 때, 우리는 그것을 무엇이라 부르든 평정을 유지할 때와는 상당히 다른 상태를 경험한다. 그 상태를 우리는 '감정의 포로가 되었다'거나 '정서에 휩쓸렸다'고 표현한다.

이번에는 대상의 차이로 진정한 공포와 허구의 공포를 구별할 수 있는지 생각해보자. 허구의 경우, 무서워하는 대상은 분명 실재하지 않는다. 늑대인간도 드라큘라도 존재하지 않는다. 공포의 대상이 존재하지 않는데도 공포 특유의 신체적 반응이 일어난다. 공포의 대상이 존재하지 않으니 이것은 진정한 공포가 아닐까?

이 문제를 생각하려면 '공포의 대상'이라는 어구의 다양성에 주의해야 한다. 공황 발작처럼 공포를 느낄 만한 특별한 외부 자극이 없는데 맹렬한 공포감과 신체적 반응이 덮쳐 오는 상황도 분명히 있다. 이때는 무엇이 무서운지 정확히 모르지만 어쨌든 무서운 상태다. 이럴 때의 공포는 병적이라거나 평범한 공포가 아니라거나 진정한 공포가 아니라고 해도 좋을 것이다. 실제로 우리는 이러한 공포를 호소하는 사람에게 의사를 찾아가라고 권한다.

반면 호러는 조금 다르다. 공황 발작처럼 공포의 대상이 없는 것이 아니다. 호러에는 공포의 대상이 있다. 늑대인간이 있고 드라큘라가 있다. 실재하지는 않지만 공포의 대상은 분명히 존재한다. 호러는 공포의 대상이 허구인 줄 알고 있으면서도 그 대상을 무서워한다. 이것은 '어라 무서워 꺄'처럼 전형적인 케이스가 아니다. 그렇기에 패러독스를 낳는다. 그러나 실재하는 것을 있는 그대로 무서워할 때(뱀을 보고 뱀이라고 생각해서 뱀을 무서워한다), 실재의 대상을 잘못 보고 무서워할 때(새끼줄을 보고 뱀이라고 생각해서 뱀을 무서워한다), 허구를 보고 무서워할 때(뱀이 나오는 영화를 보고 뱀이라고 생각해서 뱀을 무서워한다), 모두 다 그 공포는 뱀을 대상으로 한다. 또 비슷한 신체적 반응이 있고 비슷한 느낌이 있고, 비슷하게

"아아, 무서웠다!"라고 말한다. 물론 이 세 가지 케이스에 차이가 있지만, 그 차이가 허구에서 느끼는 공포만을 진정한 공포에서 배제할 정도로 크진 않다.

믿는 척하기 놀이

허구에서 느끼는 공포는 진정한 공포가 아니라고 보는 또 한 가지 방법이 있다. 허구를 무서워할 때, 우리는 무서워한다고 착각하는 것이 아니라 무서워하는 척을 한다고 보는 가설이다. 즉 허구에 대한 정서 자체가 허구라는 생각이다. 이것을 '믿는 척하기'설이라고 부르자.

허구에 왜 정서를 느끼는가 하는 의문은 오래되었다. 플라톤도 아리스토텔레스도 이 의문을 파고들었다. '불신의 자발적 정지'를 말한 콜리지도 이 문제에 도전했다. 이 문제를 현대의 관점에서 재해석한 사람은 분석 미학자 켄달 월턴이다. 1978년 그는 〈픽션을 무서워한다〉라는 제목의 논문에서 이 문제를 부활시켰다. 그의 논의는 이번 장 초반에 정식화한 패러독스를 반응 조건을 버리는 방식으로 해결해보려던 시도와 같다. 그가 반응 조건을 버리기 위해서 채용한 사상을 여기에서는 믿는 척하기설이라고 부르겠다. 믿는 척하기설에서는 허구 체험을 일종의 믿는 척하기 놀이에 참여하는 것으로 비유한다. 믿는 척하기 놀이란 무엇일까? 월턴이 든 예시는 이렇다.

아빠와 괴물 놀이를 하며 노는 아이를 상상해보자. 아빠는 포악한 괴물인 척한다. 아이는 비명을 지르며 옆방으로 도망친다. 이 비명은 '이쯤 해서 비명을 질러 흥을 돋워야겠지?'라는 의도로 나오는 것이 아니다. 자연스럽게 나온다. 도망 역시 그렇다. 완벽하게 의도해서 조정할 수 없다. 자기도 모르게 도망친다. 그렇지만 아이는 아빠를 괴물이라고 착각하진 않는다. 만약 착각했다면 옆방으로 피신하는 정도가 아니라 필사적으로 도망칠 테고 공포가 지나쳐 실신할지도 모른다. 그런데 현실은 정반대여서, 아이는 도망치면서 웃는다. 게다가 옆방에서 돌아와 "또! 또 해줘!" 하고 조른다. 아이는 이것이 전부 놀이이고 아빠가 괴물 흉내를 내는 중이며 자신을 쫓아오는 괴물은 놀이 안에서만 존재한다는 사실을 알고 있다. 아이는 무서워하는 척하지만 정말로 무서워하진 않는다.

월턴은 호러 관객도 이 아이와 똑같다고 생각했다. 관객이 호러 영화를 본다는 것은 일종의 믿는 척하기 놀이에 참여하는 것과 같다는 것이다. 웅웅 소리를 내는 전기톱을 들고 하얀 가면을 쓴 살인마가 이쪽을 향해 다가온다. 관객은 자신도 영화 속 등장인물인 척하면서 살인마가 자신을 덮쳐 죽이려 한다고 믿는다. 이 신념이 관객을 공포와 비슷한 상태(아드레날린이 나오고 심장이 두근거리고 근육이 굳고 소름이 돋고 얼굴이 창백해지는 신체 반응, 이것을 월턴은 유사 공포라고 불렀다)에 이르게 한다. 이로 인해서 관객은 믿는 척하기 놀이 안에서 공포를 느끼게 된다. 이것은 어디까지나 유사 공포, 공포를 느끼는 척하는 것이므로 관객은 극장에서 도망치지 않는다.

유사 공포란 무엇인가?

유사 공포라는 단어가 갑자기 나와서 당황했을 것이다. 나도 월턴의 논문을 처음 읽을 때는 이 부분을 이해하지 못했다. 관객이 '공포를 느끼는 척을 한다'고 표현할 때, 월턴은 관객이 공포의 신체적 반응과 느낌 없이 공포를 느끼는 척하는 행동을 보여준다고 말하는 것이 아니다. 그것은 연기자가 할 일이다. 관객이 공포를 느끼는 척한다고 말하는 이유는 그 공포의 반응과 느낌이 자신이 실제 살인마에게 습격을 받고 있다는 신념이 아니라 믿는 척하기 놀이 안에서 살인마에게 습격을 받고 있다는 신념에서 유래하기 때문이다. 월턴은 이를 유사 공포라고 불렀다.

괴물 놀이를 하는 아이에게도 이를 똑같이 적용할 수 있다. 아이가 느끼는 공포가 '공포를 느끼는 척'인 이유는 무엇일까? 두 가지 상황을 생각할 수 있다. 아빠와 아이의 믿는 척하기 놀이를 엄마가 옆에서 지켜보고 있다고 해보자. 또 아이는 엄마 눈을 의식해서 비명을 지르거나 도망치는 연기를 한다고 해보자. 이때는 믿는 척하기 놀이 안에서 무서워하는 것을 보여주고 있을 뿐이라는 의미로 '공포를 느끼는 척'한다고 말할 수 있다. 이 조숙한 아이는 훌륭한 연기자다.

또 한 가지 상황이 있다. 아이가 유사 공포의 느낌을 경험하고 있을 가능성이다. 아빠가 쫓아오니까 오싹해서 자기도 모르게 비명을 지르고, 숨어 있는 동안 심장이 터질 것처럼 두근거린다. 단, 이 유사 공포를 만드는 것은 정말로 괴물에게 쫓기고 있다는 신념이 아니라 믿는 척하기 놀이 안에서 괴물에게 쫓기고 있다는 신념인 이상, 이 아이의 공포는 '공포를 느끼는 척'이다. 그래서 월턴은 호러의 관객을 조숙한 아이가 아닌 유사 공포를 느끼는 아이로 봐야 한다고 주장한다.

허구적 작용어

월턴의 믿는 척하기설에는 굉장한 이점이 있다. 첫 번째로 지금까지 문제로 삼은 패러독스를 해결해준다. 일치 조건을 전제로 하는 한, 호러에 나오는 대상을 한편으로는 허구라고 믿으면서 또 다른 한편으로는 정말로 무서워하는 것은 불가능하지 않은가? 이에 대해 월턴이라면 이렇게 대답할 것이다. 사실 호러 관객은 무서워하는 것이 아니라 무서워하는 척을 하고 있을 뿐이다. 정확하게 표현하면 유사 공포를 품을 뿐이다. 유사 공포는 믿는 척하기 놀이에 참여함으로써 만들어낼 수 있다. 유사 공포는 공포의 대상이 실재한다는 믿음을 요구하지 않는다.

월턴은 믿는 척하기설이 몇 가지 수수께끼를 해결해준다고 주장했다. 여기에서는 세 가지 수수께끼를 들어 설명해보겠다.

첫 번째 수수께끼 풀이에는 준비가 약간 필요하다. 논리학이나 언어 철학에서 내포적 작용어라고 총칭되는 일련의 표현이 있다. 이러한 작용어가 문장에 붙으면 현실 세계를 말하던 문장이 다른 세계의 이야기가 된다.

예를 들어 A. '라이프니츠의 저작을 소멸시키려는 음모가 있다'라는 문장은 이 현실 세계를 말하고 있고 거짓이다. 그런 음모는 없다. 이것을 B. '쿠르트 괴델은 라이프니츠의 저작을 소멸시키려는 음모가 있다고 믿고 있다'고 하면, 이 문장은 괴델의 머릿속, 괴델의 신념 세계 안의 이야기가 된다. 따라서 이 부분은 괴델의 신념 세계에서 진실이 된다. 이처럼 '누구는 ~라고 믿고 있다'는 내포적 작용어의 일종(신념 작용어)이다.

내포적 작용어에는 다른 버전도 있다. '마이클은 ~라면 좋겠다고 바란다'는 현실 세계에 대한 문장을 '~'에 삽입함으로써 그 문장을 마이클의 원망 세계에 대한 이야기로 만드는 원망 작용어이다. '필연적으로 ~'는 현실 세계를 말하는 문장에 붙어 가능한 모든 세계에 대한 이야기로 만드는 필연성 작용어이다.

그리고 '〈가메라〉에서~' 같은 허구 작용어도 내포적 작용어의 일종이다. C. '자위대는 갸오스를 후쿠오카 돔에 가두려고 했다'는 현실 세계에 대한 말이고 잘못되었다. 이것을 D. '〈가메라〉에서 자위대는 갸오스를 후쿠오카 돔에 가두려고 했다'로 하면, 문장 C는 현실 세계가 아니라 〈가메라〉에 그려진 허구 세계를 말한다. 따라서 문장 D는 진실이 된다.

믿는 척하기 놀이의 규칙

이 허구 작용어와 그 밖의 내포적 작용어를 비교해보면

재미있는 점을 발견할 수 있다.우리는 '〈가메라〉에서 자위대는 갸오스를 후쿠오카 돔에 가두려고 했다'고 말하는 대신에, 아주 자연스럽게 '자위대는 갸오스를 후쿠오카 돔에 가두려고 했다'고 말한다. 영화 〈가메라〉 이야기를 할 때는 물론이고 (현실 세계에서) 후쿠오카에 여행 가서 돔을 봤을 때도 무심코 "저거, 갸오스를 가둔 그거지?"라고 말한다. 적어도 나는 그렇게 말할 것이다.

그러나 '마이클 키튼은 자신이 아카데미상을 받는다고 생각한다' 대신에 '마이클 키튼은 아카데미상을 받는다'라고 말하진 않는다. 설령 마이클 키튼이 무엇을 생각하고 있는지가 문맥상 정확하더라도 웬만해서는 이런 신념 작용어를 생략하지 않는다. 허구 작용어만이 빈번하게 생략된다. 오히려 우리는 허구 작품을 말할 때, 일일이 '이 픽션에서는'이라는 작용어를 붙이지 않는다.

월턴에 따르면, 이 습관은 허구를 말할 때 우리는 믿는 척하기 놀이를 하고 있다고 생각하면 설명이 된다고 한다. "저기에 갸오스를 가두려고 했지?"라는 발언은 〈가메라〉 믿는 척하기 놀이를 하자고 제안하는 것이다. 이 말을 듣고 역시 허구 작용어 없이 "아아, 그런데 갸오스가 초음파를 쏜다는 걸 몰라서 실패했어."라고 대답한다면, 그 놀이를 지속하겠다는 의사를 전달하는 것이다. 이때 "아아, 〈가메라〉에서?"라고 대답하면 놀이는 끝난다. 믿는 척하기 놀이를 계속하려면 그것이 놀이일 뿐이라고 말해서는 안 되는 것이다.

마찬가지로 호러를 보면서 "으악, 살인마가 나왔어!"라고 외치는 경우는 있어도 "믿는 척하기 놀이에서 살인마가 나왔어!"라거나 "허구 세계에서 살인마귀가 나왔어!"라고 말하는 사람은 없다. 월턴은 이 사실을 통해서 호러를 보는 관객은 믿는 척하기 놀이에 참여하고 있으며 놀이 안에서 무서워하고 있다고 주장했다.

갈라진 욕망

믿는 척하기설로 풀 수 있는 두 번째 수수께끼를 설명해보겠다.

나는 〈레지던트 이블〉을 보면서 좀비에 물린 여성 병사가 빨리 좀비가 되기를 바라며 이제나저제나 기다렸다. 왜냐하면 그 병사를 연기한 배우를 좋아해서 좀비 연기를 어떻게 할지 너무나 기대되었기 때문이다. 그런데 그와 동시에 좀비 소굴에서 탈출하느냐 못 하느냐에 푹 빠져있었기 때문에 좀비로 변하지 않고 살아남기를 동시에 바랐다.

나의 마음은 서로 모순되는 두 가지 욕망으로 갈라진 것일까? 병사가 좀비가 되는 것과 되지 않는 것을 동시에 바랐을까? 월턴은 그렇지 않다고 말한다. 나는 양쪽을 다 진지하게 바라고 있고, 그렇게 바란다는 사실을 깨닫고 있음에도 두 가지 욕망 사이에서 모순을 느끼지 않았다. 병사에게 동정심을 느껴 무사히 살아남기를 바라는 마음은 믿는 척하기 내에서의 갈망이고, 병사가 좀비가 되기를 바라는 마음은 현실 내에서의 갈망이기 때문이다. 따라서 나는 모순된 두 가지 정서를 지닌 것은 아니었다고 단호하게 말할 수 있다.

결말을 알면서도 왜 서스펜스를 느끼는가

세 번째 수수께끼는 스포일러와 관계가 있다. 나는 존 카펜터 감독의 영화를 좋아하는데, 그중에서도 〈괴물〉을 최고로 좋아한다. 지금까지 몇 번을 봤는지 모르겠다.

물체 X는 덮친 대상을 자신 안에 삼켜 동화시키고 최종적으로 그 모습으로 변한다. 너무 많이 봐서 등장인물 중 누가 언제 물체 X가 되는지, 그 사실이 어떻게 밝혀지고 그 결과 무슨 일이 벌어지는지 전부 기억하고 있다. 그런데도 볼 때마다 누가 물체 X로 변신한 모습이고 누가 진짜 인간인지 몰라 등장인물들끼리 의심에 의심을 거듭하며 공동체가 무너져가는 플롯에 서스펜스를 느낀다. 특히 혈액 샘플을 조사해서 누가 인간이고 누가 물체 X인지 차례대로 알아보는 장면에서는 매번 다음 사람이 과연 인간일지 아닐지 조마조마하다. 좀 바보 같긴 하다.

그런데 어떻게 이럴 수 있을까? 사람들이 흔히 생각하는 바와 달리 스포일러를 알아도 서스펜스는 사라지지 않는다. 물론 어떤 작품들은 스포일러를 알게 되면 처음에 느낀 흥분이 사라져서 빛이 바래기도 하겠지만. M. 나이트 샤말란 감독의 〈식스 센스〉나 알레한드로 아메나바르 감독의 〈디 아더스〉는 마지막 반전이 대단해서 이전까지 이어지던 이야기의 의미가 일제히 뒤바뀌는데, 그 훌륭함에 놀라움과 동시에 어마어마한 카타르시스를 느낀다. 그러나 반복해서 보면 마지막의 놀라움은 서서히 사라진다(그렇다고 이런 영화를 보는 즐거움이 사라지는 것은 아니다. 특히 결말을 알고서 〈식스 센스〉를 다시 보면 슬픔을 띤 공허함이라고 표현하면 아주 적절할 올리비아 윌리엄스 표정이 더욱 가슴을 친다).

몇 번을 봐도 조마조마한 영화도 분명 있다. 1978년에 월턴도 이렇게 말했다. "다수의 작품이 지닌 힘은 놀라울 정도로 영구적이며, (중략) 서스펜스는 우리가 그 작품에 정통한 정도와는 거의 상관없이, 작품에 반응하는 중요한 요소로 계속 존재한다."

믿는 척하기에서의 무지

월턴의 이론에 따르면 현실 세계의 나는 믿는 척하기 안에서 누가 물체 X이고 누가 아닌지 이미 알고 있기에 영화가 전혀 놀랍지 않다. 그러나 믿는 척하기에 참가한 나는 그 사실을 모른다. 영화를 보는 동안, 나는 믿는 척하기 놀이에 몰입해 있어서 주인공이 동료의 정체를 폭로하는 과정을 따라가며 누가 인간이고 누가 아닌지를 놀이 안에서 하나하나 알아 간다. 나의 서스펜스를 만들어내는 것은 현실 세계에서 나의 무지가 아니라 믿는 척하기에서의 무지다.

결말을 알고 있어도, 우리는 같은 영화를 몇 번씩 보면서 그때마다 서스펜스를 느낄 수 있다. 몇 번씩 같은 영화를 보는 것은 어린아이가 반복해서 계속 믿는 척하기 놀이를 하는 것과 똑같다. 보는 영화가 똑같아도 믿는 척하기 놀이는 그때마다 조금씩 다르기 때문이다.

그러나 관객이 이러한 믿는 척하기 놀이에 계속 빠져있는 것은 아니다. 영화 한 편을 보는 동안에도 믿는 척하기 놀이에 참여했다가 빠져나오곤 한다. 빠져나왔을 때, 우리는 "흥, 예상한 전개 그대로야." 따위의 말을 중얼거리면서 약아빠진 관객이 된다.

〈스크림〉은 관객은 물론이고 등장인물까지 믿는 척하기 놀이를 때때로 그만두는 말도 안 되는 영화다. 후반부로 가면서 범인은 사살되는데, 그 시체를 바라보며 비디오 대여점에서 일하는 랜디는 이렇게 중얼거린다. "조심해. 죽은 범인이 살아 돌아와서 마지막에 한 번 더 놀라게 하는 게 보통 이럴 때니까." 아니나 다를까, 범인은 그 순간 살아나서 그들을 덮치려고 한다. 시드니는 총으로 범인의 머리를 쏘고 나서 "내 영화에서 그런 건 없어."라고 말한다.

4. 호러의 공포는 진짜라고!

믿는 척하기설에는 한계가 있다?

자, 지금까지 월턴의 믿는 척하기설을 알아보았다. 나는 이 가설이 제법 마음에 든다. 호러 영화를 보는 체험에서 중요한 점을 잘 포착했다고 본다. 보는 사람이 '자아, 호러야, 호러. 무서워해야지.'라고 생각하지 않는 한, 호러 영화는 그다지 무섭지 않을 것이다. 괴물 놀이에 푹 빠져서 정신이 없는 아빠와 아들을 냉담하게 바라보는 엄마를 상상해보자. 아빠는 때때로 엄마에게도 "어흥!" 하고 달려들지만 엄마는 전혀 무서워하지 않는다. 엄마가 (유사) 공포를 느끼지 않는 이유는 믿는 척하기 놀이에 참여하지 않기 때문이다. 관객의 주체적인 역할을 호러 체험의 중요한 전제 조건으로 삼는다는 점에서 믿는 척하기설은 꽤 적절한 가설이다.

그러나 월턴을 향한 비판도 많다. 캐럴은 월턴의 믿는 척하기설을 철저하게 비판하면서 '사고설'(207쪽 참조)이라고 스스로 이름을 붙인 자신의 견해를 일구어냈다. 캐럴의 비판을 살펴보자.

먼저, 허구에 대한 감상 전반을 믿는 척하기 놀이에 비유하는 것이 적절한가? 캐럴은 호러 영화를 보면서 무서워하는 것이 믿는 척하기 놀이에 참여해서 무서운 척하는 것이라면, 관객은 그 믿는 척하기 놀이에 의지적으로 참여하거나 이탈할 수 있다고 주장했다. 예를 들어 〈엑소시스트〉를 보러 가서 '무서워하지 않을 거야.'라고 의도할 수 있어야 한다. 그러나 공포는 수동적이어서 무서워하지 않겠다고 결심한다고 무서워하지 않을 수 없다. 공포에는 믿는 척하기 놀이에 참여한다, 하지 않는다와 같은 의지에 따른 선택의 여지가 없다.

캐럴의 이 비판은 그렇게 훌륭해 보이지 않는다. 몇 번인가 언급했듯이 우리는 믿는 척하기 놀이에 참가하지 않기로 마음먹고 호러를 볼 수도 있다. 즉 약아빠진 관객이 되는 것이다. 그렇게 하면 무서움은 상당히 줄어든다. 그렇지만 현실에서 위협과 맞닥뜨릴 때는 그럴 수 없다. 개를 무서워한다고 친구들이 놀렸으니까 다음에는 무서워하지 않겠다고 나짐해도 역시 개를 보면 공포에 휩싸인다. 그런데 허구는 참가하는 정도를 조절함으로써 이전에 무서워했던 장면에서 어느 정도 공포를 덜 느낄 수도 있다.

놀라움은 의지로 조절할 수 없다

게다가 호러 영화가 관객을 무섭게 만드는 수법은 단순하지 않다. 보이지 않는 습격자가 어딘가에 숨어 있다고 암시하면서 공포를 차츰차츰 고조시키는 방법도 있고, 갑자기 단순하고 시끄러운 소리를 내거나 화면에 뭔가 불쑥 튀어나오게 해서 놀라게 하는 방법도 있다. 관객은 놀라움과 공포를 종종 혼동한다. 사실 이 두 가지는 구별하기 어렵다.

〈캐리〉의 마지막 장면을 예로 들 수 있다. 무시무시한 사건이 끝나고 주인공 캐리가 죽은 뒤, 친구인 수는 슬픔에 젖은 표정으로 캐리의 무덤에 작은 꽃다발을 내려놓으려고 한다. 그 순간, 무덤에서 피투성이 팔이 튀어나와 수의 손목을 붙잡더니 땅속으로 끌고 가려고 한다.

또 〈13일의 금요일〉에서는 피비린내 나는 사건이 끝난 뒤, 주인공이 호수에 보트를 띄우고 생각에 잠겨 있는데 갑자기 물속에서 반쯤 썩은 제이슨이 나타나 주인공을 호수로 끌고 들어간다. 약아빠진 관객의 태도로 "아직 상영 시간이 남았으니까 죽었을 제이슨이 등장할 수도 있겠다, 그럼 속편이 나오겠네."라고 중얼거리면서 보더라도 갑작스러운 이 장면에는 놀랄 수밖에 없다. 공포와 달리 놀라움은 의지로 막을 수 없다. 그리고 관객은 이렇게 말한다. "아아, 놀랐다."가 아니라 "아아, 무서웠다."라고.

이처럼 호러가 관객을 무섭게 하는 다양한 방법 중에는 믿는 척하기 놀이에 참여시킴으로써 공포감을 더욱 증가시키는 방법도 있고, 선택의 여지없이 무섭게 하는 방법도 있다. 잘 만들어진 호러는 이런 수법을 다양하게 조합해서 관객에게 최대한 공포를 느끼게 한다.

관객은 놀이의 규칙을 의식하지 않는다?

캐럴의 두 번째 비판은, 호러를 보며 무서워할 때 우리가 믿는 척하기 놀이를 하고 있다고 의식하지 않는다는 것이다. 호러를 감상하는 행위를 어떤 규칙을 전제로 한 믿는 척하기 놀이로 간주하는 것은 인정한다고 치자. 그러나 겨우 그런 이유로 관객이 공포를 느끼는 척을 할 뿐이고 그때 체험하는 것은 진정한 공포가 아니라고 주장하는 것은 지나치다. 무엇보다 어떤 관객이 자기가 따르는 믿는 척하기 규칙에 대해서 정확하게 말할 수 있겠는가.

월턴은 이런 비판이 나오리라 미리 예상하고 믿는 척하기 놀이에서는 암묵적으로 받아들인 규칙에 따를 때가 있다, 즉 규칙을 의식하지 않고 규칙에 따른다는 견지를 펼쳤다. 그 증거로, 월턴은 진흙으로 파이를 만드는 믿는 척하기 놀이를 예로 들었다. 진흙 덩어리를 파이로 간주하자고 동의할 때, 아이들은 그 밖의 다양한 규칙에도 암묵적으로 동의한다. 진흙 덩어리를 던지면 파이 던지기가 된다는 식이다. 월턴은 다음과 같은 결론을 내렸다. 믿는 척하기 놀이의 참가자가 게임의 규칙을 말하지 못한다고 해서 자신이 게임을 하고 있다는 사실을 부정하는 것은 아니다.

그러나 캐럴은 그런 생각은 옳지 않다고 주장했다. 진흙 파이 놀이의 예시는 물론 있을 법한 이야기다. 그러나 이것은 참가자가 수많은 규칙 중에서 몇 가지를 의식하지 않은 경우, 규칙 일부를 암묵적으로 따르고 있지만 그것을 명시하지 못하는 경우에 지나지 않는다. 그런데 영화관 관객은 일부 규칙은커녕 자신이 믿는 척하기 놀이를 하고 있다는 사실 자체를 전혀 의식하지 않는다.

캐롤은 월턴의 예시는 부적절하다고 주장한다. 믿는 척하기 놀이에서 자기도 깨닫지 못하는 사이에 몇 가지 규칙을 따른다는 아주 그럴싸한 이야기로 우리가 의식하지 않고도 믿는 척하기 놀이에 참여할 수 있다는 주장을 뒷받침하려고 했기 때문이다. 캐롤은 또 다음과 같이 주장했다. 믿는 척하기 놀이는 “우리 괴물 놀이 하자!”라는 외침으로 시작한다. 허구를 맛보기에 이보다 더 좋은 방법은 없다. 그러므로 믿는 척하기 놀이는 참가자에게 시늉을 하자는 의도가 없으면 성립하지 않는다. 호러 관객에게 그런 의도가 있을 것 같진 않다. 그런데 나는 아직 월턴의 편을 들고 싶다. 호러 관객에게는 믿는 척하기 놀이처럼 무언가에 참가하려는 의도가 있다. 그것을 믿는 척하기 놀이라고 불러도 적절할지는 잘 모르겠지만 말이다.

호러 감상의 규칙

호러 걸작이라고 하는 책이니까 어디 읽어 볼까? 눈물이 펑펑 나는 영화래. 진짜 웃긴 코미디라더라. 독자나 관객은 이렇게 그 작품이 어떤 장르에 속하는지 알고 작품과 만난다. 그때 각 장르에 대응하는 마음가짐이 생긴다.

〈엑소시스트〉가 시끌벅적 광고를 하며 개봉했을 때, 나는 중학생이었다. 관객들은 미국에서 이 영화를 보던 할머니가 충격사했다느니 하는 소문에 잔뜩 노출된 채로 영화를 보러 갔다. 무서운 자극에 대한 주의력이 매우 민감해져 있는 상태다. 이것이 호러를 보기 위한 마음가짐이다. 이런 상태에서는 소소한 자극에도 무서워하는 사람이 나온다.

〈엑소시스트〉에는 화면이 바뀌면서 어머니 역을 연기한 엘렌 버스틴의 스카프를 두른 뒤통수가 크게 나타나는 장면이 있다. 그 장면을 보고 극장 여기저기에서 비명이 터졌다. 갑자기 영상이 바뀌는 바람에 순간 무엇이 나타났는지 몰라 다들 어리둥절하면서도 비명을 잊지 않았다. 관객은 그것을 호러 영화라는 믿는 척하기 놀이의 규칙에 따라 어떤 무서운 것으로 간주했던 것이다. 만약 같은 영상이 버스틴이 주연한 코미디 영화 〈엘리스는 이제 여기 살지 않는다〉에서 나왔다면 비명을 지를 정도로 놀라지 않았을 것이다.

훌륭한 호러 관객이 되려면 어떤 의미에서 호러 관객을 연기해야 한다. 월턴의 말처럼 호러의 등장인물이 된 척을 하거나 자신이 습격을 받는 척을 할 필요는 없다. 그저 무서움을 연기하면 된다. 판타지의 좋은 관객이 되려면 판타지 규칙에 근거한 믿는 척하기에 참여해야 한다. 용과 마법이 나온다고 일일이 놀라거나 현실적이지 않다면서 흥을 깨면 안 된다는 규칙이다. 이처럼 다른 장르에도 제각각 규칙이 있을 것이다.

〈스크림〉에서는 호러 마니아인 랜디가 호러 영화를 어떻게 보면 되는지 고견을 늘어놓는 장면이 있다. 그는 그것을 규칙이라고 부른다. 장르의 힘에 따라 다양한 정서의 강약과 중요성의 높고 낮음이 매겨지고, 영화에서 관객이 체험하는 정서가 일정한 방향으로 조직화된다. 나는 이런 의미에서 허구를 감상하는 것은 믿는 척하기 놀이와 유사한 성질을 띤다고 본다.

신체적 반응은 진짜다

내가 월턴의 편을 드는 것은 여기까지다. 허구를 맛보는 것이 믿는 척하기 놀이와 비슷하다는 것까지는 좋다. 그러나 다음과 같은 이론을 내세우면서 패러독스를 해결하려고 하는 것은 정당성을 얻기 어렵다. '믿는 척하기 놀이로 만들어지는 것은 유사 공포이고 공포를 느끼는 척만 할 뿐이며, 이 공포는 진정한 공포가 아니므로 자신에 대한 위협은 실제로 존재하지 않는다는 신념과 양립한다'는 주장에 대해서는 반론의 여지가 있다. 왜냐하면 허구를 접할 때의 공포와 현실적으로 위협에 노출될 때의 공포를 비교해서 전자를 굳이 유사 공포라고 부를 만한 중요한 차이가 있어 보이지 않기 때문이다.

먼저 신체적 반응은 거의 비슷하다. 영국에서 이루어진 한 실험에서는 피험자를 두 그룹으로 나누어 한쪽에는 〈텍사스 전기톱 학살〉을 보여주고, 다른 그룹은 그다지 무섭지 않고 부담 없는 책을 영화 상영 시간 동안 읽게 했다. 실험 결과, 〈텍사스 전기톱 학살〉을 본 그룹은 심장 박동수와 혈압이 보기 전과 비교해서 평균 20퍼센트 상승했다. 다른 그룹은 변화가 없었다. 혈액 샘플을 조사했더니 재미있는 사실이 밝혀졌다. 〈텍사스 전기톱 학살〉 그룹에서 백혈구 수치가 증가했다는 의미심장한 결과가 나왔다. 영화를 보는 동안에 공격에 대비해서 면역 반응이 유발된 것이다.

유사 공포가 아니라 진정한 공포

게다가 공포의 느낌에도 다른 점이 없다. 〈텍사스 전기톱 학살〉 실험에서 피험자들은 실제로 공포를 느꼈다고 보고했다. 애초에 허구로 유발된 공포는 유사 공포에 불과하고, 그 밖의 다른 정서도 유사 정서에 불과하다면 현재 이루어지는 공포와 정서에 관한 심리학과 신경과학 연구는 대부분 진정한 공포나 정서를 대상으로 한 것이 아니라는 말이 된다. 왜냐하면 공포에 관한 과학적 연구 대부분은 피험자에게 공포를 일으키기 위해서 영상을 보여주거나 무서운 이야기를 읽히는 방법으로 진행되기 때문이다.

신체적 반응도 느낌도 다르지 않다면, 진정한 공포와 월턴이 말하는 유사 공포의 차이는 어디에 있을까? 진정한 공포는 자신을 향한 위협이 실재한다는 신념을 동반하는 데 반해 유사 공포는 자신을 향한 위협이 믿는 척하기 안에서 존재한다는 신념을 동반한다는 주장은 과연 올바른가? 이 주장대로라면 패러독스 해결은 거의 내용 없는 것이 되어 버린다. 허구에 따른 공포와 그것이 허구라는 믿음이 어떻게 양립하는가, 이것이 패러독스의 핵심이었다. 이 핵심에 대해 허구 신념과 양립하는 한에서의 공포에 유사 공포라고 이름을 붙여서 유사 공포와 허구 신념이라면 양립할 수 있다고 말하고 있을 뿐이다.

두 번째로, 허구 신념과 양립 가능한 부분을 유사 공포라고 이름 붙이더라도 유사 공포는 체험된다. 왜 허구인 줄 알고 있으면서 유사 공포를 체험할까? 허구라고 알고 있을 때 체험하는 것을 유사 공포라고 하는 것은 좋다. 그러나 허구인 줄 알면서 왜 우리는 진정한 공포와 거의 구별되지 않는 유사 공포를 체험할까?

캐럴은 월턴의 믿는 척하기설은 논리적 문제(패러독스

의 해결)의 답변으로는 괜찮을지 모르나 공포의 현상학을 적절하게 설명하지 못했다고 주장했다. 나 또한 월턴의 믿는 척하기설 자체에는 참작할 점이 있지만 유사 공포 개념에 대해서는 동의하지 않는다. 철학적 퍼즐을 해결하기 위해 고안해낸 근거 없는 카테고리에 지나지 않아 보인다. 호러 관객으로서 체험하는 공포는 어쩌면 믿는 척하기 놀이의 산물일지도 모르나, 그것은 유사 공포가 아니라 진정한 공포로 보아야 한다.

5. 일치 조건을 버려서 패러독스를 풀다

우리는 타인을 대신해서 무서워할 수 있다

이런 이유로 나는 (1) 반응 조건과 (2) 신념 조건에 동의한다. 그렇다면 선택할 수 있는 선택지는 (3) 일치 조건의 거부다. 어떻게 하면 될지 생각해보자.

월턴은 호러 영화의 실제 예시로 〈감마 3호 우주대작전〉을 자주 언급한다. 특히 영화에서 녹색 슬라임 같은 괴물이 관객을 덮쳐오는 장면을 전형적인 예로 사용한다. 월턴이 허구와 믿는 척하기 놀이의 유추로 사용하는 것도 괴물 놀이다. 이 놀이에서는 아빠가 연기하는 괴물이 아이를 덮치면 아이가 무서워하는 척을 한다. 월턴은 믿는 척하기 놀이에서 생기는 유사 공포를 관객 자신이 위협에 노출된 것처럼 시늉하며 무서워하는 것이라고 했다. 그런데 이것은 사태를 올바르게 기술하지 못한 것이다. 슬라임이 무서운 이유는 슬라임이 관객이 아니라 영화 속 등장인물에게 무언가를 할 것 같기 때문이 아닐까?

공포에는 자신이 위협에 노출되었다는 신념이 필요하다. 이 생각은 분명히 뿌리가 깊다. 그러나 인간이 체험하는 다양한 공포를 생각해보면 이런 믿음은 좀 이상하다. 명백하게 우리는 타인을 대신해서 무서워할 수도 있기 때문이다. 아기가 난로 안으로 손을 뻗으려는 모습을 본 순간, 우리는 경악과 공포를 느낀다. 이때 우리는 아기를 무서워하는 것도 아니고 난로를 무서워하는 것도 아니다. 아기가 난로에 손을 넣으려고 하는 사건을 무서워한다는 것은 말할 필요도 없다. 이것은 수프에 거미가 들어 있는 사건을 무서워하는 것과는 차원이 다르다. 우리는 수프를 두고 도망치지만 아기와 난로로부터 도망치려고 하지 않는다. 오히려 아기에게 달려간다. 이 상황을 정확하게는 아기가 난로에 대해 느껴야 할 무서움을 대신해서 느낀다고 표현해도 좋지 않을까? 이처럼 우리는 자신이 안전하다는 믿음이 있을 때에도 타인을 대신해서 무서워할 수 있다. 그렇다면 자신은 안전하다고 믿으면서 허구의 주인공을 대신해서 무서워할 수도 있을 것이다.

실재 신념이 사라져도 정서는 나타난다

나는 지금 공포와 위협을 느끼려면 그 대상이 실재한다는 신념이 있어야 한다는 주장을 반박하는 중이다. 이것은 공포와 실재 신념 사이의 연결고리를 끊는 일이기도 하다. 공포와 실재 신념과의 연결을 끊기 위해서 캐럴은 혐오를 생각해보라고 추천했다. 이미 알아보았듯이 혐오는 호러의 중요한 요소다. 그런데 혐오는 어떤 실재 신념이 없어도 일어날 수 있다. 캐럴은 다리오 아르젠토의 영화 〈페노미나〉의 한 장면을 예로 들어 설명했다.

영화 거의 후반부에 제니퍼 코넬리가 연기한 소녀는 구더기로 가득 채워진 수영장에 떨어진다. 안에는 썩은 사체 등 온갖 오물이 가득하다. 회갈색에 미끈거리는 액체가 소녀를 휘감는다. 이런 그로테스크한 묘사가 계속 이어진다. 이런 장면을 보면 토할 것 같은 관객도 있을 것이다. 토할 것 같은 기분을 느끼는 것은 토할 것 같은 놀이를 하기 때문일까? 토할 것 같은 기분은 허구일까? 그렇지 않다. 진짜로 토할 것 같고 진짜로 혐오감을 느낀다. 허구인줄 알면서도 진정한 정서가 생기는 것이다.

캐럴의 사고설

실재적인 신념이 없어도 공포를 만들어낼 수 있다. 이 논점에 기초해서 캐럴은 '사고설'이라고 직접 이름을 붙인 사상을 제안했다. 요약하면 진정한 공포는 무서워하는 대상을 사고하는 것만으로도 생긴다는 이론이다. 여기에서 사고라는 단어는 신념의 대비로 사용된다. 캐럴의 정의에 따르면, 신념이란 진실이라고 믿는 태도 결정(약속)을 포함해서 명제적 내용을 가슴에 품는 것이고 사고는 그런 태도 결정 없이 품는 것이다.

높은 탑에 올라가 아래를 내려다본다. 절대 떨어지지 않을 것은 알고 있다. 그렇지만 떨어질지 모른다는 사고를 품기만 해도 무서워진다. 혹은 떨어지는 자신을 상상하는 것만으로도 무서워진다. 사고만으로 공포가 만들어진다는 이론을 이해했다면, 공포를 없애려고 할 때 우리가 무엇을 하는지 생각해보면 좋겠다. 탑에서 떨어지는 상상을 하다가 오싹해졌을 때, 이 탑에서 떨어져 죽은 사람은 없다거나 그런 탑이라면 관광 명소가 될 리 없다는 신념을 형성해서 공포를 없애려고 하진 않는다. 대신 다른 즐거운 일을 생각해서 주의를 흐트러뜨려 그 사고를 쫓아내려고 한다.

사고 내용이 공포를 만든다는 이론의 이점은 당연하게도 패러독스를 해결해준다는 것이다. 사고 내용만으로 공포를 만들어낼 수 있다고 하면, 실재 신념 없이도 진정한 공포가 일어날 수 있다는 설명이 가능하다. 호러는 허구이고 나를 무섭게 하는 것은 실재하는 것이 아니라 사고에 지나지 않는다는 사실을 알고 있기에 영화관에서 도망치거나 책을 집어 던지지 않는다는 것이다.

사고설에서 생각해볼 문제

사고설이 썩 괜찮다는 생각이 들 것이다. 그런데 생각할 문제가 두 가지 남아 있다.

먼저, 갑자기 등장한 사고가 무엇인지 밝혀야 한다. 분석 철학자였던 캐럴은 언어 분석을 통해 답을 찾았고, 분석 철학의 아버지인 고트로브 프레게가 말하는 사고를 차용해 자신의 논리를 펼쳤다. 그러나 여기에서는 공포와 호러에 얽힌 수수께끼를 마음의 메커니즘으로 다루고 싶기에 캐럴의 노선을 따르지 않으려고 한다. 3장까지 전개한 공포 모델 안에서 캐럴이 사고라고 부른 것을 정의해보자.

두 번째로, 지금 보고 있는 것은 허구이고 괴물은 실재하지 않는다는 신념때문에 진정한 공포를 느끼는데도 불구하고 영화관에서 도망치거나 하지 않는데, 그 이유가 무엇인지 캐럴의 설명으로는 아직 잘 모르겠다. 이 부분에 대해 더 알아보자.

사고는 표상으로 볼 수 있다

첫 번째 문제의 답을 먼저 밝히면, 캐럴이 말하는 사고는 지금까지 내가 표상이라고 부른 것이다. 신념도, 사고도, 좀 더 원시적인 지각도 전부 표상이다. 내가 추천하는 체현된 평가 이론을 다시 한번 살펴보자. 예를 들어 뱀을 마주쳤다고 해보자. 뱀을 지각한 것도 표상이다. 공포라는 시스템은 표상이 입력되면서부터 시작된다. '어라 무서워 꺄'일 때는 입력된 표상이 실재하는 뱀의 시각 표상이었지만, 진화 과정에서 우리가 다양한 것을 표상하게 됨에 따라 이 시스템은 아마 지각한 표상 이외의 표상도 입력할 수 있게 되었다고 볼 수 있다.

공포는 '어라 무서워 꺄'를 위해서 획득된 아주 원시적인 시스템이지만, 인간은 그 원시적인 시스템에 더해 나중에 획득한 고도한 표상을 입력할 수 있게 되었다. 이 사실의 해부학적인 방증은 동물이 진화함에 따라 전두엽과 편도체의 연락이 점차 긴밀해진다는 점이다.

그러면 뱀이 있다는 지각 표상뿐만 아니라 멜트다운된 원자력 발전소에서 방사성 물질이 통제되지 않고 쏟아져 나올지도 모른다는 신념, 높은 탑에서 자신이 떨어지는 장면의 표상(상상) 등도 공포 산출 시스템에 입력될 수 있다. 모두 다 '자신에게 위험·위협'이라는 비슷한 중핵적 관계 주제를 표상한다는 점에서는 동일하기 때문이다. 어쩌면 여기에는 타인이 위험에 노출되었다는 표상(앞에서 언급한 아기가 불에 손을 넣는 예)도 포함될지 모른다. 그러면 타인을 대신해서 무서워하는 것이 가능해진다.

우리의 공포 산출 시스템은 이런 입력을 처리해서 공포 특유의 신체적 반응을 만든다. 그것이 지각됨에 따라 공포의 느낌을 동반한 진정한 공포가 만들어진다. 그 공포가 행동을 동기 부여한다. 공포 산출 시스템은 우리가 사람으로 진화하기 전부터 소유한 것이므로, 아마 우리 마음속에서는 모듈이 되어 있을 것이다. 그러나 이 시스템은 자신에게 입력된 표상의 유래를 모른다. 그것이 증거에 기초한 신념인지, 예상을 통해 얻은 것인지, 단순히 상상에 불과한지, 아니면 실물을 지각해서 얻은 것인지 판단하지 못한다. 그래서 '위협 표상이 닥쳐왔어요, 자아, 두근두근 버튼을 누릅니다!'라는 식으로 동일한 신체적 반응을 만든다. 이렇게 만들어지는 공포는 언제든 진짜다.

이렇게 우리는 다양한 대상에 진정한 공포를 느낄 수

있게 되었다. 아무리 진화한 고급 공포도 그 바탕에는 원시적인 공포인 '어라 무서워 꺄'를 위한 시스템이 있고, 그 오래된 시스템에 기생, 혹은 오래된 시스템을 차용하는 형태로 가능해진다.

왜 호러 관객은 영화관에서 뛰쳐나오지 않을까?

허구로 인해 만들어진 인공 공포도 진정한 공포이고 행동을 하라는 동기 부여를 포함한다면 왜 호러 관객은 영화관에서 뛰쳐나오지 않을까?

〈우주 생명체 블롭〉에는 괴물이 호러 영화관을 습격하는 장면이 있다. 무서워하면서도 영화를 볼 때는 도망치지 않던 영화 속의 관객들은 괴물이 습격해오자 앞을 다투어 도망친다. 이 차이는 어디에서 올까?

이 문제를 생각하려면 공포 산출 시스템의 출력에 주목해야 한다. 이 시스템의 출력은 행동 그 자체가 아니다. '도망쳐!'라는 지령 비슷한 것이 출력된다. 어떻게 도망칠지에 관한 의사 결정은 그에 이어지는 행동 산출 시스템이 이어받는다. 우리가 푸시미풀유 동물이었던 무렵에는 공포 산출 시스템의 출력이 직접적인 행동을 만들어냈을지도 모른다. 다급한 상황에서 목적 수단 추론을 사용해 최적의 도피법을 선택할 수 있는 저장소가 없었기 때문이다.

그런데 우리는 더 정교해졌다. 괴물의 습격을 받아 영화관에서 도망칠 때, 우리는 다른 표상을 이용해서 '어떻게 도망칠지'를 정한다. "꺄!" 하고 비명을 지르면서 관객석 뒤쪽으로 모이는 이유는 거기 출입구가 있다는 사실을 알기 때문이다. 음, 거기에도 괴물이 있긴 했지만. 최종 행동은 도망치라는 지령뿐만 아니라 다양한 신념이나 욕구의 힘의 관계에 의해 정해진다. 앞으로 도망칠지 뒤로 도망칠지, 연인의 손을 잡고 도망칠지 놓고 도망칠지. 그리고 도망치지 않는 것도 최종적인 출력 중 하나다.

호러의 경우, 위협은 실재하지 않는다는 강한 신념이 존재한다. 최종적인 행동을 선택할 때 이 신념이 인지 상위 수준에서 행동 산출 시스템에 개입해 본격적인 도피 행동을 억제한다. 그 결과 영화관에서 아무도 뛰쳐나오지 않는다. 이 신념이 모든 행동을 억제할 순 없다. 그래서 우리는 무심코 몸을 들썩이거나 눈을 감고 얼굴을 손으로 가린 채 비명을 지른다. 그때 느끼는 것은 진정한 공포이니까.

7장

왜 우리는 호러를 즐길 수 있는가?

1. 패러독스 해결이 충족해야 할 조건

진정한 공포를 왜 즐거워하는가?

공포감이 불쾌한 것이라면 사람들은 어떻게 호러를 즐길 수 있을까? 공포는 회피나 공격을 동기 부여한다. 그런데 공포감에 떨게 될 것을 예상하면서도 우리가 일부러 호러를 찾는 이유는 무엇일까? 다른 장르에서는 웬만해서 생기지 않는 질문이다. 코미디를 읽거나 보면 웃음이 터진다. 웃음은 즐겁다. 그러므로 즐거움을 찾으려고 다들 코미디를 본다. 반면 호러는 그렇지 않다. 호러는 공포를 준다. 공포는 불쾌하다. 일반적으로 사람들은 공포를 피하려고 한다. 그런데 사람들은 호러를 피하기는커녕 일부러 돈을 내면서까지 즐기려고 한다. 잘 만들어진 호러를 만끽할 때, 사람들은 분명 즐거워한다. 왜 그럴까? 왜 그런 것을 좋아할까? 이 의문은 호러라는 장르의 근간과 관련이 있다.

이 의문이 나에게는 더 심각하다. 앞 장에서 허구로 인해 환기된 공포는 진정한 공포라고 보아야 한다고 했다. 공포 놀이를 한다면 당연히 즐거울 지도 모른다. 그러나 호러를 볼 때 느끼는 공포가 진정한 공포라면, 호러를 피하지 않고 즐거워하면서 보는 것은 참 기묘한 태도다. 게다가 아주 평범한 사람들이 그렇게 한다. 캐럴 같은 사상가는 호러에서는 공포뿐 아니라 혐오도 중요하다고 보았다. 이제 호러가 점점 더 기묘한 장르가 된다. 혐오와 거부는 분리하기 어렵게 결합되어 있다. 보통 혐오스러운 대상은 피하려고 한다. 오늘 한가하니까 썩은 음식물 쓰레기 냄새라도 좀 맡아보겠다는 생각은 절대 하지 않는다. 그런데 우리는 호러를 피하지 않고 즐기면서 본다.

호러라는 장르는 그 존재 자체가 알쏭달쏭하다. 호러는 사람들이 피하고 싶어 하는 대상을 사용해서 그들을 매혹한다. 어떻게 이런 일이 생길 수 있을까? 지금부터 캐럴의 이론을 따라가면서, 흔한 가설 중 하나인 호러의 매력을 성적·문화적 억압과 연관해서 해석하려는 정신분석적 시도를 무찔러 보겠다. 그런 다음 호러의 매력을 호러의 플롯을 통해 설명하려고 한 캐럴의 가설을 소개하고 검토할 것이다. 미리 내 의견을 밝히자면, 캐럴의 가설은 틀리지 않았지만 나로서는 만족스럽지 않다. 따라서 캐럴의 가설을 어떻게 보강하면 좋을지도 밝혀가겠다.

패러독스 해결의 세 가지 조건

구체적인 예시를 검토하기 전에 이 패러독스를 해결하려는 가설이 어떤 조건을 충족해야 하는지 명확하게 해두자.

먼저, 가설은 일반적이어야 한다. 호러라는 장르 전체

에 들어맞아야 한다. 예를 들어 우주에서 침략해 온 개체를 다룬 호러에만 들어맞는 설명이거나 특정 작품에만 적용할 수 있는 설명이어서는 안 된다.

두 번째 조건은 첫 번째 조건과 밀접한 관련이 있다. 특정한 관객층이나 특정한 시대에만 들어맞는 설명은 피하고 싶다. 예를 들어 호러와 전쟁의 관계는 자주 언급되었다. 미국에서는 1940년대에 호러 작품이 크게 유행했고, 이후 종전과 함께 호러 영화 산업은 쇠퇴하기 시작했는데, 1950년대 냉전 시대에 들어서자 다시 SF와 긴밀한 관계를 맺으며 회생했다(〈플라이〉, 〈우주의 침입자〉 등). 이런 현상은 시대를 뒤덮은 막연한 불안감 등으로 설명되지만 여기에서는 이런 설명도 배제할 것이다.

세 번째 조건은, 너무 일반적이어서 호러 이외의 장르에까지도 들어맞는 가설이어서는 안 된다는 점이다. 예를 들어 '호러를 보면 불안이나 스트레스가 해소된다'는 식의 설명이 그렇다. 호러가 아니어도 불안이나 스트레스를 잊을 수 있는 것은 많다. 주요 관객이나 등장인물이 청소년이라거나 학교가 배경인 호러가 많다는 점을 들어 '호러는 청소년기의 불안한 정체성과 사회에서 느끼는 소외감을 표현한다'거나 '어른을 향해 터뜨리는 불만의 배출구'라는 식으로 해석하는 사람들도 있다. 이 역시 호러에만 한정된 이야기가 아니다. 사실 이런 설명들은 패러독스를 해결하는 데에 도움이 되지 않는다. 물론 틀린 말은 아니다. 그런 측면도 있긴 하다.

최후의 조건 : '별종 가치'에 호소하지 않을 것

호러는 혐오와 공포를 자극한다. 그런 자극을 웃도는 다른 가치가 있기에 호러에 매료되는 것이라는 설명은 피해주기 바란다. 다시 말해, 호러가 기피 대상을 그렸음에도 불구하고 그 다른 가치 때문에 사람들이 즐기고 받아들인다는 설명은 곤란하다. 이 방식에 기대지 않고 호러의 매력을 설명할 수 있다면 최고일 것이다. 이것이 네 번째 조건이다. 이 조건을 충족하는 것은 좀 어려울 수도 있겠다. 하지만 가능하다면 이 조건도 채워주면 좋겠다.

물론 호러가 그런 부가적인 가치를 지니지 않는다는 뜻이 아니다. 오히려 잘 만들어진 호러는 공포와 더불어 다양한 부가적 가치들을 가져다준다. 진지한 사색을 요구하기도 하고, 사회를 비판하기도 한다. 웃음과 동시에 소름이 돋게 하는 호러도 있다. 내가 말하고 싶은 것은, '공포와 혐오를 웃도는 다른 가치가 있기에 호러가 매력적이라는 설명이 틀렸다'는 말이 아니다. 그 다른 가치가 호러라는 장르에 보편적이면서 특유한 것이라면, 패러독스 해결이라는 점에서는 어쨌거나 만족할 만하다. 그러나 그런 설명은 '무서운데도 불구하고 호러가 매력적인 이유는 무엇인가?'에는 대답이 되겠지만, '호러가 무섭기 때문에 매력적인 이유는 무엇인가?'에는 답이 되지 못한다. 만약 두 번째 질문에 답을 주는 설명을 찾는다면, 그 설명이 훨씬 더 적절하다고 생각한다. 왜냐하면 호러라는 장르를 특징짓는 것은, 다른 그 무엇보다 공포라는 정서이기 때문이다.

2. 호러는 억압된 성적 욕망의 변형이다!

흡혈귀의 상징적 의미

정신분석은 다양한 분야에 적용되어 왔다. 그러니 호러의 매력쯤이야 식은 죽 먹기로 설명할 수 있겠지! 캐럴은 풋내기 영화학자였을 무렵에 정신분석학적으로 호러 영화를 해석해보려 했다. 지금까지도 특정한 작품, 특정한 서브 장르 등에서는 정신분석학이 유효한 분석 수단으로 평가된다. 요즘 사이코 호러 장르에서는 정신분석이나 프로파일링이 유행이다. 제작자도 비평가가 정신분석적 어휘를 써서 자신의 작품을 분석해주기를 바라는 것 같다. 그렇게 하면 작품이 한 차원 깊어 보일 테니.

캐럴은 정신분석에 근거한 두 가지 설명을 검토해보았다. 첫 번째는 캐럴 자신이 영향을 받은 어니스트 존스의 《악몽에 대해서》에 기술된 내용이다. 이 책에서 존스는 프로이트적인 '무의식의 욕망 충족'에 근거해서 악몽에 나타나는 몽마, 흡혈귀, 악마, 늑대인간, 마녀의 상징적인 의미를 밝히려고 했다. 이 분석은 꽤 재미있다.

존스는 악몽에 나오는 대상이 왜 무서운지 질문을 던졌다. 그 이유는 악몽에 숨은 욕망의 표현은 있는 그대로 노출되어서는 안되는 것, 금지되어야 할 것이기 때문이다. 꿈은 그 욕망을 본연의 모습 그대로 드러내지 않고 검열해서 변형시킨다. 그 결과, 악몽에 등장하는 대상은 무섭고 오싹한 형태를 취한다. 이 말은 무슨 의미일까?

존스는 흡혈귀를 예로 들었다. 전설 속 흡혈귀는 상반된 두 가지 속성을 갖는다. 사람들의 경외를 받는 동시에 사람들의 피를 빤다. 현대화된 버전과 달리, 전설 속 흡혈귀는 제일 먼저 자기 친척을 방문한다. 흡혈귀의 꿈은 사랑했던 가족이 죽음에서 살아 돌아와 나를 방문하길 바라는 욕망을 나타낸다.

그런데 그 근친자는 왜 다른 사람의 피를 빨아 먹는 무시무시한 존재가 되어 방문할까? 존스는 이를 유혹과 연결시켰다. 꿈을 꾸는 자는 죽은 근친자를 만나고 싶을 뿐만 아니라 그와 근친상간하기를 바란다고 보았다. 그러나 근친상간의 욕망은 금지되고 억제된다. 그래서 욕망의 대상인 죽은 근친자는 무의식적인 검열을 통해 흡혈귀로 변형되고 사랑하는 행위는 사디스트적인 공격으로 바뀐다. 능동적 욕망이, 꿈에서는 자신을 흡혈귀가 욕망하는 대상, 즉 수동적인 희생자로 변형된다. 흡혈이라는 행위는 포옹과 빨기, 깨물기와 연결된다. 악몽을 꿀 때 꿈꾸는 자의 욕망은 구순기 아기의 욕망으로 돌아간다는 것이다.

무서움은 쾌락에 도달하는 길이다

왠지 정신분석학 교과서를 그대로 따른 것 같다. 욕망을 부인함으로써 사랑이 증오로 변형된다. 죽은 자는 능동적으로 욕망하는 존재가 되고, 실제로 욕망하고 있는 산 자는 수동적인 존재가 된다. 퇴행을 통해 생식기적인 욕망은 구순기적 욕망으로 변형된다. 흡혈귀 악몽은 꿈을 꾸는 자가 지닌 근친상간적인 욕망이 변형되어 나타난 것이다. 존스는 이 설명을 다른 악몽에도 확장, 적용했다.

패러독스 해결과 이 설명을 한번 연결해보자. 악몽에 나타나는 대상이 무서우면서 동시에 매력적인 이유는 무엇일까? 먼저 매력적인 이유는 무의식적인 근친상간적 욕망의 대상이기 때문이다. 드라큘라가 멋진 남자인 것도 이해가 간다. 그러나 이 욕망은 금지되고 억압된 것이므로 그대로 인정할 수 없다. 인정해서는 안 되는 욕망을 위장하기 위해서 꿈을 꾸는 사람은 자신이 욕망하는 대상을 무섭고 거절하고 싶은 이미지로 변형한다. 이렇게 변형한 덕분에 꿈을 꾸는 사람은 자기 내면적인 검열로부터 비난을 피할 수 있다. 왜냐하면 자신은 스스로 욕망한 것이 아니라 욕망되고 덮쳐진 것이며 자신을 덮친 자를 무서워하고 있기 때문이다. 이렇게 공포와 혐오는 꿈을 꾸는 사람이 자신의 욕망을 충족하기 위한 방편으로 쓰인다.

대중을 대상으로 한 허구 작품은 종종 사람들의 무의식적인 욕망을 채워주는 매체라고 불린다. 그렇다면 존스의 이 설명을 호러 일반으로 확장할 수 있을까? 호러의 패러독스적인 성격은 우리의 무의식 영역을 지배하는 좀 더 깊은 양의성을 반영한 것이다, 호러의 괴물이나 사건이 매력적인 이유는 무의식적인 욕망을 채워주기 때문이다, 괴물과 사건이 무섭고 혐오를 불러일으키는 이유는 검열을 통과하기 위해서다, 이렇게 풀어보면 패러독스는 완벽하게 사라진다. 무서움은 쾌락에 도달하는 길이 된다. 동시에 공포·혐오가 매력적인 이유도 설명됐으므로 네 번째 조건도 충족이 된다(만약 옳다면). 으음. 잘 만들어진 설명이다. 무심코 믿어버릴 뻔했다.

고질라가 '억압된 성적 욕구'의 산물일까?

정신분석은 과학 철학자들에게 언제나 유사 과학이라는 의심을 받았다. 이 책에서는 그 의심을 다루지는 않겠다. 굳이 과학철학의 도움 없이도 존스의 이론을 생각해보면 고개를 갸웃거릴 수밖에 없다. 호러에 등장하는 모든 괴물, 혹은 무서운 개체의 배후에 '숨겨진 성적 욕망'이 있다니, 아무리 확장된 의미라 하더라도 다소 무리가 따른다. 물론 〈캣 피플〉이나 〈양들의 침묵〉 같은 억압된 성적 욕망이라는 해석이 잘 맞아떨어지는 호러 작품도 많다. 혹은 〈로즈메리의 아기〉나 괴물의 외계 버전인 〈플라이 2〉처럼 대놓고 괴물의 아이를 배는 호러 서브 장르도 있다.

그러나 억압된 성적 욕구설이 맞아떨어지지 않는 괴물이 오히려 더 많다. 킹콩이나 고질라를 성적 욕망을 충족하기 위한 캐릭터로는 도저히 볼 수 없다. 존스식 정신분석 이론으로는 호러의 일반을 포괄하는 설명을 할 수 없다. 첫 번째와 두 번째 조건을 충족하지 못한다.

억압 이론으로는 호러의 양의성을 설명할 수 없다

성적 욕망이 아닌 다른 그 무엇이 억압된 결과로 괴물을 설명하는 방식은 어떨까? 예를 들어 억압된 유아적인 불안,

트라우마 등이 괴물을 탄생시킨다고 볼 수도 있지 않을까? 뭐든 자신이 생각하는 대로 된다는 유아적인 만능성에 대한 집착이나, 반대로 원하는 대로 되지 않을 때 느끼는 격렬한 분노 등도 보통 억압된 무의식의 표현으로 본다. 이것이 검열을 거쳐 괴물이나 초능력으로 형태를 바꾼다고 볼 수도 있지 않을까? 분노를 참지 못해 폭발하는 캐리의 초능력이나 스캐너스들의 무시무시한 능력은 이런 식으로 설명이 가능해진다.

그러나 이 역시 괴물적인 모든 것을 설명하진 못한다. 왜냐하면 호러 괴물을 좀 더 간단하게 만드는 방법도 있기 때문이다. 5장에서 다양한 생물에게서 자잘한 부품을 가져와 조합한 뒤에 조금 끈적거리게 만드는 신체의 분해·재구성으로 괴물 표상을 창조하는 과정을 설명했다. 개미나 거미나 쥐처럼 평범한 생물을 무더기로 무리 짓게 만들어도 된다. 크기를 다르게 해도 좋다. 그렇게만 해도 아주 무서워진다. 굳이 무의식을 뒤져 억압된 그 무엇을 찾아내서 괴물을 만드는 어려운 길을 걸을 필요는 없는 것이다.

캐럴과 내 결론은 이렇다. 물론 정신분석적인 설명이 유효한 작품도 있다. '무의식 속에 억압된 무언가'라는 정신분석적 표현은 이제 일상 언어에 폭넓게 녹아들었고 의도적으로 그런 틀에 따라 작품을 만드는 경우도 있다. 그러나 공포와 혐오에 따른 회피와 저항하기 어려운 매력의 양립을 억압된 대상의 양의성으로 설명하려는 정신분석적 이론은 호러라는 장르를 충분히 포괄하지 못한다.

3. 호러란 억압된 것이 시도하는 질서 전복이다!

문화라는 패러다임이 우리를 억압한다

캐럴이 두 번째로 검토한 정신분석적 설명은 무의식 속에 억압된 성적 욕망이 아니라 논문《두려운 낯섦》에서 전개한 프로이트의 사상과 연관이 있다. 프로이트는 유아기의 억압된 콤플렉스가 부활할 때 혹은 극복된 원시적 신념이 다시금 확인될 때 두려운 낯섦이 생긴다고 설명했다.

이번에도 억압이 나왔다. 대체 억압의 정체가 무엇일까? 문학연구자인 로즈메리 잭슨은 1981년에 판타지를 설명한 저서에서 이렇게 언급했다. 우리의 주류 문화가 갖춘 카테고리의 질서는 억압적인 패러다임으로 작용한다. 그리고 문화의 패러다임 때문에 억압되고 잊힌 것이 때때로 괴물로 현현한다. 이런 의미에서 괴물은 '세상은 이런 것이다'라고 주류 문화가 강요하는 패러다임의 한계를 나타내고, 거기에 이의를 제기하는 것이라 말할 수 있다.

그중에서도 사람이라는 개념은 특히 억압적인 카테고리다. 무엇이 정상적인 사람인지를 주류 문화는 멋대로 정하고 강요한다. 호러는 이런 사람이라는 카테고리를 늑대나 물고기, 파리와 뒤섞거나 말도 안 되는 능력을 부여하거나, 사람과 사람을 뒤섞는 다양한 방식을 통해서 해체한다. 괴물은 이렇게 혼합성을 지닌다. 애초에 불순하기에 카테고리를 침범하고 따라서 주류 문화에는 불결한 존재다. 이렇게 생각하면 괴물은 기존 카테고리에 문제를 제기하고 뒤흔들어서 문화가 무엇을 억압해왔는지 드러내는 존재라고 할 수 있다. 괴물은 기존 질서를 전복한다.

잭슨의 이 고찰은 호러의 패러독스를 해결하기 위한 용도는 아니었는데, 캐럴은 여기에서 패러독스의 해답을 도출해보면 어떨지 생각했다. 호러는 있을 수 없는 것, 있어서는 안 되는 것을 괴물로 표현해서 문화의 우위적인 개념 패러다임이나 고정관념을 휘젓는다. 강요된 패러다임이 압도적이고 답답할 때, 그 패러다임의 파괴는 우리에게 잠시나마 해방감을 주기 때문에 즐거운 일이다. 이것이 사람들이 호러를 환영하는 이유다. 만약 그렇다면 호러와 개그가 생각보다 상성이 좋은 이유도 설명이 된다. 둘 다 권위적으로 경직된 패러다임의 뜻하지 않은 파괴에 뿌리를 내리고 있으니까.

호러 질서 전복설의 난점

잭슨의 사상은 호러의 본질을 기존 질서의 전복에 둠으로써 정치성을 강조했다. 제작자가 체제 비판이나 질서 전복을 의도하고, 관객도 그런 메시지가 포함되었다고 생각하면서 작품을 보는 경우는 분명 흔하다. 앞에서 언급한 냉전과 호러의 관계도 그렇다. 그밖에도 환경오염이나 과학 기술 문명을 비판하기 위해 괴물의 형태로 표현한 호러의 예시는 열거하자면 끝이 없다.

그런데 이 이론에 대한 캐럴의 평가는 무의식적인 욕망

설과 다르지 않다. 그 사상이 들어맞는 호러도 있다. 그러나 모든 호러가 그렇지는 않다. 기존 질서 전복설도 일반성이 부족해서 첫 번째 조건을 충족하지 못한다. 예를 들어 호러의 단골 소재인 다중 인격이나 유기적으로 통합되지 않은 불순한 혼합물인 괴물을 지배적인 문화가 우리에게 강요하는 자기동일성(정체성)에 대한 경직된 인식을 전복하려는 대상으로 보는 시각은 가능할지도 모른다.

그러나 캐럴에 따르면 지킬과 하이드, 도리안 그레이, 늑대인간 같은 허구상의 분열 자아 대부분은 오히려 선과 악, 이성과 본능, 이론과 감정, 인간성과 짐승성으로 분열된 존재라는 전통적인 인간관을 구현했다고 볼 수도 있다. 전통적인 인간관을 뒤집는 것이 아니라 오히려 반복과 변주를 통해 강조한다. 잭슨의 실수는 우리의 문화가 '합리적 주체로서 통합된 자아'라는 한 가지 인간관만 지녔다고 상정한 것이다.

게다가 카테고리에서 벗어난 것은 곧 억압받는 것이라는 전제 자체도 수긍하기 어렵다. 잭슨은 '일컬어지지 않고 떠올리지 않는 것'은 억압된 것이라고 생각하는 것 같다. 그러나 괴물이나 호러가 그리는 상황은 '생각할 수 없는' 것이긴 해도 반드시 억압된 것이라고 볼 수는 없다. 인간과 기계를 융합하거나 인간의 몸에 파리의 머리를 얹으면, '오오, 이런 괴물도 있다니!' 하고 놀라지만, 그런 존재를 생각하는 것 자체가 금지되었거나 억압되었다고 하면 너무 허풍이 심하다.

수많은 무서운 것들이 이런 종류의 억압을 당한 것은 절대 아니다. 단순히 문화의 주류 카테고리나 통상 개념의 레퍼토리에 속하지 않아서 떠올리기 어려운 것과 주류 문화에 의해서 억압된 것은 다르다. 괴물 대부분은 단순히 떠올리지 못했을 뿐이지 억압되어 있던 것이 아니다. 괴물은 기존 문화적 카테고리에 변형이나 조합 등의 일상적인 조작을 추가해서도 만들어낼 수 있다. 억압과는 아무런 상관이 없다.

게다가 호러에서 '절대 말도 안 되는 것'을 보더라도 반드시 현실이 부정된 기분을 느끼진 않는다. 그 절대 말도 안 되는 것은 문화의 기존 카테고리에 속하지 않을 수 있지만, 동시에 우리는 이미 그것이 현실 세계에 존재하지 않는다는 것을 알고 있다. 괴물을 그리는 것, 혹은 허구를 창조하는 것은 그 자체로 정치적인 행위가 되지 못한다. 캐럴은 도덕적으로도 정치적으로도 어쩌지 못하는 허구가 많이 있다는 사실을 환기했다. 문화의 카테고리를 뒤엎거나 반항하려는 듯이 보이는 작품은 많다. 그러나 그것이 정치적으로도 꼭 전복적이지는 않다. 허구가 정치적으로도 전복적인지 아닌지는 그 내적 구조와 문맥에 달렸지, 허구라는 존재론적인 위상에 달린 것이 아니다. 정치적 전복성은 허구나 호러의 본질이 아니다. 모든 호러가 비판적·전복적이라고 볼 수 없고 오히려 비판적·전복적인 요소를 지닌 다른 장르의 작품들은 그야말로 수도 없이 많다.

4. 호러는 '인지적 기쁨'을 준다

'비극의 기쁨'에 관하여

캐럴은 충분히 포괄적이지 않다는 논증을 통해 정신분석적 이론을 모두 무찔렀다. 그리고 패러독스의 해결책을 위한 실마리를 역사적인 기원에서 찾으려고 했다. 사실이 패러독스는 18세기에 널리 논의된 적이 있다. 단, 호러보다는 조금 더 넓은 문맥에서 논해졌다. '보통 피하고 싶은 사건이나 대상이 예술작품 안에서 다루어지면 우리에게 기쁨을 주는 이유는 무엇일까?'라는 문제였다. 이 문제에서는 호러가 아니라 비극이 주로 다루어졌다. 현실에서 일어나는 자살이나 학살은 당연히 즐거울 리 없다. 그런데 비극에서는 그런 것이 더할 나위 없는 오락이 되어 사람들에게 기쁨을 준다. 대체 왜 그럴까?

데이비드 흄은 저서《비극에 대하여》에서, 에드먼드 버크는《숭고와 미의 근원을 찾아서》에서 이 문제를 다뤘다. 캐럴은 흄의 사상에서 실마리를 얻으려고 했다. 흄은 변론가가 들려주는 우울한 이야기에서 기쁨을 얻는 것은 이야기하는 사건 때문이 아니라 수사(修辭)에 대한 청중의 반응 때문이라고 했다. 비극에서 이 수사에 해당하는 것은 줄거리(플롯)다. 햄릿, 오필리아, 거트루드의 죽음에 관객은 흥미를 느낀다. 그러나 비극적인 사건 그 자체가 기쁨을 주진 않는다. 오히려 그것이 어떤 플롯으로 구성되었는가에 따라 관객의 기쁨이 좌우된다.

이야기가 전개되기 시작하면, 이야기를 앞으로 끌고 가는 힘 덕분에 플롯이 계속해서 만들어진다. 그런 플롯이 관객에게 '다음에는 어떻게 될까?', '햄릿 앞에 어떤 운명이 기다리고 있을까?'라는 의문을 품게 한다. 이 의문의 답을 얻고 흥미가 충족된 지점에서 비극을 보는 기쁨이 생긴다. 이처럼 비극을 통해 느끼는 기쁨은 이야기에 대한 기대가 채워짐으로써 만들어진다.

호러의 핵심은 '발견·확인' 플롯

캐럴은 흄의 이 견해를 호러에 적용하면 패러독스를 해결할 열쇠를 얻을 수 있다고 보았다. 호러라는 장르도 대부분 이야기다. 관객의 흥미와 쾌락의 중심에는 괴물 그 자체보다 이야기가 있다.

괴물은 억압된 무언가를 해방시키기 위한 것이라는 정신분석학적 견해는 호러에 등장하는 괴물의 기능에만 착안한 주장이다. 만약 흄의 견해가 옳다면, 괴물에만 주목하는 것은 햄릿의 죽는 방식에만 주목하는 것과 마찬가지로 잘못된 것이다. 호러에서 괴물이 중요하지 않다는 의미가 아니다. 또 모든 호러의 스토리가 항상 기쁨을 전해준다는 의미도 아니다. 오히려 캐럴은 괴물을 호러에서 빠져서는 안 되는 필수구성 요소라고 생각했다. 그리고 호러에는 다른 장르와는 다른 호러만의 플롯이 있다고 생각했다.

그렇다면 호러 특유의 플롯은 무엇일까? 캐럴의 대답은 이렇다. 호러에서 이야기는 종종 상식으로는 불가능한 무언가의 존재를 증명하거나 발견하거나 확인하는 것을 중심으로 돌아간다. 괴물의 존재는 그런 이야기의 구성 요소다. 발견·확인이라는 플롯에 관객의 관심을 집중시키기 위해서 괴물이 존재한다. 감독은 괴물의 정체를 최대한 감추고 싶어 한다. 그러나 영화가 시작되고 얼마 지나지 않아 관객에게 괴물의 존재는 알려지기 마련이다. 이를 피할 순 없다. 그래서 등장인물이 괴물을 발견·확인하기까지는 긴 과정이 필요하다. 〈죠스〉에서도 백상아리가 주인공 앞에 모습을 온전히 드러내는 것은 영화 후반부에 들어서다. 흄도 이야기로 사람의 마음을 움직이는 제일 좋은 방법은 '알리기를 교묘하게 늦추고 비밀을 흘리기 전에 호기심을 자극해서 애를 태우는 것'이라고 했다.

발견 이야기는 나중으로 미뤄진다

〈나이트메어〉는 주인공 낸시가 꿈속에서 프레디에게 쫓기는 장면으로 시작하기 때문에 처음부터 그 정체가 드러난다. 아니, 대부분 관객은 영화관에 발을 들이기 전부터 프레디를 알고 있다. 그러나 꿈을 꾸는 당사자는 지나치게 현실 같지만 그냥 악몽일 뿐이라고 생각한다. 우연히 대화를 나누다가 친구도 똑같은 꿈을 꾼다는 사실을 알고, 낸시는 악몽의 실재를 절반쯤 믿는다. 어디까지나 절반쯤이다. 낸시는 그 후에 이런저런 일이 생기고 나서야 프레디의 존재를 확신하지만, 이번에는 주변 어른들을 이해시키지 못한다.

이런 식으로 영화에서는 괴물의 발견과 확인이 뒤로 미뤄진다. 먼저 관객이 알게 되고, 다음으로 등장인물 중 누군가, 또 누군가, 또 누군가가 알게 되는 구조를 지닌다. 괴물이 등장한 뒤에도 그 본성, 정체, 유래, 목적, 능력, 약점 등의 정보는 감춰진다. 주인공은 괴물과 맞서기 위해서, 혹은 괴물에게서 도망치기 위해서 그런 정보를 하나하나 밝혀나가야 한다.

〈스크림〉에서는 꽤 이른 단계에서 살인마의 존재를 관객과 등장인물에게 밝힌다. 따라서 이야기를 움직이는 것은 살인마의 정체와 동기를 알고 싶다는 욕구다. 이 영화는 참 훌륭하게도 마지막의 마지막까지 살인마의 정체를 알 수 없게 만들었다. 만약 정체가 밝혀졌더라도 이제 이야기를 움직이는 것은 괴물 퇴치에 성공하느냐 못 하느냐다. 따라서 이 시점에서도 약점 찾기 혹은 탈출법 강구라는 형태로 탐구·발견의 드라마가 이어진다.

플롯의 포인트 '괴물'

호러는 호기심으로 움직인다고 보아도 좋다. 관객을 매료하는 것은 수수께끼의 제시, 발견, 탐구 혹은 증거 제시, 증명, 설명이라는 일련의 과정이다. 이렇게 말하면 호러만 그런 것은 아니라는 지적이 들어오리라. 나라도 그런 지적을 할 것이다. 적어도 그 다음은 어떻게 될지, 결말이 어떨지 알고 싶은 욕구는 모든 이야기에 공통이지 않을까?

캐럴은 호러가 다음과 같은 점에서 특별하다고 이야

기했다. 호러는 일반적으로 어떤 괴물적인 존재를 포함한다. 괴물은 이런 종류의 호기심을 만들어내는 데 아주 적절하다. 왜냐하면 괴물은 우리의 개념적인 틀을 전제로 하는 한 있을 수 없는 존재이며 원리적으로도 알 수 없는 존재로 제시되기 때문이다. 그렇기에 우선 존재를 증명해야 하고 다음으로 정체를 밝혀야 한다. 이렇게 괴물의 존재 증명과 정체 규명이 호러 플롯의 핵심이 된다.

극에서 괴물의 정체를 탐구하는 주체는 보통 괴물에게 습격당한 피해자이거나 탐구를 전문 직업으로 삼은 자(엑소시스트, 정신과 의사, 프로파일러)인데, 때때로 괴물 자신이 자신의 정체를 탐구하는 영화도 있다. 예를 들어, 만화가 이와아키 히토시의 《기생수》에서는 인간에게 기생해서 인간을 먹어치우는 삶에 어떤 의미가 있는지 기생수 자신이 스스로에게 질문을 던진다.

호러가 가져오는 두 가지 기쁨

지금까지 호러의 전형적인 플롯을 이루는 탐구와 그 탐구 과정에서 괴물의 역할이 무엇인지 살펴보았다. 이제 패러독스 해결까지 한 걸음 남았다. 호러를 체험하는 기쁨은 발견, 증명, 확증하는 과정에서 나온다. 다시 말해서 우리가 수수께끼에 매료되고 수수께끼가 해결되는 기쁨에 빠질 수 있다는 사실, 이것이 호러가 사람들을 끌어들이는 이유다. 호러의 기쁨은 우선 인지적인 기쁨이다. 토머스 홉스가 마음의 식욕이라고 부른 호기심을 채우는 것, 그것이 바로 호러에서 느끼는 기쁨의 정체다.

이런 인지적 기쁨을 충족하기 위해서 괴물이 중요한 역할을 한다. 괴물은 공포와 혐오의 대상이기에 탐구심을 부추긴다. 잭슨의 이론대로 괴물의 괴물다움은 기성 카테고리에 속하지 않고 분류를 거부하는 점에 있다. 기존 분류체계에 포함되지 않는 불순하고 더러운 외부자이기에 우리는 괴물을 곤혹스러워하고 혐오의 대상으로 삼아 경원시한다. 그러나 한편으로 기성 카테고리에 속하지 않는 수수께끼이기에 우리의 호기심을 자극하고 탐구심을 움직이게 한다. 이것이 두 번째 기쁨이다.

여기까지가 캐럴의 해결법이다. 어떤가. 설득력이 있지 않은가? 만약 이 생각이 옳다면 호러의 기쁨은 호기심이 충족되는 지점에 있고, 공포나 혐오의 정서를 느끼는 것 자체는 호러를 보는 첫 번째 목적이 아니게 된다. 캐럴은 혐오를 발견의 기쁨에 따르는 대가라고 말했다. 그런데 이 해답은 왠지 호러의 중요하고도 재미있는 점을 제대로 포착하지 못한 것 같다. 이 찜찜함을 해결하기 위해서 이제부터 캐럴의 이론을 지적해보자.

5. 캐럴의 패러독스 해결법 비판

캐럴의 이론은 세 가지 조건을 충족하지 못했다

캐럴의 이론을 패러독스 해결을 위한 네 가지 조건에 비추어 검토해보자.

먼저 특정 관객층이나 시대에만 들어맞는 설명은 안 된다는 두 번째 조건은 충족한다고 봐도 좋다. 탐구 이야기로서 호러의 플롯 자체는 시대에 따라 그다지 변화하지 않는다. 또 탐구를 통한 호기심 충족도 특정한 관객에게만 해당하진 않을 것이다.

호러라는 장르 전체에 들어맞는 가설이어야 한다는 첫 번째 조건은 어떨까? 캐럴의 이론이 과연 일반적이기에 충분할까? 수수께끼 풀이·탐구의 플롯을 지니지 않은 호러도 있다. 〈텍사스 전기톱 학살〉에서는 청년들이 연달아 습격을 받는데 레더페이스의 정체는 전혀 밝혀지지 않고 피해자들도 정체를 밝히려고 행동하지 않는다. 캐럴은 정신분석적 설명이 포괄적이지 않다고 거부했으면서 자신의 이론은 그렇지 않아도 된다는 태도인 걸까? 게다가 캐럴은 이야기가 아닌 그림과 같은 형식의 호러도 인정했다. 그건 또 어쩌려는 생각일까?

게다가 호러 이외에도 들어맞는 가설은 안 된다는 세 번째 조건도 충족하지 못한다. 탐구와 발견 플롯은 다른 장르에서도 보이기 때문이다. 범죄 수사물은 말할 것도 없다. 자연재해 장르도 매우 비슷한 플롯을 지닌다. 처음에는 지극히 소수의 사람들만 앞으로 닥칠 이변을 깨닫는다. 〈딥 임팩트〉의 소행성 충돌처럼 정부가 비밀로 숨기거나 〈투모로우〉의 빙하기 도래처럼 아무도 믿어주지 않는다. 관객에게도 전모를 감춘다. 그러다가 서서히 증거가 모여 등장인물 대다수와 관객에게도 공유된다. 괴물을 자연재해로 바뀠을 뿐이다. 그렇다면 캐럴의 플롯 가설은 이제 반대로 지나치게 포괄적이어서 호러 이외의 장르에도 들어맞는 가설이 되지 않는가? 이런 의문이 생긴다.

호러의 괴물은 이해 불가능한 존재일까?

한편으로 호러 전부를 포괄하지 못하고 다른 한편으로 호러 이외의 장르에도 들어맞는다면, 캐럴의 가설은 어긋나 있는 것이다. 그런데 캐럴은 이런 비판이 나올 것을 미리 예상했다.

먼저 수수께끼 풀이는 호러 이외에도 흔히 보이는 플롯이라는 비판에 대해 어떻게 방어했는지 알아보자. 분명 다른 장르에서도 수수께끼가 등장하고 해결되지만, 그때 충족되는 호기심은 호러와 질이 다르다. 호러가 아닌 장르에서는 수수께끼를 만드는 대상은 상식적으로 받아들일 수 있는 존재다. 예를 들어 아주 평범한 범죄자이거나 자연재해이거나 소행성이거나. 이런 대상은 있으면 곤란하지만 존재 자체가 불가사의하진 않다.

이와 달리 호러의 제일 첫 번째 수수께끼는 그런 대상이 존재한다는 것 자체다. 존재 자체가 불가사의한 괴물이 호러의 본질이라고 캐럴은 생각했다. '으악, 이게 뭐야. 이런 게 있어도 되는 거야?'라는 불가능한 존재에 느끼는 호기심이 호러라는 장르를 형성한다는 것이다.

그러나 호러에서 해결해야 하는 수수께끼와 다른 장르의 수수께끼의 차이를 그 대상이 (우리의 상식적 범위에서) 가능한 것인가 불가능한 것인가로 구별하는 것은 쉽지 않다. 〈미져리〉도 〈스크림〉도 훌륭한 호러인데, 여기에 등장하는 '괴물 같은 인물'은 불가능한 존재도 아니고 이해 불가능한 존재도 아니다. 소설을 사랑하다 못해 마음에 들지 않는 결말을 쓴 작가에게 깊은 증오를 불태우거나 주변의 압박에 짓눌려서 살인을 저지르는, 어딘가 과도하게 이상한 사람들이다. '괴물적인 인물'이라고 표현하면 좋겠다. 우리는 일상을 살면서 이런 인물과 그리 쉽게 만나지는 않을 것이다. 그래도 그들은 이해할 수 있는 사람들이다. 그런 사람과 우리는 같은 경향성을 공유한다. 사랑하는 대상에 느끼는 집착, 인간 교제에 따라 오는 압박에 짓눌려 반사회적인 행동을 하고 싶은 경향을 우리는 많든 적든 갖고 있다. 차이라면 나는 다행스럽게도 그런 경향이 적은데 그들은 아주 많다는 점이다. 호러에 나오는 괴물은 이렇게 우주에서 온 슬라임 같은 자연 섭리에 반한 불가사의한 존재들만 있지 않다.

캐럴의 양의성 해석

호러가 수수께끼 풀이식의 플롯만을 지니는 것은 아니라는 비판에 캐럴은 다음과 같이 항변했다. 호기심을 부추기는 것은 플롯의 작용만이 아니다. 공포의 대상 그 자체만으로도 호기심을 유발한다. 오히려 그렇기에 공포의 대상이 탐구·발견되는 플롯을 지탱할 수 있다. 수수께끼 풀이 이야기의 플롯도 물론 호기심을 자극할 수 있지만, 그런 플롯

없이도 호기심은 자극되고 고양된다. 캐럴이 단순하게 무서운 대상이 호기심을 자극한다고 주장하는 것은 아니다. 호러에서 공포의 대상은 우리가 지닌 기존 개념의 틀이나 분류 체계에서 벗어난 변칙적이고 추악한 존재다. 표현을 바꾸면 우리의 세계상을 혼란하게 하는 존재다. 따라서 우리를 두렵게 하고 혐오하게 한다.

한편으로 변칙적인 것은 우리의 흥미를 끌기도 한다. 기존 카테고리·문화적 테두리를 침범하는 것 자체가 호기심을 자극하고 우리를 매료한다. 이렇게 호러에서 공포의 대상은 공포와 혐오감을 자극함과 동시에 우리의 흥미를 끈다. 만에 하나 우리가 실제로 괴물과 만났다면 기존 테두리에서 벗어난 변칙적인 예이므로 어떻게 대처해야 좋을지 몰라 허둥거릴 것이다. 그러나 호러의 경우, 우리는 괴물이 없다는 사실을 이미 알고 있다. 그래서 그 괴물에 어떻게 대처해야 하는지의 문제는 발생하지 않는다. 괴물의 공포를 환기하는 측면은 실천적 긴급성을 부과하지 않으므로 매혹적인 측면만 맛보는 여유를 준다.

수수께끼 풀이 플롯이 즐거움의 원천이라는 설명만 했을 때는 공포와 무관한 것을 끌어와서 연결하는 인상이었다. 그런데 수수께끼 풀이 플롯을 움직이는 것이 괴물의 변칙성이고 그것이 동시에 공포와 혐오의 원천이라는 설명을 들으니 호러가 지닌 양의성이 잘 맞물린 것 같다.

이렇게 놓고 보면 꽤 훌륭한 설명으로 보인다. 나 역시 탐구·발견 플롯이나 괴물 자체가 지닌 신비로움이 호러의 즐거움을 높여준다고 생각한다. 그러나 패러독스 해결로는 여전히 만족하지 못하겠다.

왜냐하면 캐럴의 설명은 여전히 호러의 즐거움을 혐오와 공포를 웃도는 다른 가치를 이용해서 설명하는 방식이기 때문이다. 캐럴의 이론은 무서운데도 불구하고 즐거운 이유가 무엇인지를 설명하는 지점에 머물러 있으며 따라서 네 번째 조건인 무섭기 때문에 즐거운 이유의 설명에는 도달하지 못했다. 캐럴의 주장은 무서움을 그것이 지니는 매력에 관한 설명에서 너무 멀리 떨어뜨려 놓았다.

6. 공포는 정말로 불쾌한가

'불쾌'라는 전제를 의심하자

왜 이런 결과가 나왔을까? 패러독스를 해결하려는 방향이 근본적으로 잘못되었기 때문이다. 패러독스는 이렇게 정리할 수 있다.

> 전제 1. 호러는 공포와 혐오를 가져온다.
> 전제 2. 공포도 혐오도 불쾌해 사람들은 피하려 한다.
> 결론. 그러므로 사람들은 호러를 피하려고 할 것이다.

그러나 이 결론은 사람들이 호러를 스스로 찾아 누리고 즐거워하는 사실과 다르다. 그래서 패러독스가 된다.

캐럴을 비롯한 사람들은 전제 1과 2를 인정하고서 사실을 설명하려고 했기에 호러에서 공포와 혐오를 능가하는 기쁨을 찾으려고 했다. 억압에서의 해방이나 호기심 충족이 그런 기쁨이라는 것이다.

다른 방법이 있다. 전제를 부정하는 방법이다. 전제 2는 틀렸다. 공포도 혐오도 그 자체로는 불쾌하지 않다. 호러 장르에서 공포와 혐오는 쾌락을 제공한다. 전제 2를 부정하면 패러독스는 생기지 않는다. 상식을 벗어난 소리라고 생각할 수도 있다. 그러니 좀더 설명해보겠다.

공포 그 자체는 불쾌하지 않다

사람들이 공포를 즐기는 듯이 보이는 것은 호러에만 국한된 이야기는 아니다. 어른도 아이도 일부러 적극적으로 무서운 일을 체험한다. 번지점프나 제트코스터를 떠올리면 좋겠다. 수수께끼 풀이 플롯이 주는 재미가 없어도 사람들은 공포 그 자체를 즐긴다.

오스트리아의 임상심리학자인 린다 길모어와 마릴린 캠벨은 아이들이 보편적으로 호러 영화, 제트코스터, 호러 게임, 귀신의 집 등에서 공포감을 즐기는 경향을 보인다고 했다. 오히려 공포를 즐기지 못하고 피하려는 경향은 불안장애 진단 기준에 포함된다는 것이다.

그런데도 공포는 불쾌하며 피해야 한다고 생각하는 이유는 무엇일까? 자신에게 위해를 가하는 대상의 지각으로부터 공포가 생기기 때문이다. 그 위해의 대상은 일단 피해야 할 대상으로 지각된다. 공포는 '자신에 대한 위협'이라는 중핵적 관계 주제를 표상한다. 그리고 위협은 피해야 할 것이므로 공포도 피해야 할 것이라고 생각한다.

또 한 가지 공포는 보통 도망치거나 피하려는 행동을 촉발하기 때문이다. 즉 지각과 행동의 성질에 따라 공포와 '피해야 한다'라는 특징이 연결된다. 그러나 이 두 가지는 반드시 공포 그 자체가 피하고 싶어지는 느낌을 지니고 있음을 의미하지는 않는다. 프린츠의 체현된 평가 이론이 밝혀낸 것처럼 공포는 신체적 반응의 지각이다. 공포에서 느끼는 무언가는 공포의 신체적 반응이다. 자, 공포의 신체적 반응 그 자체와 그때 느끼는 느낌으로 분리해보고 공포 자체에서 피하고 싶어지는 불쾌함이 반드시 동반하는지 살펴보자.

공포의 신체적 반응은, 말하자면 아드레날린이 왕창 나와서 교감신경계가 흥분하는 것이다. 다른 격렬한 정서도 마찬가지다. 각성 정도가 높아져 흥분 상태가 된다. 문맥에 따라서는 쾌감으로 느껴지는 상태이기도 하다. 우리는 때때로 이런 각성 상태가 될 필요가 있지 않을까? 현대 생활에서는 진정한 공포를 느낄 기회가 너무 적기 때문이다. 알프레드 히치콕은 "우리 인간에게 유익한 충격을 주는 것이 목표다. (중략) 이미 우리는 본능적으로 닭살이 돋지 않게 되어버렸다."라고 말했다.

공포는 엔도르핀 방출을 촉진한다. 엔도르핀은 '뇌 안의 마약'이라는 별명에서 알 수 있듯이 진정 작용과 쾌감을 주는 신경전달물질이다. 호러를 습관적으로 보고 더욱 더 강한 공포 자극을 원하게 되는 이른바 '호러 중독'은 엔도르핀의 작용이라고 한다. 나아가 공포를 처리한다고 알려진 편도체는 동시에 쾌감의 자리이기도 하다. 어떤 조건 아래에서는 공포의 영역으로 간 자극이 쾌락을 만들어 내는 일이 가능할지도 모른다(길모어&캠벨 2008). 뇌 영상을 활용한 연구를 통해 불안 장애를 앓는 아이는 편도체의 좌반구가 작고 우반구 쪽이 크다는 사실이 밝혀졌다(밀햄 외 2005, 벨리스 외 2000). 편도체의 우반구는 공포를 관장하고 좌반구가 쾌감을 관장한다고 여겨지므로 수긍할 만한 결과다.

공포의 느낌은 대략적이다

다음으로 공포를 느낄 때의 느낌에 주목하자. 흔들다리 실험에서도 알 수 있듯이 우리는 공포의 느낌을 두근거림으로 아주 쉽게 착각한다. 느낌은 그것만 잘라 내어 어떤 정서의 느낌인지 정확히 말할 수 있을 정도로 세분화되지 않는다. 따라서 자신이 지금 어떤 정서를 느끼는지 아는 것은 그 정서가 무엇 때문에 일어났고 어떤 행동을 동기부여하는가라는 문맥에 따른 해석이 포함된다. 즉 정서의 느낌 그 자체는 너무 모호해서 해석에 따라 공포가 될 수도 기분 좋은 흥분이 될 수도 있다.

물론 두 가지 가능성이 있다. 느낌 그 자체는 쾌도 불쾌도 아닌데 해석에 의해 구분된다는 이론과 공포의 느낌에는 처음부터 쾌와 불쾌라는 두 가지 측면이 있어서 문맥에 따라 한쪽이 강해진다는 이론이다. 지금 시점에서 어느 쪽이 옳은지 판단할 수 없지만 이 말만은 할 수 있다. 공포의 느낌이 항상 불쾌함만을 동반한다고 한정할 수 없다. 때로는 쾌감도 가져온다. 특히 호러는 허구이므로 위협이 실재하지 않는다는 신념이 존재한다. 이 신념이 인지 상위 수준에서 행동을 만드는 공포 시스템에 개입함으로써 본격적인 도피 행동을 억제한다. 이에 따라 불쾌하니까 피해야 한다는 의미 부여가 약해지고 공포가 지닌 쾌감 측면만 맛볼 수 있다.

어린아이가 공포를 즐기려면 자신이 안전하다고 믿고 공포 반응을 조절할 수 있는 조건이 필요하다. 불안 장애인 아이들은 자주 자신이 안전하지 못하다고 믿고 무서운 사건이나 공포감을 제어할 수 없다고 믿는다. 그래서 그런 아이들은 공포의 즐거움을 맛보지 못한다(길모어&캠벨 2008).

캐럴의 생각처럼 공포의 불쾌함을 웃도는 쾌락을 얻을 수 있기에 공포를 참는 것이 아니다. 호러는 공포에 내재된 쾌락적 요소를 끌어내는 장치라고 생각하는 편이 낫다. 사람들은 왜 호러에 이끌릴까? 공포가 쾌락을 내재하기 때문이다. 혹은 이렇게 말해도 좋다. 우리는 원래 공포를 즐길 수 있기 때문이다.

3부

공포에서 무서운 '느낌'이란 무엇인가

1부에서는 '어라 무서워 꺄' 체험을 통해 정서의 구성 요소를 끌어내고 정서 모델을 찾아보았다. 2부에서는 푸시미풀유 표상을 사용해서 '어라 무서워 꺄'를 하는 원시적인 동물에게 새로운 표상 시스템이 더해지면서 만들어진 다층적인 시스템으로 인간을 분석했다. 푸시미풀유 동물은 표상할 수 없는 다양한 것들을 표상할 수 있게 되면서 우리는 호러라는 오락을 즐기게 되었다. 무서운데도 즐기게 되는 모순적인 호러의 특징을 '무서움의 느낌은 문맥에 따라서 즐겁다'라는 가설로 설명했다.

문제는 설명에 등장한 '느낌'이다. 1장에서 끌어낸 정서의 다양한 요소 중에 느낌만은 아직도 우리의 모델 안에 머무를 곳이 없다. 공포에는 오싹한 느낌, 분노에는 울컥하는 느낌이 따른다. 그런데 이 느낌의 정체는 대체 무엇일까?

'느낌'이 무엇인지 생각하는 것은 '의식'이 무엇인지 생각하는 것이기도 하다. 의식은 느낌과 떼려야 뗄 수 없는 관계이기 때문이다. 그래서 3부의 주제는 정서의 느낌과 의식의 수수께끼다. 아직 정체불명인 느낌을 우리의 정서 모델에 채워 넣는 것이 목표다.

내가 선택한 기본적인 견지는 유물론이다. 유물론은

심신이원론을 부정한다. 뇌와 같은 물질 이외에 마음이라는 실체가 존재할 리가 없다. 따라서 의식을 포함해 마음의 다양한 성질은 궁극적으로 '물질만이 이 세상에 존재한다'는 전제로 해석할 수 있다고 생각한다면 그 사람은 유물론자다. 나는 이런 의미에서 유물론자다.

마음은 뇌를 비롯한 신체와 전혀 다른 실체다. 마음의 특질은 의식을 체험하는 것에 있고 의식은 느낌으로 가득하다. 이렇게 생각하면 더는 할 수 있는 일이 없다. 그렇다면 물질에 불과한 뇌가 어떻게 느낌을 동반하는 의식 경험을 실현할까? 이 문제를 '의식의 하드 프라블럼'이라고 한다. 3부에서는 유물론적인 견지에서 이 문제를 어떻게 풀지 고찰해볼 것이다.

8장에서는 의식의 하드 프라블럼을 설명하고, '유물론적 견지로는 절대로 의식을 해명하지 못한다'고 주장하는 사람들이 주로 사용하는 '철학적 좀비'라는 괴물을 어떻게 퇴치할지 생각해볼 것이다. 9장에서는 의식의 표상 이론을 이용해서 의식 체험이 지닌 느낌을 설명하겠다. 의식 체험이 어떻게 만들어지는지에 대한 가설로 프린츠의 AIR 이론도 소개할 것이다. 마지막으로 의식의 하드 프라블럼을 해결하는 것이 무엇을 위한 것인지 생각해보자.

8장

철학적 좀비를 어떻게 퇴치할까?

1. 두 종류의 좀비와 의식의 하드 프라블럼

철학적 좀비란 무엇인가

이번 장에서는 좀비가 주인공이다. 호러 영화에서 좀비는 독특한 캐릭터이다. 다른 캐릭터들은 〈싸이코〉의 노먼 베이츠나 〈텍사스 전기톱 학살〉의 레더페이스처럼 개성이 두드러지는 단독 인물이고 각자의 개성이 있다. 그러나 좀비는 다르다. 남녀노소, 인종, 계급, 빈부, 성적 지향성의 차이 없이 모두 좀비가 된다. 인간은 죽으면 다 똑같다는 사실을 체현하는 존재다. 얼마나 민주적인지 모른다. 따라서 좀비는 우리 민중을 은유한다. 대로를 행진하고 광장을 꽉 채우고 상점가에 모인다.

최근 들어 좀비는 철학자들 사이에서 인기가 높아졌다. 물론 철학에서 말하는 좀비는 호러 영화의 좀비와는 비슷해보이지만 다르다. 철학적 좀비란 기능적으로는 인간과 전혀 다르지 않은데 느낌을 전혀 체험하지 않는 가공의 존재이다. 다시 말해, 의식 체험을 하지 않는다. 지금부터 천천히 살펴보자.

의식 체험의 본질은 느낌이다?

정신을 잃거나 깊은 잠에 빠지면 의식이 없어지고 아무런 느낌이 들지 않는다. 의식이 있을 때는 어떨까? 지금 이 글을 쓰고 있는 나는 졸음을 꾹 참으며 버티고 있다. 잠이 든 사이 무의식 상태로 글을 쓸 수 있으면 좋으련만 그럴 일은 없다. 글을 쓰려면 간신히 의식을 부여잡을 수밖에.

눈앞에는 컴퓨터 모니터가 보이고 키보드 키에 손가락이 닿는 감촉이 느껴지고 다닥다닥 두드리는 소리가 들린다. 손가락이 키보드 키를 누르는 감촉과 소리, 그리고 모니터에 차례로 나열되는 문자가 조화를 이루고 있다. 동시에 배가 살살 아프고 모기에 물린 곳이 가렵다. 입에는 조금 전에 마신 커피 맛이 남아 있다. 잠이 쏟아진다. 갑자기 낮에 급한 회의가 생겨 원고를 쓸 수 없었던 상황이 떠오르자 화가 치밀어 오른다.

이런 것은 의식 체험인데 모두 느낌을 동반한다. 까만 문자열은 까만 느낌이 난다. 빨간 문자와는 다르다. 키보드 키의 감촉은 독특한 느낌이 있다. 마시멜로를 만질 때와는 다르다. 배가 당기는 느낌은 공복감과 다르다. 가려움은 아픔과 조금은 비슷하지만 역시 다른 느낌이다. 분노는 울컥하는 느낌이 난다. 지각도 정서도 느낌을 지닌다. 느낌이 없으면 각각의 체험을 의식 체험이라고 부를 수 없다. 가려움이 없으면 가려움을 느낀다고 말할 수 없고, 울컥하고 안달복달하는 느낌이 없으면 분노라고 할 수 없다.

철학에서는 이것을 어떻게 부를까? 느낌은 의식 체험의 본질이고, 다양한 느낌이 동시에 한 덩어리가 되어 몰려오는 것을 '의식이 있는' 상태라고 한다. 의식과 의식 체험을 특징짓는 독특한 느낌을 '감각질'이라고 부르기도 한다. 여기에서는 '느낌'이라는 단어로 사용하기로 하자.

마음은 인과적 기능으로 정의할 수 있다

철학적 좀비에게는 이런 의식 체험이 없다. 왜 이런 존재를 상정했을까?

철학적 좀비는 원래 심리철학의 기능주의 입장을 비판하기 위해서 제안된 사고 실험이었다. 기능주의란 마음 상태, 즉 신념, 욕구 등의 명제적 태도, 분노, 공포 등의 정서, 무언가 특정한 것이 보인다는 지각이나 아픔 등의 감각은 그것이 완수하는 인과적 기능에 따라 정의할 수 있다는 이론이다.

예를 들어 아픔이란 무엇인가? 아픔은 외상이나 장기의 이상 때문에 생기고(입력), 그것을 완화하고 싶어하고(욕구), 그래서 진통제가 유효하다고 생각(신념)하면, 약을 찾아서 먹는 행동을 일으킨다(출력). 혹은 그 아픔이 중대한 병의 징조라고 생각(신념)하고, 그 병으로 죽고 싶지 않으면(욕구), 병원에 가는 행동을 일으킨다(출력). 아픔은 이런 기능적 역할을 한다. 기능주의에서 아픔이란 입력, 출력, 그리고 마음의 상태(신념이나 욕구)의 인과관계를 충족시키는 정서라 할 수 있다.

철학적 좀비의 기능주의 비판

기능주의는 마음에 대한 철학적 탐구 중 가장 영향력 있는 입장으로 여겨졌는데 이에 대해 강력한 반론이 제기됐다. 그것이 철학적 좀비의 사고 실험이다.

철학적 좀비, 다시 말해 우리와 기능적으로 같지만 의식 체험은 결여된 존재에 대해 생각해보자. 좀비는 기능적으로 우리와 다른 점이 없으므로 외상이나 장기의 이상 등이 발생하면 그것을 완화하고 싶다는 욕구가 생기고 진통제가 도움이 된다는 신념이 존재한다면 약을 찾아 먹는 행동을 일으킨다고 가정해보자. 아픔의 기능을 완수하는 셈이므로 기능주의에 따르면 이것은 아픔이다. 그런데 좀비는 아픔을 느끼지 않는다. 그 어떤 의식 체험도 지니지 않기 때문이다. 좀비의 아픔은 아픈 느낌을 동반하지 않는데, 기능적으로는 아픔이다. 좀비가 지닌 것은 '아프지 않은 아픔'이다. 아프지 않은 아픔을 우리는 아픔이라고 말할 수 있을까? 아픔의 기능을 충족했다 해도 정작 아프다는 느낌을 느끼지 못한다면 그것은 과연 아픔일까? 이것이 바로 철학적 좀비가 기능주의자들에게 던지는 질문이다.

왜 하필 좀비를 선택했는가

철학자는 대부분 사고 실험을 좋아한다. 특히 사고 실험에 SF나 호러에 등장하는 소도구나 캐릭터를 등장시키기 좋아한다. 사고 전이 장치나 쌍둥이 지구(힐러리 퍼트넘

이 제안한 사고 실험에 등장하는, 우리가 사는 지구와 똑같은 지구—옮긴이) 등이 대표적이다. 이런 소도구들은 논의를 인상 깊게 해주는 장점도 있지만, 사고 실험의 세부 사항에 정신을 팔리게 해서 논의의 요점을 흐리게 할 우려도 있다. 철학적 좀비 역시 마찬가지이다.

왜 굳이 좀비일까? 우리와 기능적으로 같은 로봇으로 설정했어도 되었을 텐데. 좀비를 사고 실험의 대상으로 설정한 까닭은 우리가 일상적으로 심신이원론적 태도를 기저에 깔고 있기 때문이 아닐까. 잠깐 호러 이야기로 다시 돌아가보자.

《옥스퍼드 영어사전》에 좀비(zombie)의 어원은 신적인 힘을 지닌 것을 뜻하는 콩고 말 nzambi라고 나온다. 이 단어는 노예 무역을 통해 서인도제도 아이티로 전해졌고, 그 후로 아이티 민간전승에서 좀비는 보코라고 불리는 주술사가 육체만 부활시킨 사체를 의미하게 되었다. 좀비는 부두교와 종종 연결되는데, 보코는 부두교의 정식 성직자가 아니라 민간 주술사였던 것 같다. 부활한 좀비에게는 의사가 없어서 보코의 노예로 쓰였다. 이 좀비 전승은 1929년 윌리엄 시브룩의 소설《마법의 섬》을 통해 미국에 소개되었다. 이 작품을 원작으로 1932년에는 빅터 핼퍼린 감독의 영화 〈화이트 좀비〉가 제작되면서 좀비라는 단어가 널리 알려졌다.

그 후 좀비는 아이티 전승과 분리되어 '되살아난 시체'를 가리키는 일반 명사가 되었다. 조지 로메로의 영화 〈살아있는 시체들의 밤 2〉에서는 시체가 되살아난 원인을 밝히지 않은 채 이야기가 진행된다. 이후 좀비물이 얼마나 인기를 끌었는지 말하지 않아도 알 것이다. 다양한 버전이 나오면서 좀비 영화는 하나의 장르가 되었다고 해도 좋을 정도다.

좀비는 무덤에서 되살아난 시체다. 영혼이 이미 빠져나간 존재다. 철학적 좀비는 인간에서 의식을 뺀 존재다. 이 말은 입력을 출력으로 변환하는 것은 뇌를 포함한 물질적인 신체의 이야기고, 의식 체험은 영혼의 이야기라는 식의 심신이원론을 암묵적으로 깔고 있음을 의미한다. 이런 이원론은 일반적으로 퍼져 있다. 의식(=느낌)이야말로 영혼을 영혼답게 하고 인간을 단순한 물질과 구별해준다는 믿음을 우리는 상식처럼 받아들인다.

반기능주의 좀비와 반물리주의 좀비

철학적 좀비는 기능주의의 반대 예시로 등장했다. 기능적으로는 우리와 등가이지만 의식 체험만 없는 이러한 좀비를 반기능주의 좀비라고 부르자. 그런데 철학적 좀비는 마음에 대한 유물론적인 접근 일반에 대한 반대 예시로 차츰 발전했다. 나와 분자 수준까지 완벽하게 같은 '또 하나의 나'를 생각해보자. 그 존재는 나와 완전히 똑같은 뇌 상태를 지녔지만, 느낌을 동반한 의식 체험을 전혀 하지 않는다. 즉 나와 물리적으로는 등가이지만 의식적 경험이 없는 존재다. 이것을 반물리주의 좀비라고 하자.

갑자기 '물리주의'라는 단어가 나왔다. '이건 또 뭐야?' 하고 생각하는 사람들을 위해서 물리주의의 견지가 무엇인지 확인해보자. 물리주의는 유물론의 일종이라고 해도 좋고, 유물론을 좀 더 명확한 주장으로 만든 것이라고 해도 좋다. 이 견해는 다음 두 가지 주장을 내세운다. (1) 이 세계에 존재하는 모든 것은 물리학이 밝혀낸 세계의 구성 요소(소립자나 장(場) 등)로만 이루어졌다. (2) 이 세계에서 일어나는 모든 현상은 물리적 구성 요소끼리의 상호작용이다(적어도 원리적으로는).

그렇게 어려운 이야기는 아니다. 정서는 뇌의 작용이고, 뇌는 수많은 뉴런의 덩어리이며, 뉴런이 신호를 주고받는 것은 다양한 화학 반응의 집적이다. 그렇다면 정서는 뇌 안의 다양한 물질의 상호작용으로 실현되는 것이다. 어떤 식으로 실현되는지 알면 정서가 무엇인지도, 그 구조와 성질도 설명할 수 있지 않을까, 이렇게 생각하는 사람은 물리주의자다. 아무리 물리주의자라도 정서가 무엇인지에 대한 설명이나 심리법칙 등을 물질의 상호작용을 지배하는 법칙, 예를 들어 슈뢰딩거 방정식 같은 것에서 갑자기 도출할 수 있다고 주장하지 않는다.

반물리주의 좀비는 그 이름대로 물리주의를 비판하기 위해서 반유물론적 철학자들이 만들어냈다. 이 좀비가 어떻게 물리주의의 결함을 입증하는 데 사용되었는지 살펴보자. 논의는 다음과 같이 진행된다.

좀비, 즉 우리와 완전히 똑같은 뇌 상태를 지니고도 의식 체험을 전혀 하지 않는 존재를 가정해보자. 만약 이런 존재가 가능하다면 의식 체험을 세계의 물리적 구성 요소끼리의 상호작용으로 인해 실현되고 있는 것이라고 설명할 수 없다. 왜냐하면 좀비와 우리의 마음 상태가 똑같은 물리적 구성 요소의 똑같은 상호작용으로 인해 실현되기 때문이다. 물리주의로는 의식에 대해서 설명할 수 없다. 이것만으로도 물리주의에 결함이 있는데, 나아가 의식 체험을 '이 세계에 존재하는 모든 것' 중 하나라고 전제하면 물리주의는 틀렸다. (1)이 성립하지 않기 때문이다.

철학적 좀비의 재정의

한편 의식 과학의 선구자인 철학자 데이비드 찰머스는 1966년 연구에서 '물리주의의 난점'을 드러내서 물리주의를 보강할 목적으로 좀비를 이용했다. 좀비를 통해 의식은 물리주의자가 생각하는 방식으로 간단히 설명할 수 없다는 인상을 주려고 한 것이다.

찰머스는 의식이라는 개념을 다음 두 가지로 구분했다.

(1) 심리학적 의식 : 짖는 개를 보고 움찔움찔하는 것은 의식 체험인데, 그곳에 있는 개의 위험성에 대한 평가와 주변 상황에 대한 신념에 따라 가만히 있거나 뒤로 물러나거나 쏜살같이 도망치거나 울며 도움을 요청하는 등의 행동을 출력한다. 이러한 기능면에 초점을 맞춘 의식 개념을 심리학적 의식이라고 부른다.

(2) 현상적 의식 : 짖는 개를 보고 느끼는 공포가 그런 기능만 한다고는 볼 수 없다. 공포에는 특유의 무서운 느낌이 동반된다. 이러한 의식의 느낌에 초점을 맞춘 의식 개념을 현상적 의식이라고 부른다. 현상적이라고 부르는 이유는 공포를 느낄 때, 무서운 느낌이 반드시 따라오기 때문이다.

정리하면, 철학적 좀비는 심리학적 의식은 지니지만 현상적 의식을 지니지 않는 존재다.

두 종류의 의식 문제

찰머스는 의식에 관한 문제를 쉬운 것(이지)과 어려운 것(하드)으로 나누어 다음과 같이 특징을 지었다.

· 의식의 이지 프로그램 A : 심리학적 의식을 물리주의적으로 설명하는 과제. 심리학적 의식은 기능에 따라서 정의 가능하므로 의식이 완수하는 기능을 명확하게 해서 그 기능을 실현하는 뇌의 부분 혹은 뇌 상태를 규명하면 된다. 이것은 통상 말하는 과학적인 방식으로 풀 수 있는 과제다. 사실 이 과제에 대한 연구는 이미 진행 중이어서 성과가 다수 나와 있다.

· 의식의 하드 프로그램 A : 현상적 의식을 물리주의적으로 설명하는 과제. 철학적 좀비가 가능하다면, 의식의 기능면을 특정해서 그것이 무엇에 따라서 실현되

고 있는지를 규명하는 것만으로는 해결하지 못할 것이다. 따라서 이지 프로그램보다 훨씬 어려운 문제다. 물리주의 방법론에 확장이 필요할지도 모른다.

철학자 스즈키 다카유키는 2015년에 발표한《우리가 원자의 집합이라면 왜 아픔이나 슬픔을 느낄까?》라는 소설 같은 제목의 연구서에서 이지와 하드의 대비를 다음과 같이 바꿔 표현했다.

· 이지 프로그램 B : 의식 체험과 뇌 상태의 상관을 밝히려는 문제. 어떤 의식 체험을 지니는 것은 어떤 뇌 상태를 지니는가를 특정하는 것이 과제이다.
· 하드 프로그램 B : 의식 체험과 뇌 상태의 관계를 밝히려는 문제. 단순히 의식 체험과 뇌 상태의 상관을 밝히는 것이 아니라 상관이 성립하는 이유를 밝히는 것이다.

표현을 바꾸면 양자의 차이를 잘 알 수 있다. 그러나 찰머스가 앞에서 한 말(A)과 스즈키 다카유키의 말(B)이 과연 같은 의미일까? 조금 의문이다. 말을 바꾸니 하드 프로그램 B는 A보다 좀 더 간단해진 것 같다.

어쨌든 찰머스는 의식 과학이 몰두해야 하는 문제가 얼마나 어렵고 도전적인 과제인지 주장하고자 '의식의 하드 프로그램'이라는 단어를 만들었다. 그런데 하드 프로그램의 하드함을 지나치게 강조한 것처럼 보인다. 하드 프로그램은 원리적으로 해결 가능할지 모르나, 인간의 한정적인 지성으로는 무리다. 개가 양자역학을 이해하지 못하는 것과 마찬가지라고 주장하는 신(新)신비주의자들까지 나타날 정도니까.

과학적 인식의 한계를 미리 제한하고 과학으로는 이것을 알아낼 수 없다고 하는 철학적 논의가 있다. 좀비를 사용한 논의도 그 중 하나인데 대체로 그런 논의는 잘못되었다. 지성의 한계를 확인하려면 한계까지 가보는 수밖에 없다. 그런 이유로 철학적 좀비를 퇴치하려는 시도를 할 것이다. 구체적으로 다음 세 가지 주장을 펼치려 한다.

첫 번째, 의식의 하드 프로그램이 물리주의적으로 해결 불가능하다는 논의는 잘못되었다. 두 번째, 하드 프로그램은 불필요하게 어려운 문제라고 여겨진다. 문제가 원리적인 어려움을 포함했기 때문이기도 하지만, '현상적 의식을 물리주의적으로 설명하는 것'이 대체 무엇인지, 무엇을 어떻게 설명해야 할지 혼란스럽기 때문이기도 하다. 세 번째, 이런 방향으로 탐구를 진행함으로써 하드 프로그램을 해결할 수 있지 않을까, 이런 유망한 가설은 있을 수 있다.

2. 철학적 좀비의 해체

철학적 좀비와 영화 속 좀비

철학적 좀비와 영화 속 좀비는 매우 다르다. 철학적 좀비는 기능적으로는 인간과 똑같다. 외견만 보면 인간인지 철학적 좀비인지 판단하기 어렵다. 영화 속 좀비는 행동 자체가 인간과 다르다. 말을 하지 못하고 인간을 잡아먹거나 총알 세례를 받아도 멀쩡하게 이쪽으로 다가온다. 철학적 좀비는 그렇지 않다. 처음부터 끝까지 인간과 똑같이 행동한다. 단, 의식 체험 없이 그렇게 행동한다.

앞에서 철학적 좀비를 두 종류로 분류했다. 그중에서 반물리주의 좀비는 반기능주의 좀비이기도 하다. 물리적으로 완전히 똑같다면 똑같은 기능주의적 기술이 적용될 테니까. 그런데 그 반대는 성립하지 않는다. 반기능주의 좀비는 반물리주의 좀비가 아니다. 완전히 똑같은 기능적 기술이 적용되는 복수의 시스템이 다른 물리적 방식으로 실현될 수도 있기 때문이다. 이것을 기능의 다중실현 가능성이라고 한다. 따라서 반기능주의 좀비를 물리치는 방법은 반물리주의 좀비를 물리치는 방법과 다르다.

그렇다면 먼저 반물리주의 좀비를 퇴치하려면 어떻게 해야 할지 생각해보자.

반물리주의자에게 하는 지적

좀비가 가능하다면 현상적 의식을 물리주의적으로 설명할 수 없다는 것이 반물리주의 논의의 핵심이었다. 그러므로 물리주의자는 "좀비는 있을 수 없다."라고 말하면 된다. 이렇게까지 말하지 않더라도 좀비가 가능하다는 논의에 결함이 있으니까 그 결론은 나올 수 없다고 말하면 된다.

반물리주의자의 논의를 잘 살펴보자. 그들의 논의는 (1) 반물리주의 좀비(물리적으로는 우리와 완벽하게 똑같지만 의식 체험이 없는 존재)를 생각해보자, 생각할 수 있지? 이런 식으로 인정하게 하고서 (2) 반물리주의 좀비가 있을 수 있다면 물리주의는 의식 체험을 다루지 못한다고 말하고, 두 가지 전제 (1)과 (2)를 바탕으로 물리주의는 의식 체험을 다루지 못한다고 결론을 내린다.

이 논의를 지적하는 방법은 일단 세 가지다. 전제 (1)이 잘못되었다고 말한다, 전제 (2)가 잘못되었다고 말한다, (1)과 (2)에서는 결론이 나오지 않는다고 말한다.

사고 가능성과 형이상학적 가능성을 연결 지을 수 없다

나는 전제 (2)는 받아들여도 괜찮다고 생각한다. 그러니 첫 번째 선택지와 세 번째 선택지를 검토할 것이다. 이 두 가지 선택지는 거의 같은 취지의 사상에 기초한다. 먼저 세 번째 선택지부터 살펴보자.

사실 (1)과 (2)에서는 결론이 나오지 않는다. (1)에서는 좀비를 '생각할 수 있다'고 했으면서 (2)에서는 갑자기 '있을 수 있다'로 변해버렸다. 결론을 제대로 내려면 감춰진 다음 전제를 보충해야 한다.

(3) 좀비가 존재한다고 생각할 수 있다면 좀비는 존재할 수 있다.

그러나 일반적으로 (3)이 성립하는지는 의심의 여지가 있다. 어떤 사항을 생각할 수 있는지는 생각하는 사람에 따라 좌우된다. 철학 용어를 사용하면, 인식론적인 가능성을 말하고 있다. 한편 '있다면' 뒤의 '존재할 수 있다'는 이 세계가 지닌 성질이다(이것이 성질이라면).

모리셔스 섬에 서식한 도도새는 17세기 말에 멸종했다. 섬에 들어온 사람들과 그들이 데려온 가축들이 도도새 뿐만 아니라 아기 새와 알까지 먹어치웠기 때문이다. 만약 그들이 조금만 조심했더라면 지금도 도도새는 '있을 수 있다'. 이것은 이 세계의 물리적·생물학적 법칙이나 모리셔스 섬의 기후 조건 등이 지금도 도도새의 존재를 용인하기 때문이다. 앞에서 '있을 수 있다'는 표현은, 이 세계가 어떤 것을 용인하고 어떤 것을 금지하는지와 관련된다. 이러한 가능성을 형이상학적 가능성이라고 부른다.

무엇이 형이상학적으로 가능하고 불가능한지 직접 확인할 수는 없다. 실제로 이 세상에 존재하는 것이라면 형이상학적으로도 가능하다. 하지만 그렇지 않을 경우는 어떨까? 실제로 존재하지 않지만 형이상학적으로 가능할 수도 있고 아닐 수도 있다. 문제는 이것에 대해 직접적인 증거가 없다는 점이다. 이를 추측하는 실마리는 '사고가 가능한지 아닌지'이다. 과거로 가는 시간 여행을 생각해 보자. 사고가 가능하기에 도라에몽이나 터미네이터 같은 작품이 만들어진다. 그러나 이것이 과거로의 시간 여행이 가능하도록 이 세계가 이루어져 있다는 증거가 되지는 않는다. (3)처럼 사고 가능성과 형이상학적 가능성을 연결 짓는 것은 일반적으로 성립되지 않는다.

어렴풋하게 상상할 수 있는 정도의 사고 가능성에서는 형이상학적 가능성이 나오지 않지만, '이상적인 사고자가 제대로 파고 들어서 숙려한 후의 사고 가능성에서는 형이상학적 가능성을 추론해도 괜찮지 않은가?'라는 의문이 제기될 수 있다. 이 질문에는 다음과 같이 대답하면 된다.

> "그럼 (3)을 '이상적 사고자가 숙려한 후에 좀비가 존재한다고 생각할 수 있다면 좀비는 존재할 수 있다'로 바꿔볼까요? 그러면 (1)도 '이상적 사고자는 좀비가 존재할 수 있다고 숙려한 후에 생각할 수 있다'로 바꿔야겠군요. 이렇게 바꾸지 않으면 결론이 나오지 못하니까요. 그런데 이렇게 말을 바꾼 (1)에는 지적할 곳이 너무 많지 않나요? 나도 당신도 로메로 감독도 좀비가 있을지도 모른다고 생각할 수 있습니다. 그렇지만 우리는 이상적 사고자일까요? 제대로 숙려한 후에 좀비가 존재할 수 있다고 생각한 것일까요? 오히려 반대입니다. 우리는 바보여서 그렇게 생각한 것입니다."

앞에서 사고 가능성은 생각하는 사람에게 의존하는 성질이라고 설명했다. 그렇다면 어떤 사항을 생각할 수 있는 것은 단순히 생각하는 사람이 무지하기 때문일지도 모른다. 지식이 없을 때는 사고 가능한 것처럼 보였던 사항이 지식이 쌓인 뒤에는 사고 불가능할 수도 있다.

좀비 사고 실험이 나타내는 것

좀비 사고 가능성에도 위 설명이 똑같이 적용되지 않을까? 좀비가 있을 수 있다고 생각하는 것은 우리가 아직 의식의 본질을 전혀 모르기 때문이다. 이것이 우리가 현재 처한 상황이다. 현상적 의식이 뇌 안에서 어떻게 실현되는지의 문제는 하드하니까. 이런 상황에서는 우리가 사용하는 '의식' 혹은 '현상적 의식', '느낌' 같은 개념은 아직 불분명하다. 그런 개념을 사용해서 사고하는 동안에는 좀비가 사고 가능한지조차 확실하지 않다. 하드 프로그램에 도전한 결과, 느낌은 결국 물리주의적으로 설명하지 못한다는 것이 판명된다면 좀비는 사고 가능한 것이 될 것이다. 한편 물리주의가 성공한다면 의식은 이런 저런 물리적 상호작용이라는 사실이 확립될 것이고, 그렇다면 물리적으로 등가인 시스템에서 한쪽이 현상적 의식을 지녔으므로 다른 한쪽도 지니게 된다. 이때 좀비 가능성은 생각할 수 없게 된다.

좀비의 사고 실험이 나타내는 것은 의식에 대한 물리주의적 설명의 불가능성이 아니다. 이 실험은 고작해야 우리가 의식에 대해서 지극히 무지하고, 그렇기에 '의식'이라는 개념도 흐리멍덩하다는 것을 나타낸다.

이런 종류의 철학적 사고 실험은 본말전도다. 원래는 탐구한 다음에 개정되어야 하는 아직 불확실한 개념을 꺼내서 그 개념에 대한 아주 일부 직관(의식은 물리적 기술에서 독립한 '느낌'을 그 본질로 해서 정의되어야 한다는 직관)을 전제로 삼아 탐구의 불가능성을 주장하고 있기 때문이다. 사실 그 개념적 직관이야말로 탐구 과정에서 검토하고 개정해야만 하는데 말이다.

3. 우리도 때때로 좀비로 변신한다

반기능주의 좀비는 퇴치할 수 없다

나는 좀비 영화를 아주 사랑하지만 철학적 좀비, 특히 반물리주의 좀비에는 냉담하다. 그렇다면 다른 좀비는 어떨까? 반기능주의 좀비 말이다. 반기능주의 좀비를 대하는 내 태도는 반물리주의 좀비를 대할 때와 상당히 다르다. 반물리주의 좀비에는 뇌수에 총탄을 박아 넣는 밀라 요보비치를 연상시키는 태도로 임하지만, 반기능주의 좀비와는 공존하려는 전략을 취한다. 〈새벽의 황당한 저주〉에서 숀이 보이는 태도와 같다. 숀의 친구는 술을 마시고 게임을 하고 방귀나 뀌어 대는 시시한 녀석인데, 좀비에 물려 좀비가 된다. 숀은 좀비가 된 이 친구를 주차장에서 키운다. 친구는 여전히 컴퓨터로 게임을 한다. 좀비는 대중의 은유니까 당연하다면 당연하다. 좀비를 애완동물로 삼아 공존한다니 참 찝찝한 결말이다. 원래 좀비는 주술사가 노예로 부리기 위해 만든 존재니까 그런 의미에서는 좀비 본래의 기능을 되살린 관계라고도 할 수 있다.

반기능주의 좀비를 퇴치하지 않는 이유는 퇴치할 수 없기 때문이다. 왜냐하면 우리도 부분적으로 반기능주의 좀비이기 때문이다. 우리도 자신 내면의 반기능주의 좀비와 공존할 수밖에 없다. 반기능주의 좀비의 아픔은 아프지 않다. 그들의 공포는 무서운 느낌을 동반하지 않는다. 그들이 지각하는 빨간 대상은 빨간 느낌을 동반하지 않는다. 우리는 의식 체험을 지니면서도 동시에 아프지 않은 아픔, 무섭지 않은 공포, 빨갛지 않은 빨간 지각도 지닌다.

무의식의 정서가 있을 수 있을까

무서운 느낌이 없는 공포가 있을까? 있다, 그렇기에 우리는 부분적으로 반기능주의 좀비이다. 무서운 느낌이 없는 공포도, 아프지 않은 아픔도 당연히 상상하기 어렵다. 상상이란, 의식에 떠올려서 시뮬레이션하는 것이므로 우리가 의식에 떠올릴 수 있는 것은 무서워하거나 아파하는 것, 바로 기억에 저장되어 있는 '느낌' 체험이다.

의식이 모니터할 수 있는 것은 마음에서 일어나는 정보처리의 극히 일부이고 처리 대부분은 의식 밖에서 이루어진다는 것이 거의 상식이다. 그렇다면 정서가 의식 밖에서 일어날 수 있다는 생각도 가능해진다. 단, '무의식의 정서'라는 단어에는 주의가 필요하다. 상당히 모호한 표현이어서 잡다한 것들이 끼어들어 논의를 혼란스럽게 할 가능성이 있으니 정리해보자.

(1) 정서 반응을 만드는 전처리 과정, 예를 들어 판단 등이 의식 밖에서 이루어질 수 있다. 정신분석의 아버지

프로이트에게서 고전적인 예시를 찾아보자. 한 남성이 어머니와 닮은 여성과 사랑에 빠져 결혼했다. 그가 사랑한 것은 어머니였는데, 그 사실은 무의식 속에서 억압됐다. 이런 상황을 우리는 '그는 무의식적으로 어머니를 사랑했다'거나 '어머니를 향한 그의 사랑은 무의식적이었다'라고 표현하기 쉽지만, 이렇게 생각해볼 수도 있다. 그는 애정의 의식적 체험을 하지 않았는가? 그렇지 않다. 그는 사랑이라는 정서의 특유한 느낌을 맛보았다. 그의 무의식 영역에 숨겨진 것은 정서가 아니라 그 정서의 원인에 대한 인지다.

프로이트는 감정을 만들어내는 판단은 무의식에서 일어날 수 있지만 정서 그 자체는 의식적인 것이어야 한다고 생각한 것 같다. 이렇게 생각하는 사람이 지금도 많다. 프린츠는 정서 연구 분야에서 유명한 조셉 르두, 로버트 자이언스 등의 이름을 거론했다. 그들은 모두 정서 반응에 도달하는 의식 아래의 뇌내 처리 과정은 있겠지만 무의식의 정서는 있을 수 없다고 생각했다. 프린츠를 따라 나 또한 '있다'고 말하고 싶은 것은, 그들이 '없다'고 말한 것이다. 정서 반응을 만드는 무의식의 과정은 당연히 있으나 그것이 '무섭지 않은 공포'와 같은 무의식의 정서 그 자체는 아니다.

(2) 의식하지 않은 자극에 정서 반응이 영향을 받을 때가 있다. 예를 들어 2장에서 소개한 유르겐 이야기 낭독 실

험에서 피험자는 이야기를 틀리지 않고 읽는 데 집중하느라 입술을 뾰족하게 내민 것을 깨닫지 못했다. 그런데도 그 표정은 피험자의 정서에 영향을 주었다. 지금 문제로 삼으려는 '무의식의 정서'는 그런 것이 아니다. 이것은 정서를 만드는 과정이 무의식적이라는 증거는 되지만, 무의식의 정서가 있다는 증거는 되지 않는다.

무의식의 정서는 왜 부정되는가

(1)이나 (2)에서 배제된, 정서 반응에 도달하는 무의식 과정과 구별된 의미에서 '의식 체험을 동반하지 않는 정서 그 자체'의 존재에 부정적인 연구자도 많다. 왜 그럴까? 이유를 몇 가지 생각해볼 수 있다.

우선 심리학 연구 방법의 제약을 꼽을 수 있다. 대부분 피험자가 어떤 정서 반응을 어느 정도 강도로 느꼈는지는 피험자의 보고에 의존해서 측정된다. 공포를 느꼈습니까? 그 강도는 어느 정도였나요? 이런 질문에 피험자가 대답한다. 이런 방법으로 정서 반응을 검출하려고 하는 한, 정서 반응은 어쩔 수 없이 본인이 느낀 것으로 한정된다.

두 번째 이유는 정서나 공포라는 개념의 성질이다. 정서와 공포라는 개념은 사람들이 보통 사용하는 일상적 개념이기도 하다. 심리학자나 뇌 신경학자도 그 일상적 개념을 빌려서 사용한다. 이 점은 마음 연구의 숙명과도 같은데, 수학이나 물리학, 화학 개념과 다른 점이 바로 이것이다.

'계산할 수 있다'는 표현은 일상 언어에도 있다. 예를 들어 "우리 아이는 벌써 두 자릿수 덧셈을 계산할 수 있답니다."라는 식으로 말한다. 그렇지만 수학에서 '계산할 수 있는 함수'라고 말할 때는 의미가 완전히 달라진다. 귀납적 함수이거나 정의 가능한 함수를 말한다. 이것들은 엄밀한 수학적 정의를 제공한다. 애초에 수학적 의미에서 계산할 수 있는 함수 대부분은 인간이 평생 걸려도 계산하지 못하는 것뿐이다. 그뿐만 아니라 물리학의 'CP 대칭성' 같은 개념은 일상 언어에서 대응물조차 없다(나도 지금 의미를 모르면서 사용했다).

이와 달리 정서나 공포라는 개념은 과학적 개념인 동시에 일상적 체험이라는 근원에서 독립하지 못했다. 그리고 일상적인 정서의 개념은 '그것을 지닌 자가 느끼고 있는 것'이라는 조건을 정의적으로 내포하고 있는 것처럼 보인다. 그렇게 생각하는 사람은 '느끼지 못하는 정서'나 '무섭지 않은 공포'는 자기 모순적인 표현으로 간주한다. 그러므로 무의식의 정서는 정의적으로 있을 수 없다고 생각한다.

정서의 본래 기능

세 번째 이유는 정서의 기능을 바라보는 특정한 시각에서 유래한다. 1994년, 심리학자인 제럴드 클로어는 무의식의 정서를 인정하지 않는 이유를 이렇게 설명했다. 정서는 의식적이어야만 한다. 그렇지 않으면 정서가 그 기능을 완수하지 못하기 때문이다. 정서의 기능은 무엇일까? 정서는 우리에게 주의를 촉구하기 위해 존재한다. '이건 조심해, 이건 좋으니까 손에 넣어야 돼'라는 식이다. 만약 정서가 무의식이었다면 어둠 속에서 깃발을 흔드는 사람과 마찬가지로 우리의 주의를 끌지 못한다.

그런데 프린츠는 클로어의 논의가 이상한 전제에서 왔다고 비판했다. 먼저 정서는 주의를 촉구하기 위해서 있다는 가정이 과연 사실일까? 정서가 실제로 주의를 끄는 기능을 완수한다는 점은 인정한다. 특히 의식 체험을 동반하는 정서의 경우는 그렇다. 산장 화장실에서 살인마의 습격을 받은 학생의 주의는 오로지 살인마와 그가 휘두르는 나이프를 향하고, 어떻게 도망칠지에 집중된다. 바지를 내린 채로 죽는 건 싫다는 생각은 하지 않는다.

문제는 정서가 본래 주의를 끌기 위해서 있다고 말할 수 있는가이다. 지금 '본래 ~하기 위해서 있다'는 표현이 등장한 것에 주의하자. A가 원래 B를 하기 위해서 있을 때, B는 A의 '본래 기능'이라고 불린다. 가위도, 에어컨 리모컨도 다양한 용도로 사용된다. 나는 지금 참고용으로 펼쳐 놓은 프린츠의 책을 가위와 리모컨으로 눌러 놓았다. 이 물건들은 본래 문진 역할을 하기 위해서 존재하지 않는다. 가위의 본래 기능은 무언가를 자르는 것이고, 리모컨은 에어컨을 작동하기 위해서 있다.

마찬가지로 자연계에서도 우연히 완수하는 기능과 본래 기능을 구별할 수 있다. 심장은 박동수로 시계 기능을 할 수도 있다. 얼마나 격렬하게 두근거리는지 측정해 자신의 긴장 정도를 감지하는 용도로 사용할 수도 있다. 그러나 누구나 "심장은 혈액 순환을 위해 있다."라고 말할 것이다. 이것은 본래 기능에만 쓰는 표현이다.

정서는 어떤 것에 주의를 기울이게 하는 기능을 한다. 과연 그것이 정서의 본래 기능일까? 이 질문에 답하려면 정서가 어떻게 진화해왔는지 조사해야 한다. 지금 시점에서는 그 어떤 대답도 내놓을 수 없다. 자, 임시로 정서의 본래 기능이 주의를 끌기 위한 것이라고 인정해보자. 클로어는 이 전제를 바탕으로 삼고, 정서가 본래 기능을 완수하려면 정서가 의식적이어야 한다는 결론을 도출했다. 그런데 이 결론이 정말로 저 전제에서 나올까? 꼭 그렇지는 않다.

주의를 기울이게 한다, 이 말은 어떤 뜻일까? 환경 속에 가득한 정보 중에 지금 직면하는 문제에서 중요한 것을 두드러지게 하고 그 정보 처리에 마음의 자원을 집중시키는 것이리라. 화장실에서 제이슨에게 습격을 받았을 때 중요한 정보는 제이슨과 나이프의 움직임이지 하반신 노출이 아니다. 노출했다는 정보도 입력은 되지만 사용하지 않게 해야 한다. 그런 정보까지 처리하려면 말 그대로 정신이 흐트러져 자칫하면 죽는다.

주의를 기울인다는 것이 저런 뜻이라면, 가령 정서의 본래 기능이 주의에 방향을 부여하는 것이라도 굳이 의식 체험 내부에서 일어날 필요는 없어 보인다. 사활이 걸린 중요한 문제에 관련한 정보만 검출해서 그 처리에 자원을 집중하게 해주는 무의식 시스템이 있어도 좋다.

아픔의 의식 없는 아픔

'아프지 않은 아픔'은 '무섭지 않은 공포' 이상으로 말도 안 되는 것 같은데, 로젠탈은 대담하게도 그럴 수 있다고 주장했다.

당신은 아침에 잠에서 깼을 때부터 심한 두통에 시달렸다. 일도 손에 안 잡힐 것 같아서 회사를 쉬고 누워 있다가 하도 심심해서 소설을 읽기 시작했다. 그런데 그 책이 생각보다 아주 재미있는 소설이었다. 푹 빠져서 책을 읽는 동안에는 아픔을 잊을 수 있었다. 아픔의 의식이 사라진 것이다. 이런 체험은 누구나 해보지 않았을까?

이때, 다음 중에서 어떤 표현이 적절할까? 잠깐 동안 아픔이 사라졌다. 혹은 아픔이 사라지진 않았지만 일시적으로 의식에서 물러났다. 양쪽 다 맞는 것 같다. 로젠탈은 후자의 표현, '아픔의 의식 없는 아픔' 이라는 표현이 바람직하다고 보았다. 왜일까?

이런 상상도 해보자. 당신은 아픔을 느끼지 않는 동안에도 마치 아픔을 느낄 때처럼 계속 관자놀이를 누르고 얼굴을 찡그린다. 두통을 느낄 때 하는 특유의 행동을 하는 것이다. 여기에 두통의 원인도 여전하다고 해보자. 원인과 행동이 모두 남아 있는데 일시적으로 두통이 사라졌다고 하면 근거 없는 표현이 된다. 적어도 아픈 느낌이 두통이라는 개념의 본질이라고 전제하지 않은 이상은 말이다.

프린츠는 이 로젠탈의 논의를 정서에도 그대로 적용할 수 있다고 주장했다. 프린츠가 든 예시는 이렇다. 당신은 비행기를 무서워한다. 그런데 출장을 가야 해서 동료와 같이 비행기를 탔다. 드디어 이륙한다는 방송이 나왔는데 갑자기 불안해졌다. 가슴은 벌렁벌렁 뛰고 손으로 팔걸이를 꽉 붙잡고 마른침을 꿀꺽……. 그 모습을 본 동료가 당신을 안심하게 해주려고 웃긴 이야기를 해준다. 정말 재미있는 이야기여서 정신이 팔린 당신은 공포를 의식하지 못하게 되었다고 해보자. 흥미진진하게 동료의 이야기에 귀를 기울이다가 문득 비행기를 타고 있다는 사실을 떠올리자 다시 공포감이 살아난다. 그제야 당신은 동료의 이야기를 듣는 동안에도 계속 팔걸이를 붙잡고 있었고 식은땀을 뻘뻘 흘리고 있었다는 사실을 깨닫는다. 이야기를 듣는 동안에 공포가 사라졌다고 해야 할까, 공포는 계속 있었지만 의식하지 않았다고 말해야 할까? 프린츠의 대답은 후자다.

거미 공포증 실험

이상은 실제로 있을 법한 시나리오를 어떻게 해석하면 좋을지를 다룬 논의다. 좀 더 그럴싸한 증거가 몇 가지 있다. 그중 하나는 아른츠가 1993년에 거미 공포증이 있는 여성 서른 명을 대상으로 한 실험이다.

피험자를 세 그룹으로 나누고, 실험 전에 아무 효과도 없는 가짜 약(플라시보), 엔도르핀억제제 날트렉손 25밀리그램, 100밀리그램을 각 그룹에 처방했다. 어느 그룹에 무엇을 처방했는지는 피험자와 실험자 모두 모르게 했다.

엔도르핀은 뇌에서 작용하는 신경전달물질로, 스트레스를 느낄 때 분비되어 모르핀과 비슷한 작용을 한다. 진통 완화, 진정 효과, 안정감과 행복감을 준다. 그래서 '뇌 안의 마약'이라고 불리기도 한다. 날트렉손은 엔도르핀 수용체를 막아서 엔도르핀의 효과를 없애주는 약이다. 음주로 얻는 고양감이나 행복감을 방해하는 효과가 있어서 알코올 의존증 치료약으로 사용된다.

피험자는 거미에 다가가거나 만지는 등 거미와의 접촉 빈도가 차츰 높아지는 일련의 임무를 지시받는다. 날트렉손을 많이 처방받은 그룹은 적게 처방받은 그룹이나 가짜약을 처방받은 사람들과 비교했을 때 임무를 수행하는 데 어려움을 겪었다. 그런데 주관적인 공포감이 어느 정도인지 묻자, 그룹 사이에 차이가 없었다. 이 실험을 한 아르나우드 아른츠는 불안한 상황에서 엔도르핀 분비는 용감한 행위를 촉구하지만, 공포 의식 체험을 줄여주지는 않는다고 결론을 내렸다.

프린츠는 이 실험 결과를 인용해서 '공포의 강도에 따라 행동의 차이는 있어도 주관적인 공포 느낌에는 차이가 없다'는 점에서 공포 느낌의 유무와 공포의 유무는 독립적이라는 결론을 내리고 싶었던 것 같다.

실험에 대한 지적

또 2002년에 스트라한이 한 다른 실험도 있다.

피험자에게 봤다고 의식할 수 없을 정도로 짧은 시간 동안 다양한 이미지를 제시한 뒤, 듣고 싶은 음악을 선택하게 했다. 그 결과, 슬픈 표정을 한 얼굴 이미지를 본 뒤에는 업비트 음악을 선택하는 경향을 보였다. 요컨대 피험자의 행동(음악 선택)은 기분의 변화를 반영했다. 그렇지만 피험자는 기분 변화가 없었다고 보고했다.

이상의 실험들은 모두 무의식의 정서 체험이 있다는 사실을 보여준다. 그러나 이런 실험들이 결정적인 것은 아니다. 공포의 강도나 기분 변화를 언어적 보고에만 의존하고 있기 때문이다. 보고가 똑같으면 똑같은 현상적 의식 상태에 있다고 결론을 내린다. 실험들은 우리가 자신의 현상적 의식에 올바로 접근해서 정확하게 언어화할 수 있다고 전제하고 있지만 사실 우리는 그 정도로 논리적이지 못하다. 그렇지만 이런 지적은 조금 가혹하다. 언어적 보고를 신뢰하지 않는다면 우리는 현상적 의식을 측정하기란 거의 불가능하기 때문이다.

9장

'의식의 하드 프로그램'을 어떻게 해결해야 할까?

1. 의식의 표상 이론에서 느낌을 탈신비화하다

의식 체험은 표상이다

앞에서 '인간은 반기능주의 좀비와 공존한다'는 전제 아래 우리는 때때로 무서운 느낌이 없는 공포를 맛보며, 무의식의 정서는 존재할 수 있다는 결론을 내렸다. 이번 장에서는 이 결론을 바탕으로 의식 체험에 동반되는 느낌을 유물론적으로 설명해보려고 한다.

이를 설명하는 데 도움이 될 만한 이론이 있다. 의식의 표상 이론이다. 스즈키 다카유키는 저서에서 이를 근거로 의식의 자연화(물리주의적인 방식으로 의식을 설명하는 것)를 시도했다. 나도 이 이론이 가장 유망하다고 생각한다. 지금부터 의식의 표상 이론을 소개하고, 이를 정서가 지니는 느낌에 적용해볼 것이다.

의식의 표상 이론이란 '의식 체험은 표상의 일종이며 그에 동반되는 느낌은 그때 표상되는 대상이 지니는 성질'이라는 이론이다. 우리의 심적 상태에는 표상의 기능을 완수하는 것들이 있다. 예를 들어 사고는 표상이다. 신념이나 욕구도 그렇다. 심상 지도도 그렇다. 정서 또한 표상이다. 의식 체험 역시 세계가 어떠한지 나타내는 기능을 하는 표상이다. 이것이 의식의 표상 이론의 핵심이다.

의식에 동반하는 느낌은 지향적 대상 안에 있다

의식 체험의 전형적인 예로 시각적 체험을 이야기해보자. 냉장고에서 피망을 꺼내 도마 위에 올려두고 바라보자. 이 시각적 체험은 '도마 위에 피망이 있다'는 사실이다. 그 지향적 대상은 피망이다. 자, 의식 체험은 느낌을 지니는 것이 특징이었다. 그렇다면 문제는 그 느낌은 어디에 있으며 그 정체는 무엇인가다. 녹색 피망을 보는 체험은 녹색 느낌을 동반한다고 우리는 말한다. 이 표현을 사용하면, 녹색 느낌은 시각적 체험의 성질처럼 생각하게 된다. 정말 그렇게 생각하는 것이 적절할까.

다른 표상과 비교해보자. 이 페이지에 '녹색 피망'이라는 문자가 있다. 이것은 녹색 피망을 나타내는 표상이다. 이때 녹색이라는 성질은 무엇의 성질일까? 문자의 성질은 분명히 아니다. 이 문자는 까만색이니까. 그러므로 녹색이라는 성질은 표상 그 자체가 지니는 성질이 아니다. 표상의 지향적 대상인 피망이 지니는 성질이다.

의식의 표상 이론에서 의식 체험은 표상과 같다. 문자에 대한 고찰을 의식 체험에 적용하면 어떻게 될까. 녹색 피망을 보는 시각적 체험은 녹색 느낌을 동반한다. 녹색 느낌은 피망 그 자체가 지니는 성질이지 피망을 보는 시각적 체험(=표상)이 지니는 성질이 아니다.

시각적 체험 그 자체의 성질은 다양하다. 오래 이어질 수도 있고 금방 끝나기도 한다. 자주 일어나기도 하고 가끔 일어나기도 하고 다양한 신경과학적 성질도 지닐 것이다. 그러나 시각적 체험 그 자체가 녹색이라는 성질을 지니진 않는다. 녹색 느낌은 체험의 성질이 아니라 그 체험의 지향적 대상이 지닌 성질이다.

이것을 다른 지각에도 확장할 수 있다. 청각 체험의 느낌은 소리가 지닌 성질, 후각 체험의 느낌은 주변 공기의 성질로 보는 것이다. 아픔이나 가려움 같은 감각은 어떨까? 신체 상태와 관련된 지각 경험의 일종이라고 볼 수 있다. 피망의 녹색은 피망에 있는 것처럼 보인다. 마찬가지로 치통의 느낌은 치아 안에, 위통의 느낌은 위 안에, 가려움의 느낌은 모기에 물린 곳에 있다. 아픔의 아픔이나 가려움의 가려움은 신체 부분이 지니는 성질이다. 그러므로 아픔은 아픔의 의식이 없어도 거기에 있게 된다. 앞 장에서 열심히 말한 무의식의 아픔이 바로 이것과 연관된다.

느낌은 의식 체험 안에 있다?

이처럼 다양하고 풍부한 의식 체험은 전부 표상이라고 이해할 수 있다. 지각처럼 외부의 사물인지, 아픔 같은 신체 상태인지에 따라서 지향하는 내용은 다르지만, 모든 의식 체험 자체와 다른 어떤 상태를 나타낸다는 점에서는 같다. 다시 말해 의식 체험은 지각의 일종이다.

그리고 의식 체험에 동반되는 느낌은 체험 자체의 성질이 아니라 지향하는 대상의 성질이다. 이것이 의식 체험을 표상으로 보는 이론에서 제일 중요한 결론이다. 듣고 보면 참 단순하지만 이것을 꾸준히 믿기는 쉽지 않다. 왜냐하면 우리는 자꾸만 의식 체험이 지니는 느낌이 머릿속에 있고 그 느낌을 의식 체험 그 자체의 성질이라고 생각하려 하기 때문이다. 피망을 보는 사람을 그림으로 그린다고 했을 때, 피망을 그리고 녹색으로 칠한 뒤 그것을 바라보는 사람을 그리고 머리에 말풍선을 달아 그 안에 다시 피망을 그리고 녹색으로 칠하고 싶다. 이 말풍선이 의식 체험이고 의식 체험이 녹색이라는 성질을 지닌 것처럼 보이게 말이다.

심리학자나 신경과학자와 대화를 나눌 때면 "녹색 피망을 볼 때, 그 녹색은 어디에 있다고 생각하십니까?"라고 물어보곤 한다. 꽤 많은 사람이 "그야 당연히 머릿속이지요."라고 대답한다. 아주 뿌리 깊은 생각이다.

왜 이렇게 생각하고 싶어질까. 착각, 환각, 흐릿함, 중복(이중시) 같은 현상이 있기 때문이다. 흑백 패턴으로 구분된 벤햄의 팽이를 돌리면 다른 색이 물든 것처럼 보이는 현상이 나타난다. 그러나 그 색은 팽이의 성질이라고 볼 수 없다. 팽이는 흑백이니까. 그렇다면 그 색은 의식 안에만 있는, 의식 체험의 성질처럼 보인다. 환각제를 먹었더니 방 안에 분홍 코끼리가 보였다. 혹은 어두운 방에서 눈을 감고 눈꺼풀을 꾹 누르면 밝은 반점이 보인다. 방 안에는 분홍 코끼리가 없고, 방은 어두컴컴하다. 분홍 코끼리나 빛나는 반점은 의식 안에서만 있는 것처럼 여겨진다. 잠이 덜 깬 눈으로 시계를 보면 흐릿해서 시간을 알 수 없다. 혹은 겹쳐서 이중으로 보인다. 그러나 시계 자체가 흐릿할 리 없고 시계가 두 개일 리도 없다. 흐릿한 느낌이나 중복된 느낌은 의식 안에 있는 것처럼 여겨진다.

표상 이론에서의 이중시

의식의 표상 이론은 이런 현상도 잘 설명할 수 있어야겠지만 사실 이게 참 힘든 작업이다. 여기서는 이중시를 표상 이론에서 어떻게 다루는지 소개하겠다. 이것이야말로 표상 이론이 다른 현상을 어떻게 설명했는지 보여주는 좋은 모델이다.

눈꺼풀 위로 눈알을 손가락으로 누른 뒤에 눈앞의 피망을 보면 이중으로 보인다. 이것은 피망 두 개를 볼 때의 시각 경험과는 아주 다른 것처럼 생각된다. 따라서 피망 두 개가 겹쳐 있다는 것은 대상의 성질이 아니라 의식 체험이 지닌 성질인 것 같다.

이에 대해 표상주의자는 이렇게 설명했다. 분명 이중시에서는 지각 내용이 안정적이지 않다. 중복된 상태가 끝없이 흔들린다. 그러나 피망의 시각 경험을 순간순간 추려 내면, 이중시의 경우와 피망 두 개를 볼 때의 시각 경험에 본질적인 차이는 없다. 둘 다 특정 장소에 특정한 색과 형태를 지닌 피망이 있다는 내용을 지닌다.

물론 피망은 하나뿐이므로 이중시의 의식 체험은 잘못된 표상이다. 잘못될 수 있다는 것은 표상의 특징 중 하나다. 실제로 피망 두 개가 겹쳐 있는 모습을 정상적으로 본 경우, 피망 각각의 공간적 위치나 색이나 형태는 그 지각의 지향적 대상의 성질이다. 마찬가지로 이중시의 경우도 공간적 위치나 색이나 형태는 지향적 대상의 성질이지, 이 경우에만 의식 체험(지각 체험)의 성질이 될 리가 없다. 두 경우의 차이는 같은 지향적 대상을 지닌 지각 체험이 다른 원인(한쪽은 피망 두 개, 다른 한쪽은 피망 한 개 더하기 눈알 압박)으로 인해 다르게 나타난 것에 기인한다.

중요한 것은 지각 체험에서 경험되는 색 같은 느낌이 지향적 대상의 성질이지, 그 지각 체험이 지니는 성질이 아니라는 점이다. 그렇다면 유물론자로서 남은 작업은 무엇이 무엇을 표상한다는 것은 어떠한 것인가, 지향성이나 지향적 대상이란 무엇인가, 이런 문제를 유물론적으로 설명하는 것이다. 이러한 작업을 '지향성의 자연화'라고 한다.

표상 이론의 최대 메리트

착각, 환각, 흐릿함, 이중시. 이런 사례에 현혹되어 느낌이 의식 체험의 성질이라고 생각하면, 의식의 하드 프로그램은 정말로 하드한 프로그램이 되어서 거의 해결이 불가능해진다. 피망을 볼 때 뇌에서는 많은 일이 일어나는데, 그런 일들이 어떻게 뇌 안에 녹색 느낌을 만드는지 설명하라는 요구를 받기 때문이다. 뇌에서 일어나는 일은 기본적으로 물리 화학적 어휘로 기술된다. 그런 어휘를 조합하고 궁리해서 이것 봐라, '녹색의 녹색 느낌'이 나왔다고 말해야만 한다. 뭘 하라는 소리인지조차 잘 모르겠다.

의식의 표상 이론은 열심히 궁리해서 뇌 안에 녹색 느낌이 뇌 안에 있는 것이 아니라, 녹색의 느낌은 피망 그 자체에 있는 것이라고 말한다. 이렇게 함으로써 자칫 해결 불가능하게 될 뻔한 문제에서 빠져나온다. 아니다, 빠져나온 것과는 조금 다르려나. 요컨대 의식의 하드 프로그램을 그보다는 좀 더 해결할 수 있을 것 같은 지향성의 자연화 문제로 귀착시키려고 하는 것이다.

후자가 그나마 쉽다고 여겨진다. '무엇이 무엇을 표상하는 것은 어떠한 것인가?'라는 문제는 의식에만 한정된 이야기가 아니기 때문이다. 의식은 표상의 일종이다. 그러나 표상에는 좀 더 단순하고 원시적인 것이 잔뜩 있다. 나나니벌의 푸시미풀유 표상 등이 그것이다. 이것들은 의식적인 표상이 아니다.

정서에 의식의 표상 이론을 적용하다

표상 이론을 정서 체험이나 정서에 동반하는 느낌에 적용할 수 있을까? 직접 적용하기에는 무리가 있다. 정서는 세계의 상태를 표상하는 것이 아니라고 말하고 싶기 때문이다. 내가 개를 보고 공포를 느꼈다고 해보자. 그러나 공포의 느낌은 개 자체의 성질이 아니다. 당신에게 그 개는 아주 귀엽고 사랑스러운 대상일지도 모른다. 정서는 시각적 경험보다 좀 더 복잡하다. 체현된 평가 이론에 따르면 정서는 신체적 반응의 지각이며 신체적 반응을 레지스터한다. 그것을 통해 중핵적 관계 주제를 표상한다.

1장에서 '어라 무서워 꺄' 체험에 근거를 두고 설명했던 것처럼 정서 체험에서 느껴지는 것은 신체적 반응이었다. 그렇다면 의식의 표상 이론을 적용해서 정서를 지각에 빗대어 이해한다면, 정서 경험에 동반되는 느낌은 정서가 지각하는 대상인 신체적 반응이 지닌 성질이라고 생각해야 자연스럽다. 단, 프린츠는 정서가 신체적 반응을 레지스터하지만 표상하지 않는다고 생각했기에 정서의 지향적 대상이 신체적 반응이라고 말할 수는 없다. 정서의 지향적 대상은 어디까지나 중핵적 관계 주제다. 따라서 표상 이론을 조금 수정할 필요가 있다.

여기까지 알아본 것을 정리하면 이렇다. 정서란 신체적 반응을 지각함으로써 중핵적 관계 주제를 표상하는 기능을 지닌 상태다. 종종 정서에 포함되는 신체적 반응의 지각은 의식적으로 이루어진다. 그때 정서는 독특한 느낌을 동반한다. 그러나 의식의 표상 이론에 따르면 그 느낌은 의식의 성질이 아니라 신체적 반응이 지닌 성질로 이해할 수 있다. 이렇게 의식적인 정서에 동반하는 느낌의 정체를 어느 정도 탈신비화하는 데 성공했다. 그러나 모든 문제가 정리된 것은 아니다.

2. 의식적 정서는 어떻게 만들어지는가

표상은 어떻게 의식 체험이 되는가

정서는 표상의 일종이다. 그러나 표상이 항상 의식적이라곤 할 수 없다. 아픔이나 공포도 때로는 의식적이지 않을 때가 있다. 이제 이어질 문제는 '어떤 표상이 의식 체험인가?' 혹은 '표상은 어떤 조건을 충족하면 의식 체험이 되는가?'이다. 이를 정서에 적용해보면, 신체적 반응의 지각으로서 정서는 어떨 때 의식적인 정서인가 하는 문제다.

이 문제를 해결하려는 시도는 꽤 많이 있었다. 나는 그중에서 프린츠가 제안한 AIR 이론을 좋아한다. AIR 이론이 옳다고 확신해서 좋아하는 것은 아니다. 프린츠 자신도 확신하지 못했을 것이다. 왜냐하면 이 이론은 경험 과학의 가설에 가깝고 최종적으로는 실험적 증거의 중첩으로 흑백이 가려지는 종류의 이론이기 때문이다.

내가 지금 AIR 이론을 소개하는 이유는 이 이론이 의식을 동반하는 정서가 뇌에서 어떻게 실현되는가에 대한 재미있는 제안을 담고 있기 때문이다. 그 제안을 도출하는 방식은 의식의 하드 프로그램을 푸는 데 좋은 실마리가 된다. AIR 이론은 정서가 아닌 시각적 의식의 성립을 설명하는 유력한 이론을 모델로 삼았다. 그 이론을 약간 추상화해서 시각뿐만 아니라 다양한 지각적 의식에 대한 통합 이론의 윤곽을 추려냈다. 마지막으로 그 윤곽을 의식적인 정서에 적용했다.

다양한 의식의 공통점

프린츠는 이렇게 이야기를 시작한다. 종류가 다른 의식 체험에는 그 성립에 대한 다른 설명이 필요하다는 생각도 일리가 있다. 실제로 그렇게 생각하는 사람들도 많을 것이다. 그러나 여기에서는 일부러 통합적 설명이 가능하다는 작업 가설을 채용하겠다. 의식은 다양한 종류가 있지만, 설명해야 할 공통적인 특징도 있기 때문이다.

첫 번째로, 뇌가 정상이라면 의식 체험의 내용을 보통 본인이 보고할 수 있다. 두 번째로, 의식 체험만이 에피소드 기억의 후보가 된다. 세 번째로, 모든 의식 체험은 주의의 영향을 받는다. 즉 체험 내용에 포함된 특정 사항에 주의를 기울이면 나머지 사항을 의식하지 못한다. 네 번째로, 모든 의식 체험은 느낌을 지닌다.

통합적 설명을 어떻게 손에 넣을 수 있을까? 정서에서 느껴지는 대상이 신체적 반응이라면 정서는 신체적 반응의 지각이라고 봐도 좋다. 그럼 '어떻게 하면 정서가 의식적이 되는가' 하는 설명은 '지각이 어떻게 의식적이 되는가'에 관한 설명의 일부가 될 것이다. 지각적 의식의 일반 이론이 있다면 그것이 통합적 설명이 되는 셈이다.

그렇다면 의식적인 사고는 어떨까 하는 질문을 할지도 모르겠다. '네네, 먼저 피망 씨를 빼고 길쭉하게 썰고, 소고기도 소금이랑 후추를 뿌린 뒤에 똑같이 썰어서 녹말을 뿌려두고, 그다음에……' 같은 사고다. 이것은 지각이 아닌 것처럼 보인다. 그러나 이것도 마음속에서 말과 이미지를 조작해서 그 결과를 지각하는 의식 체험이라고 생각할 수 있다.

그러므로 다음과 같은 전략을 취하면 된다. 먼저 가장 잘 알고 있는 시각에서 시작한다. 시각적 의식이 어떻게 생기는지 그 이론을 파악해 이해하면 청각, 후각 등 다른 지각의 모달리티(modality, 양상)도 똑같은 원리를 따르는지 살펴본다. 만약 같은 원리라면 통합적 설명을 손에 넣게 될 것이다.

시각 자극의 3단계

뇌에서 시각 시스템은 세 가지 처리 수준으로 이루어진다(그림 5).

(1) 저차원 수준 : 일차 시각야(V_1), 다른 이름으로 선조 피질이라고 불리는 영역에서 이루어지는 처리. 이곳에 있는 뉴런은 각각 시각 자극을 아주 작은 영역으로 나누어 그 안에 있는 선분의 방향이나 색의 미묘한 차이를 검출한다. 시야 안의 위치와 V_1 내 뉴런 위치의 대응은 아주 정확하다. 이 대응은 V_1을 지닌 거의 모든 동물에게서 볼 수 있다. 이 처리 단계에서는 뉴런이 검출한 각각의 시각 자극(선분이나 색)이 아직 하나로 통합되지 않는다.

일차 시각야(V_1)로 들어온 신호는 이어서 두 가지 경로로 나뉘어 처리된다. 한 가지는 복측 피질 시각로라

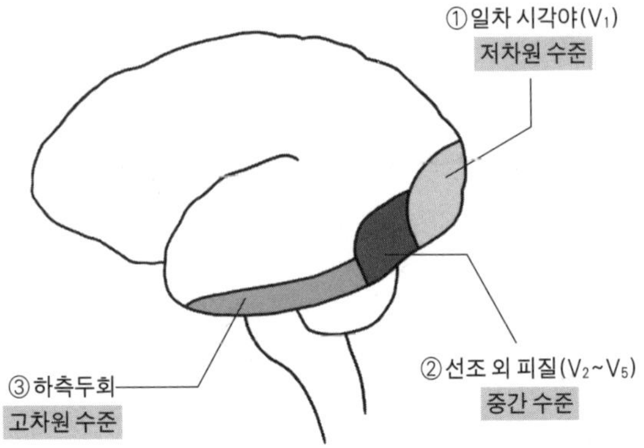

그림 5. 시각 자극은 3단계로 처리된다

고 불리고 V_1을 나와 아래로 향하는 경로다. 다른 한 가지는 배측 피질 시각로라고 불리고 V_1을 나와 위로 향한다. 의식에 떠오르는 시각상의 성립에 관계하는 것은 복측 피질 쪽이므로 앞으로는 이쪽 경로만 설명하겠다.

(2) 중간 수준 : 선조 외 피질, 즉 V_2, V_3, V_4, V_5라고 축약되는 영역에서 이루어지는 처리. 이곳에서 통합이 이루어진다. 즉 일차 시각야에서 검출된 개별적인 선분이나 색이 만나 윤곽을 만든다.

(3) 고차원 수준 : 하측두회에서 이루어지는 처리. 하측두회는 측두엽 아래 외측에 있는 부분이다. 이곳이 복측 피질 시각로에서는 가장 고차원적인 처리가 이루

어진다. 중간 수준에서 통합된 윤곽은 특정 시점의 것이지만, 여기에서는 시점에 의지하지 않는 인식이 생긴다. 즉 시각 대상이 시야의 다른 방향이나 다른 거리에 있어도, 같은 형태와 색을 지닌 대상이라면 같은 뉴런들이 발화한다. 그래서 시각 대상의 특징(색이나 형상)을 인식하는 부분이라고 불리며 얼굴 인식도 관장한다고 알려졌다.

중간 수준이 시각적 의식을 가져온다

세 가지 수준 중에서 의식 체험에 대응할 법한 것은 중간 수준이다. 왜냐하면 시각의 의식 체험에서는 제대로 된 윤곽과 색을 지닌 삼차원 대상이 공간 내에 앞뒤가 맞는 방식으로 나열되어 있는 것처럼 생각되는데, 그것은 어디까지나 주관적 카메라처럼 특정한 시점에서 바라본 위치와 방향을 지니도록 배치되기 때문이다. 이런 표상을 제공하려면 저차원 수준에서는 너무 단편적이고, 고차원 수준에서는 너무 추상적이다. 중간 수준에 뭔가 있을 법하다는 착상은 1980년대 후반에 언어학자인 레이 재켄도프가 이미 제안했는데, 그 당시는 이를 입증할 해부학적인 증거가 없었다.

지금은 선조 외 피질에서 중간 수준의 처리가 이루어지고 그것이 시각적 의식의 성립에 관여한다는 가설을 뒷받침할 적절한 증거가 많이 모였다. 예를 들어 중간 수준의 선조 외 피질이 다치면 시각적인 의식 체험을 잃어버린다. 한편 고차원 수준을 담당하는 하측두회가 다치면 시각 체험을 잃진 않아도 그것이 무엇인지 인지하지 못한다. 저차원 수준인 일차 시각야가 다치면 이른바 '눈 먼 상태'가 되는데, 그렇게 되기 전에 본 시각 자극이 있다면 남아 있는 시각 심상을 보고할 수 있다. 이런 지각은 중간 수준이 시각적 의식을 가져온다는 가설을 뒷받침한다.

의식 성립에는 주의가 필요하다

통합적 이론을 목표로 한다면, 다른 지각도 중간 수준이 다른 지각의 의식까지 관장하는 자리로 확장해야 한다. 프린츠는 이 방향성이 옳다고 생각했지만, 한 가지 부족한 점이 있다고 말했다. 중간 수준이 의식을 만들어내는 자리라고 해도, 그곳에서 이루어지는 것만으로는 의식에 아직 미치지 못한다는 것이다.

예를 들어 '시각 무시'라는 장애가 있다. 이 장애를 앓는 환자는 주의와 연결된 뇌 영역이 손상되어 있다. 이 환자들은 시야의 좌측 절반이나 대상의 좌측 의식 체험을 잃어버리곤 한다. 그래도 좌측에 제시된 것을 무의식적으로 인식하고 있는 것 같다. 하지만 시야 좌측에 제시된 무언가를 의식적으로는 보지 못해서 무엇인지 맞힐 수 없다. 무엇인지 무의식적으로나마 인식을 하고 있으므로 환자는 세 가지 계층적 처리의 모든 과정을 최종 단계까지 할 수 있을 것이다.

중간 수준의 처리만으로 시각적 의식이 생긴다고 볼

수 없다. 중간 수준의 활동에서 무언가 더 추가되는 것이 없으면 의식이 되지 않는다. 프린츠는 그것을 '주의'라고 생각했다. 시각 무시 환자에게 없는 것이 바로 주의다.

이것을 증명하는 실험 결과가 있다. 피험자에게 주의가 많이 필요한 과제를 내주었다. 예를 들어 화면 위에 십자 모형을 제시하고 세로와 가로 중에 어느 쪽이 더 긴지 판단하게 했다. 피험자가 과제를 수행하는 동안 시야의 한 가운데 부분에 해당하는 십자모형 옆에 예상치 못한 도형을 아주 짧은 시간 동안 제시한다. 그 결과, 피험자의 약 절반은 그 대상을 인식하지 못했다. 시야를 스캔하는데 필요한 주의가 남아 있지 않아서 피험자는 주의 부족에 따른 맹목(부주의 맹시)이라는 상태에 빠졌기 때문이다.

의식 성립에는 중간 수준의 처리와 함께 주의가 필요하다. 이것이 의식의 AIR 이론의 핵심이다. 참고로 AIR는 '주의의 목표가 되는 중간 수준의 표상'의 줄임말이다.

'주의'가 생기는 뇌내 과정

주의는 무엇일까? 심리학, 인지신경과학의 표준적 정의에서 주의란 뇌내에서 어떻게 정보가 흘러가는지를 조절하는 과정이다. 주의가 생기면 어느 뇌 영역의 세포가 다른 영역에 신호를 보낼 수 있다.

그렇다면 지각의 경우, 주의로 인해서 어디로 정보가 흘러갈까? 프린츠는 워킹 메모리를 지목했다. 워킹 메모리는 에피소드 기억처럼 장기에 걸친 기억이 아니다. 뇌

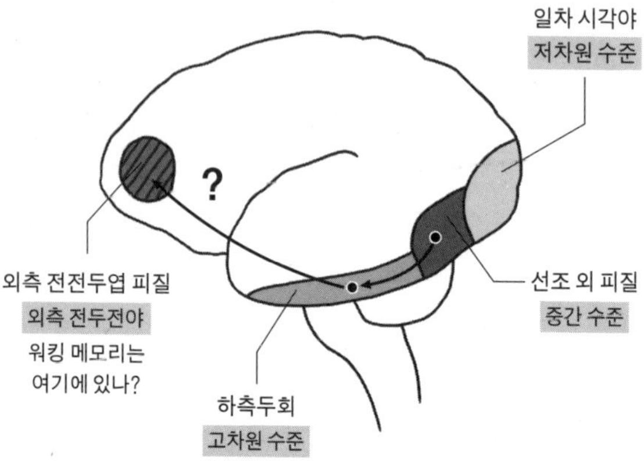

그림 6. 주의로 인해 어디로 정보가 흘러가는가

내에서 어떤 작업이 이루어질 때, 그를 위한 정보를 아주 짧은 시간(몇 초간) 일시적으로 보유해두는 기능을 담당하는 부위다. 외측 전전두엽 피질에 있다고 한다.

주의는 지각의 중추와 워킹 메모리 사이에 정보가 흐르도록 허용한다. 시각의 경우, 워킹 메모리로 가는 경로는 고차원 수준의 자리인 하측두회 회로에서 나온다. 따라서 중간 수준의 선조 외 피질은 일단 고차원 수준을 통해서 정보를 보낸다(그림 6).

프린츠의 추측은 다음과 같다. 워킹 메모리는 고차원 수준의 표상과 그 표상이 어떻게 중간 수준에서 얻어졌는지에 관한 일시적 기록을 보유한다. 이 두 가지 정보가 있기에 뇌는 정보를 워킹 메모리에서 중간 수준으로 돌려보내 중간 수준의 표상을 다시 만드는 것이 가능해진다. 워킹 메모리는 중간 수준의 표상을 보유하는 것이 아니라 중간 수준에서 표상을 다시 한 번 만들게 하기 위한 지령을 포함한다. 소마틱 마커 가설을 세운 안토니오 다마지오는 그러한 지령을 잠재적 표상이라고 불렀다.

요컨대 주의는 중간 수준의 표상을 상위 수준의 지각 처리 영역에 투사하고 동시에 워킹 메모리에 잠재적 표상을 형성하는 과정이다.

만약 이 견해가 옳다면, 지각, 주의, 워킹 메모리가 힘을 모아 의식 체험을 만든다. 의식이 워킹 메모리 안에서 만들어진다는 소리가 아니다. 이에 주의하자. 오히려 의식이 워킹 메모리에 '문을 열어 주었을' 때, 의식은 중간 수준의 지각 시스템 안에서 나온다. 프린츠는 의식이 워킹 메모리로 가는 관문이라고 표현했다.

정서 시스템의 계층성

이제 AIR 이론을 정서에 적용해보는 일이 남았다. 그러려면 정서 시스템도 시각과 같은 계층성을 지녔다고 보아야 한다. 정서 의식에서 느껴지는 것은 신체적 반응이었다. 그러므로 신체 상태의 지각을 담당하는 뇌 영역 안에 그런 계층을 찾아보자.

다마지오는 다음의 두 가지 수준이 있다고 추측했다.

(1) 저차원 수준의 처리(제1계의 신체 표상) : 뇌교, 일

차체성 감각피질(SI), 뇌도가 관장한다. 이 수준이 손상되면, 신체 상태를 검출해서 레지스터하는 것 자체가 불가능해진다. 신체가 어떤 상태에 있는지 모니터하지 못한다. 따라서 정서도 잃는다. 시각일 경우, 눈이 머는 것에 해당한다.

(2) 중간 수준의 처리(제2계의 신체 표상) : 전대상회피질의 배측부(dACC)가 관장하는데, 뇌도와 이차체성 감각피질(SⅡ)과도 관계가 있는 것 같다. 저차원 수준의 일차체성 감각피질(SI)에서 입력을 받아 그것들을 통합하고 신체적 반응의 패턴을 표상한다.

이 두 가지는 시각의 저차원 수준과 중간 수준의 처리에 대응할 것이다. 제1계의 신체 표상은 국소적 변화의 표상으로, 각각의 소영역이 내장 변화, 골격근, 호르몬 검출 등으로 서로 독립적으로 움직인다고 여겨진다. 제2계의 신체 표상에서는 제1계의 신체 표상들이 통합된다. 이것은 시각일 경우에 선조 외 피질이 하는 일에 해당된다.

이 부근의 뇌 영역에 대한 연구 자료가 있다. 뭔가 있는 것 같다는 추측에는 뇌 영상이 제공하는 증거도 있다. 순수자율신경부전증(PAF)이라는 병이 있다. 혈압, 발한 등 자율신경계를 조정하는 수많은 과정이 정상적으로 기능하지 못하는 병이다. PAF 환자는 자율신경계가 신체 상태 변화를 제대로 지각하지 못하고, 동시에 정서 체험도 둔감해진다고 알려졌다. 뇌 영상을 사용한 연구에서 이 환자는 (1), (2)에서 언급한 뇌 영역의 작용에 이상이 있음을 알 수 있었다(크리츨리 외 2001).

또 다마지오는 2000년에 다양한 정서 경험을 떠올리게 하고 뇌 영상을 비교하는 실험을 통해서 서로 다른 정서는 뇌 영역에서 서로 다른 활성화 패턴을 지닌다는 사실을 밝혀냈다. 각각의 정서는 서로 다른 신체 반응에 관계하는 뇌 영역의 활동을 나타낸다. 혐오는 장의, 분노는 심장 상태의 표상을 지닌다.

고차원 수준의 정서 처리

AIR 이론을 정서에 적용하려면 고차원 수준 없이는 곤란하다. 고차원 수준은 중간 수준의 처리에서 표상된 신체 반응의 공통점을 검출할 것이다. 이런 수준이 존재한다면, 이곳에서 정서의 인식이 이루어진다.

프린츠는 그런 수준이 있다고 생각했다. 예를 들어 공포는 얼어붙을 때, 도망칠 때, 싸울 때에 따라 조금씩 다른 신체 상태가 연결된다. 이런 다른 신체 상태는 국소적인 변화를 모니터하는 저차원 수준과 그 변화 패턴을 통합하는 중간 수준에서 조금씩 다르게 활성화될 것이다. 우리는 이런 다른 상태를 하나의 정서, 즉 공포의 한 가지 예시로 인지할 수 있다. 이런 일이 가능하다면 고차원 수준에서 처리가 이루어지고 다른 패턴을 추상화해서 한 묶음으로 만든다고 추측할 수 있다.

그 작업을 어디에서 하는 것일까? 두 가지 영역을 생각

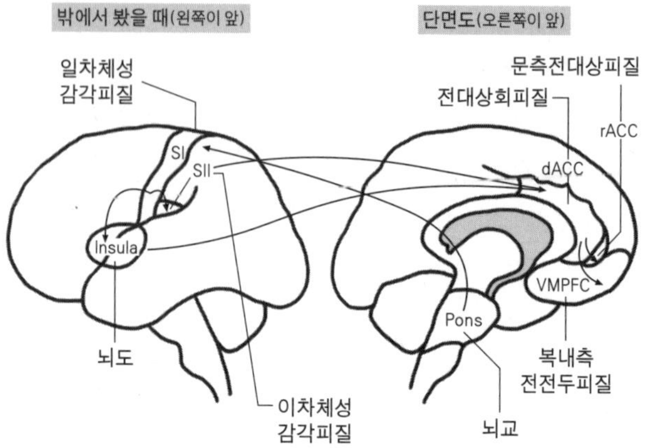

그림 7. 프린츠의 추측에 따른 정서 시스템의 계층성(프린츠 2004)

할 수 있다. 하나는 복내측 전전두피질이다. 음, 어디서 들은 적 있는데? VMPFC, 다마지오가 감정에 의존하는 의사 결정의 자리로 본 곳이며 엘리엇이 손상을 입은 영역이다(90쪽을 참고, 그림 7). 다마지오의 소마틱 마커 가설에 따르면, 이곳은 상당히 고차원적인 기능을 수행한다. 자신이 하려는 행동의 득과 실을 예측하기 위해 '이쪽 무더기에서 카드를 뽑으려 한다'는 고도의 인지적 표상을 입력해서 어떤 정서가 나오는지 시뮬레이션하는 곳이다. 또 다른 영역은 문측전대상피질(rACC)이라고 불리는 전대상회피질의 일부이다(그림 7). '문측전대상피질'이라니, 참 어렵다. 뇌의 해부학 용어는 왜 이렇게 죄다 불경 같은 이름일까? 이런 이름을 머리에 입력하고 있다는 것만으로도 신경과학자들은 존경받을 만하다.

아무튼 피험자에게 정서를 환기하는 이미지를 보여주는 실험을 했다. 그것을 보면서 다음 과제 중 어느 하나를 하게끔 했다. 하나는 그다지 감정을 흔들지 않는 아무래도 좋은 사안을 판단하는 과제였고, 다른 하나는 이미지를 보고 환기된 정서 경험의 쾌와 불쾌를 보고하는 과제였다. 두 번째 과제를 하려고 하면, 피험자는 자신의 정서에 주의를 기울여야 한다. 이 두 종류의 과제를 할 때 뇌 활동의 차이를 영상으로 포착해보니 자신의 정서를 보고하라는 말을 들었을 때는 문측전대상피질(rACC)이 활성화됐다. 아무래도 이 부위는 정서를 인식하는 것과 관련이 있나 보다. 쾌와 불쾌를 보고하라는 말을 들은 피험자는 먼저 자신이 어떤 정서를 품었는지 확인하기 위해 이 부위를 활성화시켰을 것이다.

몇 가지 기능 장애로 알아본 증거

고차원 수준이 망가지면 시각의 경우는 연합형 시각실인증이 된다. 이 상태에서는 시각적으로 제시된 것이 무엇인지 인식하지 못한다. 그래도 제시된 대상의 그림을 묘사할 수는 있다. 다시 말해 형태나 윤곽은 알아보지만 의미를 부여하지 못한다.

정서에도 고차원 수준에 장애가 생겼으리라 여겨지는 사례가 있다. P. E. 시프너스 등이 1970년대에 발견한 감정 표현 불능증이라는 증상이다. 무감정증이라고도 한다. 미국 심리학회 진단기준에 따르면 자신의 감정을 말로 표현하지 못하는 것이 특징이다. 그러나 언어 장애는 아니다. 자신의 감정을 인식할 수 없다고 말해야 정확하다.

그렇다면 감정을 잃은 상태라는 인상을 주는 무감정증이라는 번역어는 그다지 적절하지 않다. 감정표현 불능증 경향을 지닌 사람은 감정은 있지만, 자신의 감정이 무엇인지 인지하는데 서툴다. 혹은 어떠한 감정을 느끼고 있지만 그 감정이 무엇인지 적절히 표현하지 못한다. 감정 인식에 서툴러서 타인의 감정을 상상하거나 공감하는 힘도 부족하다.

이런 환자는 자신이 정신적으로 스트레스를 받는다고 깨닫지 못해서 강한 스트레스를 받아도 묵묵히 행동을 계속할 수 있다. 덕분에 타인에게 인내심이 강한 사람이라는 평가를 받는다. 그런데 사실 스트레스는 축적되므로 위궤양 같은 신체 증상이 나타난다. 감정표현 불능증 경향이 있는 사람은 심신증이 발병하기 쉽다. 그뿐만 아니라 스트레스를 발산하는 방법을 몰라서 우울증병, 섭식장애, 의존증 등에도 걸리기 쉽다고 한다.

그럼 중간 수준은 어떨까? AIR 이론에 따르면, 의식은 중간 수준에서 만들어진다. 의식적인 정서를 환기하면, 뇌도와 이차체성 감각피질이 활성화한다고 보여주는 뇌 영상 연구가 아주 많다. 또, 뇌도가 손상되면 아픔을 느낄 때 부정적인 감정이 사라진다. 헌팅턴병 환자는 뇌도의 활동이 저하되어서 혐오를 경험하지 못한다.

중간 수준의 처리를 담당한다고 여겨지는 전대상회피질 배측부가 손상되면 다양한 감정 장애가 생긴다. 예를 들어 포유류에게서 이 부분을 제거하면 공격, 타자에 대한 관심, 고통 회피, 모성 행동, 회피 학습 등이 손상된다.

사람의 경우, 이곳이 손상되면 무동성 무언증이 생긴다. 이 장애가 생기면 세계를 지각하는 능력과 언어를 이해하는 능력은 손상되지 않지만 정서적인 동기 부여가 부족해진다. 환자는 좀처럼 행동을 시작하지 못하고 말을 걸어도 대답하지 않는다. 이 병을 극복한 환자는 '전부 다 아무래도 좋게' 느꼈다고 보고했다.

정서에 대한 AIR 이론

AIR 이론의 정서 버전도 증거가 제법 있을 것 같다. 그러나 정서는 시각만큼 많은 것이 밝혀지지 않았다. 그래서 정서에 대한 AIR 이론에는 부족한 점이 많다. 시각적 의식의 성립에는 주의와 워킹 메모리의 역할이 중요한데, 의식적인 정서 체험의 성립에 이것이 어떻게 관여하는지 모른다. 그래도 관계가 있는 것만은 분명하다. 8장에서 소개한 비행기 공포증이 있는 남자 이야기는 주의가 흐트러지면 공포의 의식 체험을 잃는다는 사실을 보여주었다. 하지만 그 관계의 정체는 분명하지 않다.

그래도 프린츠는 AIR 이론이 유망하다고 주장했다. 앞에서 의식의 통합 이론이 설명해야 하는 의식의 공통 특징을 거론했다(280쪽 참조). AIR 이론은 그중에 몇 가지를 잘 설명할 수 있다. 먼저 세 번째 특징, 의식과 주의의 관계는 당연히 AIR 이론으로 설명할 수 있다. 이거야 당연하다. AIR 이론은 의식의 성립 조건에 주의를 포함시켰으니까. 나머지는 어떨까?

첫 번째 특징은 의식 체험의 내용은 대부분 본인에 의해 보고된다는 것이었다. AIR 이론으로 이 특징도 설명할 수 있다. AIR 이론에 의하면 무엇이든 의식적인 심적 상태는 워킹 메모리에 정보를 보내기 때문이다. 의식 체험의 내용을 언어로 보고하려고 할 때는 워킹 메모리의 내용을 찾으면 된다.

두 번째 특징은 어떨까? 의식 체험만이 에피소드 기억의 후보가 되는 이유가 무엇인지 설명할 수 있을까? 이번에도 워킹 메모리가 열쇠가 된다. 에피소드 기억의 형성을 관장한다고 여겨지는 내측측두엽이 활성화하기 전에 워킹 메모리에 관여하는 것으로 보이는 전두피질이 활성화된다는 사실이 fMRI(자기공명기능화상법)로 밝혀졌다(버크너 외 1999). 물론 이것만으로는 명확하지 않지만, 에피소드 기억이 형성되기 전에 일시적으로 워킹 메모리에 정보가 축적될 가능성이 있을지 모른다. 만약 그렇다면 의식 체험만 에피소드 기억의 후보가 되는 이유가 무엇인지 설명할 수 있다.

네 번째 특징은 의식 체험이 '느낌'을 지닌다는 것이다. 이를 설명하는 것이 바로 하드 프로그램을 해명하는 것이다. 프린츠는 AIR 이론으로는 이 부분을 설명하지 못한다고 인정했다. 그런데 AIR 이론으로 '느낌'을 설명할 수 있을지 없을지 평가하기 이전에, '느낌을 설명한다'는 것 자체가 무엇인지 어쩐지 매우 혼란스럽다. 이제 이 점을 재고해보자.

3. 반기능주의 좀비는 다이하드

AIR 이론에서 의식의 기능

우리는 때때로 반기능주의 좀비이다. 정서는 의식적일 때도 있고 그렇지 않을 때도 있다. 그렇다면 어째서 정서는 언제나 무의식적이지 않을까? 정서가 하는 일을 의식 없이도 할 수 있다면 의식에 떠오를 필요가 없지 않을까?

이 의문을 다른 방식으로 표현하면 이렇다. 정서가 의식적일 때 그 의식이 수행하는 기능은 무엇인가?

의식의 기능에 대해서는 수많은 사람들이 다양한 방식으로 설명해왔다. 앞에서 소개한 AIR 이론에서는 어떻게 설명하는지 정리해보자.

AIR 이론에서는 중간 수준 표상이 워킹 메모리에 보내질 때 의식이 생긴다고 보았다. 그렇다면 워킹 메모리에 표상을 보내는 것이 의식이 하는 기능이 된다. 그런데 워킹 메모리는 단순한 기억의 일시 저장고가 아니다. 워킹 메모리는 추론과 문제 해결이 이루어지는 작업대 같은 곳이다.

프린츠는 이러한 조정을 '숙려'라고 불렀다. 숙려라고 하면 언어를 매개로 해서 이루어지는 것 같다. 머릿속에서

'이렇게 하고 그다음에 저렇게 하고' 처럼 내어를 발화하면서 생각하는 이미지다. 단, 프린츠가 말하는 숙려는 이보다 좀 더 광범위하다. 언어를 사용하지 않아도 숙려는 할 수 있다. 예를 들어 위협을 앞에 두고 얼어붙거나 도망치거나 싸우는 등의 행동을 선택하는 것이다.

물론 고도로 복잡한 반응이 숙려 없이 이루어질 수도 있다. 나나니벌도 그렇다. 이때 워킹 메모리는 필요하지 않다. 도로 상황이 자꾸 달라져도 우리는 그에 맞춰 다양한 근육을 적절하게 사용해 걸을 수 있다. 먹는 행위에도 수많은 세밀한 작업이 있다. 딱딱한 것, 부드러운 것, 마른 것, 습기가 많은 것, 커다란 덩어리, 작은 덩어리, 뜨거운 것, 차가운 것 등 다양한 음식이 입에 들어오는데, 우리는 전부 적절하게 씹고 맛보고 삼킬 수 있다.

이런 일을 할 때는 아무리 복잡하더라도 순서를 정해서 실행하려고 워킹 메모리를 사용하지 않는다. 그러므로 우리는 이런 일을 '무의식중에' 할 수 있다고 생각한다. 물론 걷고 있는 거리의 경치, 먹고 있는 음식의 맛이 어떤지는 의식하고 있다. 이것들이 항상 새로운 정보를 가져온다.

시각 의식의 기능

여기에서 제안된 '의식은 워킹 메모리상에서 숙려를 거친 반응을 만들어내기 위해 있다'는 가설과 AIR 이론의 핵심인 '의식은 중간 수준 표상의 처리에 관계함으로써 생긴다'는 가설 사이에 중요한 연결이 있다.

앞에서 했던 것과 마찬가지로 시각을 먼저 알아본 뒤에 그 내용을 정서에 적용해보자. 첫 번째로, 하위 수준의 지각 표상은 숙려에 도움이 되지 않는다고 할 수 있다. 선분 개개의 경향을 따로따로 검출한다고 해서 숙려적 행위나 추론에 도움이 되지는 않는다.

고차원 수준의 표상은 숙려적 반응에 좀 더 공헌하는 것처럼 보이는데, 이 수준은 인식의 수준이었음을 떠올리자. 개를 보고 도망치는 이유는 거기 있는 대상이 개라고 인식하고 그 개가 아마도 자신에게 위협이 된다고 판단하기 때문이다.

그러나 실제로 도피 행동을 만드는 것은 이러한 고차원의 추상적·일반적 표상만으로는 부족하다. 이 표상은 어떤 타이밍에 어떻게 도망칠지를 선택하는 데 필요한 정보가 없기 때문이다. 다시 말해 특정한 시점과 시야 안에서 개의 위치가 없다. 고차원 표상은 도망치는 편이 좋다는 결정을 도와준다. 그러나 개와 자신의 위치 관계를 알려주는 정보가 없기 때문에 언제 어디로 도망칠지 정하지 못한다.

이제 중간 수준 표상이 나설 차례다. 중간 수준 표상은 자신의 주관적 시점에서 대상을 표상하고 있다는 것을 떠올리자. 개와 나는 어느 정도로 접근했는가, 개는 어느 방향에서 오고 있는가, 이런 식으로 자신과 대상의 위치 관계에 관련한 정보를 이용한 반응을 만들려면 자기중심적인 표상이 필요하다. 간단히 정리하면, 고차원 표상은 어떤 종류의 상황에 자신이 있는지를 나타낸다. 중간 수준의 표상은 그 상황 속에서 자신이 어떤 위치에 있는지를 나타낸다.

의식은 중간 수준에서 일어난다. 그러므로 시각적 의식의 기능은 숙려적인 반응을 조합하는 워킹 메모리에서 이용할 수 있는 표상, 바로 자기중심적 시점에서의 중간 수준 표상을 만들고 그것을 워킹 메모리에 보내는 것이다.

중간 수준의 공포와 고차원 수준의 공포

이 설명을 정서에 적용하면 어떻게 될까? 하위 수준의 표상은 다양한 신체적 반응을 제각각 표상한다. 그런데 정서가 뭐였더라? 정서는 신체적 반응을 레지스터함으로써 중핵적 관계 주제를 표상하는 심적 상태였다. 정서가 신체적 반응을 레지스터한다는 것은 정서가 신체적 반응의 지각이라는 뜻이다. 그러나 중핵적 관계 주제를 표상하고 싶다면 신체적 반응을 혈압, 심장 박동수 같은 식으로 제각각 레지스터해선 안 된다.

1장에서 말했듯이 다양한 정서가 개별적인 신체 반응을 공유한다. 심장 박동수 증가는 공포, 분노, 좋은 기분에 포함된다. 이런 정서들을 구별하고 싶다면 다양한 신체적 반응의 집합이 전체로 한 묶음이 되어 표상되어야 한다. 그 표상이 중간 수준에서 만들어지는 표상이다.

반대로 고차원 수준까지 가버리면, 그 한 묶음이 더 상위 패턴으로 묶여버려서 묶인 것끼리의 차이점은 버려진다. 동결과 도피와 투쟁 각각에 대응한 신체적 반응의 집합이 똑같이 공포의 색인 아래에 묶이고 만다. 물론 이것도 도움이 된다. 자신이 무서워하고 있는가, 기뻐하고 있는가를 구별해서 아는 것은 가치가 있다. 그러나 이것만으로는 실제로 행동하기에 불충분하다.

당장 어떻게 해야 할지 정하려면 신체가 미리 평가해준 반응을 숙려하는 것이 유용하다. 이것이 소마틱 마커 가설의 핵심이다. 자신의 신체가 나를 동결시키려고 하는 것을 알면 도망치지 않고 그 자리에 가만히 있기를 선택한다. 그런데 고차원 수준은 자신의 상황을 알려주는 정보를 주지만, 그 상황에 자신이 어떤 식으로 놓여 있는지에 대한 정보는 주지 않는다. 고차원 수준의 공포는 자신이 위협에 노출되었다는 사실만을 통합적으로 나타낸다.

이와 달리 중간 수준의 공포가 보여주는 것은 다음과 같다. 공포의 원인이 자신과 어떤 식으로 관계하는가, 특히 어떤 종류의 신체 반응을 요구하는지(위협이 큰지 작은지, 위협이 가까운지 먼지, 위협이 움직이는지 가만히 있는지, 도망칠 수 있을지 그렇지 않을지)이다.

두 수준 모두 위협이라는 중핵적 관계를 표상하지만, 중간 수준은 그 위협을 자신이 어떤 행동의 준비 상태에 있는지의 정보, 즉 신체가 위협을 어떤 식으로 평가하는지에 관한 정보도 함께 표상한다. 그래서 자신이 어떤 특정한 행위의 준비 상태에 있는지 한 묶음의 신체적 반응으로 나타난다. 공포가 지닌 '느낌'은 중간 수준이 표상하는 대상인 신체적 반응이 지닌 성질과 다름없다.

반기능주의 좀비의 반격

지금까지의 설명을 정리해보자.

(1) 공포에는 의식적일 때와 무의식적일 때가 있다. 양쪽 모두에 공통적인 공포의 기능은 무엇일까? 대답은 이렇다. 공포는 표상이다. 그 기능은 닥쳐온 구체적이고 압도적인 물리적 위험에 직면하고 있다는 중핵적 관계 주제를 표상하고, 그 정보를 전달하는 것, 그로 인해 적절한 행동을 동기 부여하는 것이다.

그러자 이때 반기능주의 좀비가 나와서 "그 기능이라면 의식이 전혀 없더라도 할 수 있어요. 나 전부 할 수 있는데요."라고 말한다. 그러니까 의식이 불가결하지 않다는 지적이다.

(2) 그래서 의식적인 공포는 위의 기능에 더해 어떤 기능을 지니는지 생각해야 하는 처지가 되었다. 공포가 의식적이라면 무엇을 새롭게 할 수 있게 될까.

AIR 이론의 설명은 이렇다. 의식적인 공포는 정서 시스템의 중간 수준에서 신체적 반응을 자기중심적 시점에서 레지스터하는 표상이 워킹 메모리에 보내졌을 때 생긴다. 그 기능은 신체적 반응에서 나타나는 '물리적 위험에 대한 특정한 행위 준비 상태'의 정보를 워킹 메모리에 보냄으로써 워킹 메모리에서 하는 숙려적 행동 선택(굳는가, 도망치는가, 싸우는가)을 도와준다. 나처럼 의식의 표상 이론에 동의하는 사람이라면 다음 사항을 추가할 것이다. 공포의 의식적 체험에 동반하는 '느낌'은 이 중간 수준 표상의 지향적 대상, 다시 말해 신체적 반응이 지니는 성질이다.

그런데 다시 반기능주의 좀비가 나타나서 말한다.

"지금 당신이 가르쳐준 것은 의식적인 공포가 완수하는 플러스알파 기능이죠. 그런데 당신이 설명한 것은 이른바 심리학적 의식으로서 의식적 공포일뿐이에요. 현상적 의식은 설명하지 않았어요. 왜냐하면 당신이 덧붙인 플러스알파의 기능(워킹 메모리에서 이루어지는 숙려를 돕는 것)도 공포의 '느낌' 없이 완수할 수 있으니까요. 나, 전부 할 수 있다니까요. '느낌'이 불가결하지 않잖아요?"

이거 끝이 없는 것 같다? 이 좀비의 지적에 대답하고자 우리의 마음에서 '느낌'이 하는 부가적인 기능을 더 캐내더라도 좀비는 "그런데 그 기능은 '느낌' 없이도 완수한다니까요?"라고 끈질기게 지적할 테니까. 이런 점에서 철학적 좀비와 영화 좀비는 참 흡사하다. 공격하고 또 공격해도 좀처럼 죽지 않는다. 당연한가, 이미 죽었으니까.

최후의 수단

아쉽게도 반기능주의 좀비의 입을 막을 방법이 없다. 왜냐하면 좀비가 하는 말이 절반은 옳기 때문이다. 좀비는 어떤 기능도 기능인 이상 그것을 실현하는 방식이 하나라고 한정할 수 없다는 자명한 이치를 말하고 있다.

기능을 실현하는 방법은 활짝 열려 있다. 종이를 예쁘게 자르는 기능을 완수하는 사물을 설계하라는 것은 공학적 문제다. 기능이 먼저 지정되고 그 기능을 실현하는 구조를 추구하는 문제여서 역문제라고도 한다. 대답은 다양할 것이다. 페이퍼 나이프, 각종 가위, 최근에는 레이저 광선도 사용한다. 살아 있는 생물도 진화의 역사를 통해 비슷한 문제를 풀어왔다. 좀비가 그건 '느낌' 없이도 할 수 있다고 말할 때, 좀비는 똑같은 공학적 문제에 다른 대답이 있다고 말하는 것이다.

이 좀비의 발언은 그야말로 옳다. 그렇다면 반기능주의 좀비에게는 최소한 얌전히 있어 달라는 식으로 대처할 수밖에 없다. 그러려면 다음과 같이 반문하면 된다.

"좀비 군. 외부에서 정보를 받아들여 그것을 이용하고 적절한 행위를 요구하는 과제에 대답하는 방법, 혹은 중핵적 관계를 적절하게 파악하고 제대로 대응하라는 과제에 대답하는 방식은 자네가 말하는 대로 이것저것 생각할 수 있어. 그러나 우리 인간은 현실적으로 느낌을 동반하는 의식이라는 방식으로 그 문제를 해결해왔네. 우리에게 조사할 가치가 있는 것은 우리가 실제로 어떻게 하고 있는지야. 가능하더라도 실현되지 않는 해답법이 아니라고. 그러니까 자네들도 우리의 발목을 붙잡고 늘어지지 말고 좀비 심리학과 좀비 신경과학을 하게나."

프린츠도 이런 식으로 좀비의 입을 다물게 하려고 했다. 그는 이렇게 말했다.

만약 먼 과거에 우리 선조의 뇌가 먼 과거에 다른 공학적 해답에 도달했다면, 세계는 우리가 아니라 느끼지 못하는 자동 기계로 가득했을지도 모른다(프린츠 2004).

4. 하드 프로그램을 해명한다는 것

AIR 이론은 정체 규명 가설이다

프린츠가 통합 이론이 설명해야 할 것으로 꼽은 의식의 네 가지 특징 중 네 번째는 '의식 상태는 느낌을 동반한다'였다. 바로 앞 절의 마지막에 소개한 나와 프린츠의 반문은 AIR 이론이 의식에 느낌이 동반하는 이유를 무엇인지 설명할 수 없다고 말하는 것처럼 보인다. 왜냐하면 AIR 이론은 기능주의적인 이론이기 때문이다. 이 이론에서는 의식적 상태는 출력을 워킹 메모리에 보내는 상태라고 생각한다. 즉 어떤 심적 상태가 의식적이 될 때는 그것이 특정한 기능적 역할을 완수했을 때라고 말한다. 그런데 이러면 그 기능은 느낌 없이도 할 수 있다고 좀비가 속삭인다. 우리는 이 반기능주의 좀비에게 승산이 없다.

그렇지만 우리가 의식의 하드 프로그램을 해명할 수 없다는 의미는 아니다. 오히려 우리는 '의식의 하드 프로그램'이란 무엇인가, 또 하드 프로그램을 해명한다는 것은 무엇인가를 아직 잘 모르고 있다.

방금 AIR 이론은 기능주의적인 이론이라고 했는데, 사실 기능주의를 넘어서는 요소를 지닌다. 의식 경험의 기능을 밝히는 것뿐만 아니라 의식 경험의 정체를 밝히고 알아낸다. AIR 이론은 의식 경험이란 AIR, 바로 '워킹 메모리에 보내진 중간 수준의 표상'이라고 주장한다. 즉 AIR 이론은 물은 H_2O다, 벼락은 공중 방전이 분명하다는 주장과 바찬가지로 '정체 규명 가설'이기도 하다.

우리에게 의식 경험은 느낌을 동반하는 표상이다. AIR 이론은 그 정체가 무엇인지를 밝혀내려고 한다. '워킹 메모리에 보내진 중간 수준의 표상'은 아직 어림짐작한 기능적 표현에 불과하기에 정체라고 부르기에는 부족할지 모른다. 그러나 연구가 진행됨에 따라서 각각 서로 다른 느낌을 동반하는 의식 경험 각각에 대해 '워킹 메모리에 보내지는 중간 수준의 표상'의 역할을 완수하는 신경과학적 상태가 규명될 것이다.

대답 없는 질문

이런 정체 규명은 어떻게 진행될까? '워킹 메모리에 보내진 중간 수준의 표상'이 어떤 특정한 느낌을 동반하는 의식 경험의 정체라는 가설은 어떤 증거를 기반으로 입증할 수 있을까? 이는 특정한 의식 경험과 특정한 신경과학적 상태를 동일시함으로써 어느 정도까지 설명할 수 있는가에 달렸다.

예를 들어 의식 경험만이 에피소드 기억의 후보가 되는 것, 의식 경험은 보고가 가능하다는 것, 특정 부위가 손상되면 특정한 의식 경험을 잃는다는 것, 특정한 의식 경험이 생기면 특정한 위치가 활성화되는 것. 이런 증거에 따라서 의식 경험의 정체 규명 가설은 정당화되어 간다. 이런 사항을 설명할 수 있는 것이 예를 들어 의식은 AIR과 다름없다고 생각하는 증거가 된다. 그리고 '왜 AIR가 느낌을 동반하는 의식 상태라고 생각해야 합니까?'라는 의문에는 답이 있다. 이런 증거들을 보여주면 된다. 대답 없는 질문은 '왜 AIR는 느낌을 동반합니까?'라는 질문이다. 이것은 '왜 물은 H_2O인가요?'와 마찬가지로, 대답 없는 질문, 대답할 필요가 없는 질문이다. 물이 H_2O인 것은 설명할 필요도 없는 사실이다. 물론, 어떻게 물이 H_2O인지 알아냈는지의 설명은 있다.

마찬가지로 어떤 종류의 심적 상태는 느낌을 동반한다. 그 느낌을 동반하는 심리 상태의 정체가 '이러이러한 신경과학적 상태'라고 밝혀졌다고 해보자. 이 시점에서 '그 신경과학적 상태에 그 느낌이 동반하는 이유는 무엇인가요?'라는 질문은 이치에 맞지 않는다. 왜냐하면 그 상태야말로 '그 느낌을 지닌 심리 상태'이기 때문이다. 의식의 표상 이론이 옳다면, 그 느낌은 신경과학적 상태의 성질이 아니라 그 신경과학적 상태가 표상하는 지향적 대상의 성질이다.

그럼에도 이 질문이 의미 있어 보이는 이유는 '느낌'을 신경과학적 상태가 지닌 성질이라고 생각하기 때문이다. 그러면 이 질문은 'H_2O가 투명한 이유는 무엇인가요?'처럼 대답할 필요가 있는 질문으로 여겨진다.

하드 프로그램 B에 대한 잠정적 답변

이쯤에서 하드 프로그램의 정의로 돌아가자. 스즈키 교수의 버전에서 의식 체험과 뇌 상태의 상관관계를 밝히는 것이 이지 프로그램 B, 의식 체험과 뇌 상대의 상관관계가 성립되는 이유를 밝히는 것이 하드 프로그램 B였다.

AIR 이론과 같은 정체 규명 가설은 어느 프로그램에 대한 대답일지 생각해보자. AIR 이론은 의식 체험과 뇌 상태의 상관관계를 증거로 삼은 주장인데 그게 전부는 아니다. AIR 이론은 의식 체험과 뇌 상태의 동일성을 주장하는 정체 규명 가설이면서 동시에 의식 체험과 뇌 상태의 상관관계가 성립되는 이유를 밝히려는 가설이다. 양자가 관련하는 것은 양자가 같기 때문이다. 동일성은 상관관계를 설명하는 한 가지 방법이다.

그러므로 AIR 이론은 의식의 하드 프로그램 B에 대한 대답이 된다. 물론 하드 프로그램 B가 이제 다 해명되었다는 의미는 아니다. AIR 이론은 여러 가지 가설 중 하나일 뿐이고 너무 대략적이며 모호한 점이 많으며 무엇보다 아직은 증거가 부족하다.

그래도 이런 종류의 정체 규명 가설을 제대로 세워 검증함으로써 하드 프로그램 B를 해결할 가능성이 있다는 점이 중요하다. 하드 프로그램 B는 현재 심리학과 뇌신경과학의 방법에 기초해서 목적의식을 잃거나 눈앞의 업적에 집착하지 않고 성실하게 연구하면 원리적으로 해명 가능한 문제다. 물론 성실하게 연구하기 어렵지만 말이다.

내가 하고 싶은 말은 하드 프로그램이라고 해서 심리학이나 뇌신경 과학의 방식을 뿌리째 바꿔서 거대한 돌파구를 마련해야 한다고 믿는 것은 심한 과장이라는 것이다.

그럼 하드 프로그램 A는 어떻게 하면 좋으냐는 질문이 나올 것 같다. 이렇게 대답하겠다. '현상적 의식을 물리주의적으로 설명하는' 것은 무엇일까, 아직 모호하다. 어쩌면 대답할 수 없는 난센스 질문을 늘어놓고 있는지도 모르겠다. '~을 설명한다'라는 표현의 빈 곳에 명사를 투입한다고 항상 유의미한 질문을 손에 넣는 것은 아니다.

나가는 글

모든 것은 연결되어 있다

드디어 마지막까지 왔다. 여러분도 지쳤을 것이다. 나도 녹초가 되었다. 마지막으로 조금만 더 힘을 내서 이 책의 주장을 정리해보겠다.

· 공포는 표상이다. '어라 무서워 꺄'의 경우, 공포는 다음과 같은 구조를 지닌다. 무서운 대상의 지각으로 인해 신체적 반응이 일어난다. 그 반응은 대상이 위협적이라는 평가이기도 하다. 그 신체적 반응을 모니터하고 자신에게 위협이 닥친다는 중핵적 관계 주제를 표상하는 것이 공포다. (→ 3장)

· 사람도 원래 푸시미풀유 표상을 사용해서 '어라 무서워 꺄'를 하는 생물이었다. 진화 과정에서 다양한 표상을 만드는 능력이 서서히 추가되었다. (→ 5장)

· 그러나 공포에 한해서는 아직 '어라 무서워 꺄' 시스템을 사용한다. 단, 그 시스템에 입력되는 것은 실제로 거기에 있는 무서운 대상의 지각 표상만은 아니다. 사람은 다양한 표상을 입력할 수 있게 되었다. 그 덕분에

사람은 다양한 것을 무서워할 수 있게 되었다. 특히 실재하지 않는 것을 무서워할 수 있다. (→6장)

· 호러를 볼 때 느끼는 것은 진정한 공포다. 그래도 영화관에서 도망치지 않는 이유는 그것이 허구라는 신념이 인지의 상위 수준에서 개입해서 행동의 산출을 '잠깐!' 하고 막아주는 덕분이다. (→6장)

· 호러를 즐기는 이유는 무서움을 웃도는 무언가가 있기 때문이 아니라 무서움 그 자체가 쾌락을 주기 때문이다. (→7장)

· 공포의 무서운 '느낌'은 공포의 중간 수준의 표상이 워킹 메모리로 보내질 때 생긴다(아마 그러지 않을까?). (→9장)

· 의식의 특질인 '느낌'을 유물론적으로 해명할 수 없다는 생각은 틀렸다. 현행 마음의 과학 연구를 뿌리째 뒤집는 난관 돌파가 필요하다는 생각에도 근거가 없다. (→9장)

자, 하고 싶은 말은 전부 다 했다. 처음 글을 쓰면서 겁을 먹었듯이 원고가 심각하게 불어나고 말았다.

호러라는 장르가 성립한다는 사실은 인간이 어떠한 존재인지 생각하는 데 있어 중요한 시사점을 제공한다. 인간은 '어라 무서워 꺄'를 통해 생존 확률을 높이기 위한 원시적 시스템, 즉 편도체이니 뭐니 하는 뇌 내부의 자원을 지금까지도 사용하면서 공포를 즐긴다. 이런 생물학적 역행까지 가능한 인간은 정말 재미있는 존재다.

그런 인간의 독특함을 완벽하게 이해하려면 단순한 정보 처리 기계인 박테리아로부터 시작해서 표상 능력을 서서히 획득하는 과정을 통해 현재 우리와 같은 기이한 존재가 등장하게 된 진화 과정을 필수적으로 돌아보아야 한다. 그런 의미에서 철학은 생물학, 뇌 과학과 아주 밀접하게 연결되어야 한다. 이것이 내가 보내는 마지막 메시지다.

참고 문헌

이 책을 집필하면서 참고한 문헌을 밝힌다. 가장 도움을 많이 받았던 책은 제시 프린츠와 노엘 캐럴의 책이다. 프린츠의 책은 현 시점에서 정서 철학의 가장 훌륭한 성과라고 생각한다. 캐럴의 책은 조금 오래되었지만 호러라는 장르를 미학적으로 고찰했다는 점에서 질적, 양적인 면으로 현재까지도 아주 중요한 성과라 할 수 있다.

Prinz, J. J. (2004) *Gut Reactions: A Perceptual Theory of Emotion.* Oxford University Press

Carroll, N. (1990) *The Philosophy of Horror, or Paradoxes of the Heart.* Routledge

信原幸弘·太田紘史 編 (2014)《シリーズ 新·心の哲 III 情動篇》勁草書房

大平英樹 編 (2010)《感情 心理学·入門》有斐閣アルマ

1장

信原幸弘 (2014)〈よみがえる情動の哲 〉《シリーズ 新· 心の哲 III 情動篇》pp.1-29

デカルト(2008)《情念論》谷川多佳子訳, 岩波文庫

Plutchik, R. (1980) *Emotions: A psychoevolutionary synthesis.* Harper and Row

Russell, J. A. (1980) *A circumplex model of affect*. Journal of Personality and Social Psychology, 39, pp.1169-1178

Griffiths, P. E. (1997) *What Emotions Really Are*. University of Chicago Press

Dutton, D. G. & Aron, A. P. (1974) *Some evidence for heightened sexual attraction under conditions of high anxiety*. Journal of Personality and Social Psychology, 30(4), pp.510-517

Schachter, S. & Singer, J. E. (1962) *Cognitive, social and physiological determinants of emotional state*. Psychological Review 69(5), pp.379-399

Russell, B. (1927) *An Outline of Philosophy*. Allen & Unwin

Marks, I. M. (1987) *Fears, Phobias, and Rituals: Panic, Anxiety, and Their Disorders*. Oxford University Press

Bracha, H. S. (2004) *Freeze, flight, fight, fright, faint: Adaptationist perspectives on the acute stress response spectrum*. CNS Spectrums 9(9), pp.679-685

Tomkins, S. S. (1962) *Affect imagery consciousness*. Springer

Ekman, P.(1972) *Universals and cultural differences in facial expressions of emotion*. In J. K. Cole(ed.), Nebraska Symposium on Motivation, 1971. University of Nebraska Press, pp.207-283

Strack, F. et al.(1988) *Inhibiting and facilitating conditions of the human smile: A nonobtrusive test of the facial feedback hypothesis*. Journal of Personality and Social Psychology 54(5), pp.768-777

Larsen R. J. & Diener, E.(1992) *Promises and problems with the circumplex model of emotion*. Review of Personality and Social Psychology 13, pp.25-59

2장

James, W. (1884) *What is an emotion?* Mind 9, (34), pp.188-205

Lange, C. G. (1885) *The Emotions*(reprinted in C. G. Lange & W.

James[eds.](1967) The Emotions.) Hafner Publishing Company
Cannon, W. B. (1927) *The James-Lange theory of emotions: A critical examination and an alternative theory.* The American Journal of Psychology 39(1/4), pp.106-124
James, W. (1890) *The Principles of Psychology.* Henry Holt & Co.
Watson, J. B. (1913) *Psychology as the Behaviorist Views it.* Psychological Review. 20(2), pp.158–177
Ryle, G. (1949) *The Concept of Mind.* University of Chicago Press
Skinner, B. F. (1953) *Science and Human Behavior.* The Free Press
Bower, G. H. (1981) *Mood and memory.* American Psychologist 36(2), pp.129-148
Bless, H. et al. (1996) *Mood and stereotyping: Affective states and the use of general knowledge structures.* European Review of Social Psychology 7(1), pp.63-93
Oatley, K. & Johnson-Laird, P. N. (1987) *Towards a cognitive theory of emotions.* Cognition and Emotion 1(1), pp.29-50
Panksepp, J. (2000) Emotions as natural kinds within the mammalian brain. In M. Lewis & J. M. Haviland-Jones(eds.), *Handbook of Emotions*(2nd.ed.). Guilford Press, pp.137-156
Solomon, R. C. (1976) *The Passions: Emotions and the Meaning of life.* Doubleday
Arnold, M. B. (1960) *Emotion and Personality.* Columbia University Press
Lazarus, R. S. (1991) *Emotion and Adaptation.* Oxford University Press
Zajonc, R. B. (1980) *Feeling and thinking: Preferences need no inferences.* American Psychologist 35(2), pp.151–175.
Zajonc, R. B. et al. (1989) *Feeling and facial efference: Implications of the vascular theory of emotion.* Psychological Review 96(3), pp.395-416
Lazarus, R. S.(1984) *On the primacy of cognition.* American

Psychologist 39(2), pp.124-129

조지프 르두 (2006)《느끼는 뇌 - 뇌가 들려주는 신비로운 정서이야기》최준식 역, 학지사

3장

西堤優 (2010)〈ソマティック·マーカー仮説について―アイオワ·ギャンブル課題の解釈をめぐる問題〉《科学哲学》43(1), pp.31-44

안토니오 다마지오 (2017)《데카르트의 오류 - 감정, 이성, 그리고 인간의 뇌》김린 역, 눈출판그룹

Bechara, A. et al. (1997) *Deciding advantageously before knowing the advantageous strategy.* Science 275, pp.1293-1295

5장

チャールズ·ダーウィン (1991)《人及び動物の表情について》浜中浜太郎訳, 岩波文庫

Ekman, P. & Friesen, W. V. (1971) *Constants across cultures in the face and emotion.* Journal of Personality and Social Psychology 17(2), pp.124-129

Galati, D. et al. (1997) *Voluntary facial expression of emotion: Comparing congenitally blind with normally sighted encoders.* Journal of Personality and Social Psychology 73(6), pp.1363-1379

Fridlund, A. J. (1994) *Human Facial Expression: An Evolutionary View.* Academic Press

Russell, J. A. (1994) *Is there universal recognition of emotion from facial expression? A review of the cross-cultural studies.* Psychological Bulletin 115(1), pp.102-141

Izard, C. E. (1994) Answer-None: Cognition is one of four types of emotion activating systems. In P. Ekman & R. J. Davidson(eds.)

The Nature of Emotion: Fundamental Questions. Oxford University Press, pp.203-207
Millikan, R. G. (2004) *The Varieties of Meaning.* MIT Press
Nagel, T. (1979) *Mortal questions.* Cambridge University Press
Papineau, D. (2003) *The Roots of Reason: Philosophical Essays on Rationality, Evolution, and Probability.* Oxford University Press

6장

Gendler, T. S. & Kovakovich, K. (2006) Genuine rational fictional emotions. In M. Kieran(ed.), *Contemporary Debates in Aesthetics and the Philosophy of Art.* Blackwell, pp.241-253
Walton, K. L. (1978) *Fearing Fictions.* The Journal of Philosophy 75(1), pp.5-27
Mian, R. et al. (2003) *Observing a fictitious stressful event: haematologiacl changes, including circulating leukocyte activation.* Stress 6(1), pp.41-47

7장

Jones, E. (1931) *On the Nightmare.* The Hogarth Press
Jackson, R. (1981) *Fantasy: The Literature of Subversion.* Methuen
デイヴィッド・ヒューム (2011)《ヒューム 道徳·政治·文学論集[完訳版]》田中敏弘訳, 名古屋大学出版会会
에드먼드 버크 (2019)《숭고와 아름다움의 관념의 기원에 대한 철학적 탐구》김동훈 역, 마티
Gilmore, L. A. &Campbell, M. A. (2008) *Scared but loving it: Children's enjoyment of fear as a diagnostic marker of anxiety?* Australian Educational and Developmental Psychologist 25(1), pp.24-31
Cantor, J. (2004) *"I'll never have a clown in my house": Why movie*

horror lives on. Poetics Today 25(2), pp.283-304
Milham, M. P. et al. (2005) *Selective reduction in amygdala volume in pediatric anxiety disorders: A voxel-based morphometry investigation.* Biological Psychiatry 57(9), pp.961-966
De Bellis, M. D. et al. (2000) *A pilot study of amygdala volumes in pediatric generalized anxiety disorder.* Biological Psychiatry 48(1), pp.51-57

8장

鈴木貴之 (2015)《ぼくらが原子の集まりなら、なぜ痛みや悲しみを感じるのだろう: 意識のハード·プロブレムに挑む》勁草書房
Chalmers, D. J. (1996) *The Conscious Mind: In Search of a Fundamental Theory.* Oxford University Press
Clore, G. L.(1994) Why emotions are never unconscious. In P. Ekman & R. J. Davidson(eds.) *The Nature of Emotion: Fundamental Questions.* Oxford University Press, pp.285-290
Rosenthal, D. M.(1991) The independence of consciousness and sensory qualty. In E. Villanueva(ed.) *Consciousness: Philosophical Issues.* vol.1, Ridgeview, pp.15-36
Arntz, A.(1993) *Endorphins stimulate approach behavior, but do not reduce subjective fear: A piot study.* Behaviour Research and Therapy 31(4), pp.403-405
Fischman, M. W. & Foltin, R. W.(1992) Self-administration of cocaine by humans: A laboratory perspective. In G. R. Bock & J. Whelan(eds.), *Cocaine: Scientific and Social Dimensions.* Wiley, pp.165-180
Strahan, E. J. et al.(2002) *Subliminal priming and persuation: Striking while the iron is hot.* Journal of Experimental Social Psychology 38(6), pp.556-568

9장

太田紘史〈視覚意識と情動意識 の中間レベル説に対する疑問〉《Prospectus》12, pp.18-31

Bisiach, E. (1992) Understanding consciousness: Clues from unilateral neglect and related disorders. In A. D. Milner & M. D. Rugg(eds.), *The Neuropsychology of Consciousness.* Academic Press, pp.113-137

Mack, A. & Rock, I. (1998) *Inattentional Blindness.* MIT Press

Olshausen, B. A. et al. (1994) *A neurobiological model of visual attention and invariant pattern recognition based task.* Journal of Neuroscience 14, pp.6171-6186

Damasio, A. R. (1999) *The Feeling of What Happens: Body and Emotion in the Making of Consciousness.* Harcourt Press

Critchly, H. D. et al. (2001) *Neuroanatomical basis for first-and second-order representations of bodily states.* Nature Neuroscinece 4, pp.207-212

Damasio, A. R. et al. (2000) *Subcortical and cortical brain activity during the feeling of self-generated emotions.* Nature Neuroscience 3, pp.1049-1056

Buckner, R. L. et al. (1999) *Frontal cortex contributes to human memory formation.* Nature Neuroscience 2, pp.311-314

추천하는 호러 영화 10편

1. 〈텍사스 전기톱 학살〉 토브 후퍼 감독, 1974

   일본에서는 〈악마의 희생물〉이라는 제목으로 개봉했는데 원제 그대로가 훨씬 좋다.

2. 〈스크림〉 웨스 크레이븐 감독, 1996

   메타 호러 걸작. Leave her alone과 Liver alone을 엮어서 기분 나쁜 농담을 하면서 혀를 내미는 매튜 릴라드의 혀가 얼마나 길던지. 조금 무섭다.

3. 〈살아있는 시체들의 밤 2 - 시체들의 새벽〉 조지 A. 로메로 감독, 1978

   영화의 마지막에 나오는 음악은 물론이고 볼거리가 가득하다. 영화 시작 부분에 좀비 보도를 하는 방송국의 혼란스러움을 생생하게 보여주면서 뭔가 무서운 일이 일어날 느낌이 고조되는 장면을 좋아한다.

4. 〈미스트〉 프랭크 다라본트 감독, 2007

   광신적인 카모디 부인이 슈퍼마켓에 남은 사람들의 인간관계를 파괴하는 장면이 무섭다. 역시 인간이 제일 무섭다는 감상은 뻔하니까 쓰지 않겠다(이미 썼지만).

5. 〈이블 데드 2〉 샘 레이미 감독, 1987

   누가 뭐래도 브루스 캠벨이 자신의 오른손과 싸우는 장면이 최고다.

6. 〈블레어 위치〉 에두아르도 산체스, 다니엘 미릭 감독, 1999

무서운 것은 하나도 보여주지 않고 무서워하는 사람들만 보여주는, 찬반 양론을 불러일으킨 영화. 마지막 장면을 제대로 무서워하려면 뛰어난 기억력이 필요하다.

7. 〈우주의 침입자〉 필립 코프먼 감독, 1978

마지막에 도널드 서덜랜드의 얼굴이 정말 무섭다. 맨 얼굴인데 그걸 보고 무서워하는 베로니카 카트라이트의 얼굴은 더 무섭다. 그 장면만 봐도 지루한 전편을 견딜 가치가 있다.

8. 〈샤이닝〉 스탠리 큐브릭 감독, 1980

소설이 잘 써지지 않아 이상해진 아버지 역 잭 니콜슨의 과도한 '천의 얼굴' 연기. 마지막에 동사했을 때 얼굴이 인상 깊다.

9. 〈플라이〉 데이비드 크로넨버그 감독, 1986

파리 남자가 되는 브런들 박사의 특출한 얼굴 생김새가 대단하다. 서서히 인간이 아니게 되는 브런들이 자기 몸에서 떨어진 기관을 포르말린에 담아 자신만의 기념물을 만드는 장면이 특히 기분 나빴고 애절하기도 했다.

10. 〈위커 맨〉 로빈 하디 감독, 1973

비밀스러운 종교를 믿는 섬을 조사하러 방문한 경찰이 끔찍한 변을 당한다. 그 종교가 참 기묘하면서도 여유로워서 이상한 건지 무서운 건지 모르겠는 영화.

호러 사피엔스
공포 영화로 인간을 읽다

2021년 5월 10일 1쇄 발행

지은이 도다야마 가즈히사
옮긴이 이소담
디자인 서주성

펴낸곳 도서출판 단추
www.danchu-press.com
hello@danchu-press.com
출판등록 제2015-000076호

ISBN 979-11-89723-14-9 03100

이 도서의 국립중앙도서관 출판예정도서목록(CIP)은
서지정보유통지원시스템 홈페이지(http://seoji.nl.go.kr)와
국가자료공동목록시스템(http://www.nl.go.kr/kolisnet)에서
이용하실 수 있습니다.(CIP제어번호: CIP2020031553)

恐怖の哲学 - ホラーで人間を読む
by Kazuhisa Todayama